Saskia Henze · Johann Knigge
Stets zu Diensten

Saskia Henze · Johann Knigge

Stets zu Diensten

*Der BND zwischen faschistischen Wurzeln
und neuer Weltordnung*

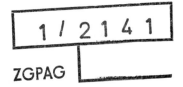

rat/Unrast-Verlag
Hamburg/Münster 1997

rat – reihe antifaschistischer texte
ist ein Projekt in Zusammenarbeit mit dem UNRAST-Verlag, das von einer eigenständigen Redaktion betreut und herausgegeben wird. Ziel ist es, vor allem antifaschistischen AutorInnen und Gruppen die Möglichkeit zu geben, Texte und Arbeitsergebnisse zu veröffentlichen.
In verlegerischer Kooperation mit UNRAST, aber konzeptionell unabhängig will rat aktuelle und zeitlose Diskussionen aufgreifen, aber auch wissenschaftliche Arbeiten zu politischen Themen, vor allem aus dem Bereich Antifaschismus herausgeben.
rat · c/o Schwarzmarkt · Kleiner Schäferkamp 46 · 20357 Hamburg

Die Deutsche Bibliothek – CIP-Einheitsaufnahme
Henze, Saskia:
Stets zu Diensten: Der BND zwischen faschistischen Wurzeln und neuer Weltordnung/Saskia Henze; Johann Knigge. - I.Auflage 1997. -Münster: Unrast 1997
ISBN 3-928300-60-1
NE: Knigge Johann:

Stets zu Diensten
Der BND zwischen faschistischen Wurzeln
und neuer Weltordnung
rat – reihe antifaschistischer texte/UNRAST-Verlag
Hamburg/Münster 1997
ISBN 3-928300-60-1
Titelgestaltung: Karl-Heinz Schwenisen
Satz und Druck: Kellerdruck, Hamburg

Inhalt

Einleitung — 7
Geheimdienste und Politikwissenschaft in der Bundesepublik — 13
Die Quellenlage über Geheimdienste — 13
Schwierigkeiten bei der Beschäftigung mit Geheimdiensten — 15

Begiffsklärung — 17
»Nachrichtendienst« oder »Geheimdienst« — 17
Ein Geheimdienst – eine Behörde? — 18
Was bedeutet »Sicherheit« für den BND — 19
Opportunitäts- und Legalitätsprinzip — 19
Begiffe aus der Geheimdienstpraxis — 20
Die Hauptaufklärungsaufgaben von Geheimdiensten — 21
Covert action — 21
Deniability — 22

Wie alt ist der BND? Brüche und Beständigkeiten in der Entstehungsgeschichte — 23
»Werwölfe«: das letzte Aufgebot — 27
Politische Kriegsführung: die Ursprünge von Gehlens AgentInnennetz in der UdSSR — 28
Alte Kameraden: enge Zusammenarbeit mit der SS — 29
Bruchloser Weiterbestand der FHO nach 1945 — 30
Das Abkommen mit den US-amerikanischen Geheimdiensten — 31
Die Eskalation des Kalten Krieges und die Rolle der Organisation Gehlen — 34
Die Übernahme der Organisation Gehlen in den Bundesdienst — 37
Eine Erste Zusammenmfassung — 41
Übersichtstabelle — 43

Funktionsweise des Bundesnachrichtendienstes — 45
Gesetzlicher Hintergrund, politische Legitimation und Arbeitsauftrag — 45
Der innere Aufbau des BND — 51
Die Politische Leitung des BND — 53
Stellung des BND unter den Sicherheitsbehörden — 55
Informationsgewinnung — 56
Legale Brief-, Post- und Telefonüberwachung: das G 10 — 57
Massenvernehmungen in Lagern — 59
Informationssteuerung durch den BND — 61
BND und covert action — 65
Ein Beziehundsreiches Beispiel: GLADIO — 67
Kontrollgremien — 70
Der BND: Regierungsinstrument oder »Staat im Staate«? — 72

Die »Panzeraffäre« – ein Fall von Verselbständigung? 74
Zusammenfassung und Fragen für die neunziger Jahre 75

Der BND in den neunziger Jahren: 77
Kontinuität, Neuorientierung oder Rückbesinnung?
Die Telefonüberwachung als Normalfall: 86
die explosionsartige Ausweitung der BND-Kompetenzen seit 1994
Der BND in der öffentlichen Diskussion 90
Neue Aufgaben für den BND 92
Überwachung der »Organisierten Kriminalität« 94
als Trittbrett für die Überwindung des Trennungsgebotes
Die Überwachung der »Organisierten Kriminalität« 95
– eine Legende für Wirtschaftsspionage
Kontrolle des Internationalen Drogenhandels 101
Militärische Aufklärung 102
Reorganisation des BND 105
Verschlankung: Sparzwang bei den Geheimdiensten 105
Neues Personal: vom »Brieföffner« zum Hacker 106
Deregulierung und Effizienzsteigerung: das Ende des Trennungsgebotes? 107

Der BND und die Neuorientierung der deutschen Außenpolitik 109
Geheimdienste und »operative Außenpolitik« 109
Erste Tendenz: Renationalisierung und innerkapitalistische Konkurrenz 110
Zweite Tendenz: »partnership in leadership« 111
Deutschland als Juniorpartner der Weltmacht USA
Dritte Tendenz: der Nord-Süd-Konflikt 113
als dominantes Element der bundesdeutschen Außenpolitik
Vierte Tendenz: verstärkte Integration der Europäischen Union 114
Welche Tendens wird Dominieren? 115
Die »nationalstaatliche Resistens« von Geheimdiensten

Schlußbemerkung 117

Anhang 121
Anmerkungen zur Literaturliste 121
Fußnoten 124
Literaturliste 135
Personenregister 142
Sachregister 143

»jene, die den Feind kennen wie sich selbst, werden nie eine Niederlage erleiden«

(Sun Tse)

Einleitung

Das Anliegen dieses Buches ist es, Grundlegendes über Struktur und Funktion von Geheimdiensten zu vermitteln. Was das Buch nicht soll: Skandale und Anekdoten auflisten, obwohl das zugegebenermaßen ein reizvoller Aspekt am Thema »Geheimdienste« ist. Es soll vielmehr dem Verständnis von Geheimdiensten als geheimnisvollen Trägern des Wissens, die zugleich unsichtbar und allgegenwärtig sind, durch eine strukturelle Untersuchung entgegengewirkt werden, die die Gefährlichkeit, aber auch die Grenzen von Geheimdiensten sorgfältig abschätzt.

Der BND ist dabei ein Beispiel. Einmalig ist sein vollkommen ungebrochener Übergang vom »Ostfront«-Geheimdienst der Wehrmacht zum Auslandsgeheimdienst der BRD. Dieser Grad an faschistischer Kontinuität sticht sogar im deutschen Staatsapparat heraus. Der BND ist jedoch gleichzeitig auch ein unspektakulärer, durchregulierter Behördendschungel, dessen Flair weit mehr an ein Archiv als an James Bond erinnert. Nicht zu unterschätzen sind aber die Wissensmengen, auf die dieser Apparat Zugriff hat. Der BND ist beides: einerseits durchhierarchisierter, bürokratischer Apparat, andererseits eine Institution mit enormer Reichweite und mörderischen Potenz.

Nach der Niederlage von 1945 war die BRD vielen Beschränkungen unterworfen. Frontaufklärung entfiel: Die deutsche Armee hatte mehr als 50 Jahre lang keine Kampfeinsätze. Polizei und Geheimdienste wurden getrennt. Bundesrepublikanische Behörden durften das Brief-, Post- und Fernmeldegeheimnis nicht mehr antasten. In allen diesen Bereichen hat seit dem Sieg im Kalten Krieg eine rasante Entwicklung stattgefunden. Die Bundeswehr operiert heute »out of area«. Deutschland braucht wieder Frontaufklärung, zum Beispiel durch den BND. Polizei und Geheimdienste arbeiten immer enger zusammen, zum Beispiel BKA und BND. Das Grundrecht auf Fernmeldegeheimnis wurde für den internationalen Bereich praktisch aufgehoben, lauschen darf der BND. Der

BND ist auf seine Aufgaben in der neuen Weltordnung noch nicht richtig eingerichtet, aber die Reorganisation hat begonnen. Trotz aller Schwierigkeiten, trotz Sparzwang und Pannen: für den BND weht Morgenluft, sein Potential wird wachsen. Der BND profitiert von der Überwindung der Niederlage von 1945 und vom Machtzuwachs der BRD durch die Wiederentstehung eines deutschen Nationalstaates. Er hat daran seinen Anteil, denn sei es als Geheimdienst der Wehrmacht oder der Bundesregierung, der BND stand stets zu Diensten.

»Ein Gespenst geht um, sein Name: Geheimdienst.«[1] So begann der ND-Report von Thomas Walde über »Geheime Nachrichtendienste im Regierungssystem der Bundesrepublik Deutschland.« Das war vor fünfundzwanzig Jahren. Eines der »Gespenster« heißt Bundesnachrichtendienst und erfreut sich immer noch bester Gesundheit. Dieses Buch behandelt Kontinuitäten und Veränderungen im deutschen Auslandsgeheimdienst seit seiner Entstehung als Wehrmachtsgeheimdienst im Krieg gegen die Sowjetunion. Dabei werden seine Ursprünge und seine heutige Entwicklung im Vordergrund stehen, es soll nicht seine gesamte Entwicklungsgeschichte chronologisch aufgerollt werden.

Die beiden Brüche um 1945 und 1990, das Ende des Nationalsozialismus und die deutsche Vereinigung, bilden als die tiefgreifendsten Einschnitte in der deutschen Geschichte der letzten fünfzig Jahre den Schwerpunkt des Buches. Zwischen diesen beiden Wendepunkten gibt es zahlreiche Bezüge: So wurde die Teilung, die 1945 erfolgte, 1990 wieder aufgehoben, und es entfielen auch die letzten Rechte, die sich die alliierten Siegermächte nach der Zerschlagung des Nationalsozialismus in Deutschland vorbehalten hatten. Die BRD wuchs zum deutschen »Nationalstaat« mit »voller Souveränität«, die Folgen der Niederlage von 1945 waren beseitigt. Die Rückerlangung der nationalstaatlichen Souveränität betrifft zum Teil formale Aspekte, mit denen sich im folgenden auch auseinandergesetzt werden wird. Wichtiger ist aber die veränderte machtpolitische Situation durch den Zusammenbruch der sozialistischen Staaten Osteuropas und die Vergrößerung der Bundesrepublik. Der außenpolitische Handlungsspielraum Deutschlands wurde in einem Maße erweitert, wie das seit 1945 nicht mehr der Fall war. Dies fand unter anderem in diplomatischen Alleingängen, wie bei der Anerkennung Kroatiens oder militärischen Aktionen, wie der Entsendung deutscher Kriegsschiffe, Kampfflieger und Bodentruppen nach Ex-Jugoslawien, Somalia oder in den Persischen Golf seinen direkten Ausdruck. Eine der zentralen Fragestellungen dieses Buches ist daher, wie sich die offensive Politik der gewachsenen Bundesrepublik Deutschland auf die Tätigkeit des Auslandsgeheimdienstes auswirkt, sowohl nach außen als auch nach innen.

Das bemerkenswerte am BND ist, daß sich seine Organisationsgeschichte relativ unbeschadet über die beiden genannten Brüche hinweg bis 1942 zurückverfolgen läßt. In bezug auf den deutschen Auslandsgeheimdienst unterscheiden sie sich hauptsächlich dadurch, daß nach 1945 seine Handlungsspielräume zunächst stark eingeschränkt wurden, wohingegen sie nach 1990 erheblich erweitert wurden. Betrachtet werden daher auch Aspekte, die 1945 zwar nicht weitergeführt wurden, an die nach 1990 aber in macher Hinsicht wieder angeknüpft wurde. Kontinuität gibt es aber nicht nur zum Dritten Reich. Der BND hat in 35 Jahren Dienst für die BRD auch einige bundesrepublikanische Charakteristika entwickelt.

Kontinuität findet sich vor allem bezüglich seinem organisatorischen Aufbau, das heißt unter anderem seiner Stellung im Regierungssystem, seines Arbeitsauftrags und seiner Arbeitsweise, seiner Personalstruktur, sowie der Zielrichtung seiner Aufklärung. Dabei werden keine geheimdienstlichen Arbeitsdetails im Vordergrund stehen. Besondere Beachtung findet dabei erstens der Zusammenhang zwischen öffentlicher Regierungspolitik und geheimdienstlichem Vorgehen sowie die Frage nach den Auswirkungen, die der jeweilige deutsche Souveränitätsstatus auf die Organisationsform des Auslandsgeheimdienstes hatte.

Der gesamte Komplex DDR/Staatssicherheit wird nicht explizit behandelt werden. Hauptsächlich geht es um die Ursprünge des BND im Zweiten Weltkrieg und die Entwicklungen der Neunziger Jahre, also um Zeiträume kurz vor der Gründung, bzw. kurz nach der Auflösung von DDR und Ministerium für Staatssicherheit der DDR (MfS). Einer der Ausgangspunkte, vor allem des fünften Teils, ist gerade der Wegfall dieses traditionellen Aufgabengebietes des BND. Dabei steht die Betrachtung von Strukturen, wie Kompetenzen und thematischen Aufklärungsfeldern des BND im Mittelpunkt, nicht einzelne Operationen oder Länderbeispiele. Zur Illustration sind solche Beispiele natürlich unerläßlich, und auch dominante Strukturen der Außenpolitik, wie die Vernichtungsideologie des Nationalsozialismus, der Ost-West-Konflikt oder die Neuordnung der Welt nach 1990 sind selbstverständlich miteingeflossen.

Diese Untersuchung ist keine Recherchearbeit, die aus bisher unveröffentlichtem Material Erkenntnisse über den BND zu ziehen versucht, die bisher publiziertes grundlegend in Frage stellten. Das Neue liegt in der Kombination der verfügbaren Quellen. Es wurde alles, was an verstreuten Veröffentlichungen und Dokumenten über den BND greifbar war, systematisch ausgewertet und zueinander in Beziehung gesetzt, woraus sich oft neue Erkenntnisse und Aufschlüsse ergaben. Zudem wurden mehrere Interviews mit BND-Fachleuten und Parlamentariern geführt.

Im Kapitel »Bundesdeutsche Politikwissenschaft und Geheimdienste« soll der Bereich umrissen werden, aus dem die Arbeit schöpft, d. h. die wissenschaftliche Literatur, juristische, journalistische und mündliche Quellen. Desweiteren werden die Grundlagen erläutert, auf denen diese Untersuchung aufbaut. Dies meint sowohl den wissenschaftlichen Kenntnisstand, der in der Bundesrepublik sehr dürftig ist, als auch den verwendeten Begriffsapparat.

Der Abschnitt »Wie alt ist der BND?« erläutert die nationalsozialistischen Ursprünge des Bundesnachrichtendienstes um 1945. Er ging aus dem Ostfrontgeheimdienst der Wehrmacht hervor, der Abteilung »Fremde Heere Ost« (FHO) des Oberkommandos des Heeres. Diese Vorläuferorganisation wird vor allem auf die Aspekte hin untersucht, die nach dem Ende des Nationalsozialismus in direkter oder modifizierter Form ihre Fortführung im Kalten Krieg fanden. An erster Stelle sind hier die personelle Kontinuitäten zu nennen, sei es die Beschäftigung von Veteranen der Wehrmacht, ehemaligen Kollegen aus der SS oder den Formationen der Nazi-KollaborateurInnen des Zweiten Weltkrieges. Der Chef der FHO, Reinhard Gehlen, blieb die zentrale Leitfigur der Nachfolgeorganisationen. Massenverhöre blieben, erst unter Folter bei Kriegsgefangenen, dann »freiwillig« bei Rückkehrern nach wie vor 1945 ein wichtiges Instrument der Erkenntnisgewinnung. Auch die antikommunistische Ausrichtung der FHO blieb bestehen, sie war Voraussetzung und Grundlage des schnell geschlossenen Bündnisses mit den US-amerikanischen Geheimdiensten. Gehlens Geheimdienst hatte einen bedeutenden Anteil an der Verschärfung des Kalten Krieges, wurden doch die Handlungsspielräume seiner Organisation durch diese Eskalation erweitert. Der deutsche Auslandsgeheimdienst in seiner jeweiligen Form soll skizzenhaft in das politische Gesamtgefüge jener Zeit eingeordnet werden.

»Funktionsweise des BND« ist eine Bestandsaufnahme. Was ist der BND, was darf er, wer leitet ihn und was tut er? Betrachtet wird der Stand vor dem Wendepunkt von 1990. Hier soll unter anderem geprüft werden, welche Elemente, die den Bruch von 1945 überdauerten, auch noch ihre Fortführung bis zum Ende der achtziger Jahre fanden. So führte der Bundesnachrichtendienst zu diesem Zeitpunkt immer noch Massenverhöre durch, nach den Kriegsgefangenen und Rückkehrern des Weltkrieges traf es nun Aus- und ÜbersiedlerInnen und Flüchtlinge, die Asyl beantragten. Zum anderen wird erläutert, wie sich das Geheimdienstrecht in der BRD entwickelt hat, und welche bundesrepublikanischen Charakteristika des BND dadurch entstanden sind. So wurde ihm durch das G 10 als Teil der Notstandsgesetze die rechtliche Genehmigung erteilt, den Post- und Fernmeldeverkehr mit dem osteuropäischen Ausland flächendeckend zu überwachen. Zigtausende Briefe wurden täglich mitgelesen und unzählige Telefonate mitgehört, angeblich um vor dem »bewaffneten Angriff auf das Bundesgebiet« aus dem Osten rechtzeitig gewarnt zu sein. Was der BND mit diesen Daten machte, unterlag kaum einer äußeren Kontrolle. Keines der »Kontroll«-Gremien des Parlaments war mit Sanktionsbefugnissen ausgestattet, vielmehr schien ihre Aufgabe darin zu liegen, wenigstens den Anschein einer demokratischen Kontrolle aufrecht zu erhalten.

Der zweite Wendepunkt ist gekennzeichnet durch den Zusammenbruch der sozialistischen Staaten der Warschauer Vertragsorganisation (WVO) und ihren Folgen, zu denen auch die Auflösung der DDR und das Wiederentstehen eines mächtigen deutschen Nationalstaates zählt. Die Entwicklungen, die sich für den BND daraus ergaben, behandelt der vorletzte Teil. Geheimdienste und Grundrechtseinsschränkungen, das Instrumentarium des Kalten Krieges, wurden von der Politik nicht in Frage gestellt. Schon bald wurden »Risiken« entdeckt, die sogar einen Ausbau der geheimdienstlichen Kompetenzen rechtfertigen sollten, der alles in der BRD bisher dagewesene übersteigt. Für den BND wurden »neue Aufgaben« gefunden, die weitläufige Überschneidungen mit den Zuständigkeiten der Polizei bewirken mußten wie die Überwachung des internationalen Drogen- und Waffenhandels oder gar der Aufklärung von »Geldwäsche«.

Wenn einem Geheimdienst plötzlich originär polizeiliche Aufgabenfelder übertragen werden, stellt sich zum einen die Frage, inwieweit das die faktische Aufhebung des Trennungsgebotes von Polizei und Geheimdiensten bedeutet, zum zweiten, welchen Nutzen die Bundesregierung aus dieser Übertragung ziehen könnte. Dort, wo die offizielle Version unzureichend erscheint, sollen deshalb Anhaltspunkte für die tatsächliche Neuorientierung und die neue politische Funktion des BND in der neuen Weltordnung zusammengetragen werden. Was ist wirklich »neu« an den »neuen Aufgaben« des BND? Gibt es vielleicht sogar eine Rückkehr zu den Wurzeln? Dies sind die Leitfragen des letzten Teils, bevor aus der Zusammenfassssung der Ergebnisse ein kurzes Resumé gezogen wird.

Geheimdienste und Politikwissenschaft in der Bundesrepublik

Die Quellenlage über Geheimdienste

Die Bearbeitung des Themas »Geheimdienste« wirft einige besondere Probleme auf. So ist die Quellenlage in der Bundesrepublik Deutschland relativ dünn. Zum einen ist es schwierig, an Primärquellen heranzukommen, da interne Geheimdienstpapiere der allgemeinen Öffentlichkeit nicht zugänglich sind. Auch Vorgänge und Beschlüsse der mit Geheimdiensten befaßten Bundestagsgremien stehen meist unter Verschluß. Wenn solche Primärquellen überhaupt veröffentlicht werden, dann oft erst Jahre später, nachdem die Fakten ohnehin schon durchgesickert sind. Auch sind Primärquellen in Form von Gesetzen kaum verfügbar, da der BND, wie noch ausführlich dargelegt werden wird, bis in die neunziger Jahre fast ohne rechtliche Grundlage arbeitete.

Zum anderen ist auch die wissenschaftliche Sekundärquellenlage, wenngleich sie sich in den letzten Jahren verbessert hat, eher dürftig. Streng politikwissenschaftlich war allein die Arbeit von Thomas Walde »Die Geheimen Nachrichtendienste im Regierungssystem der Bundesrepublik Deutschland« von 1971. Weder »Pipers Wörterbuch zur Politik«[2] noch das »Handwörterbuch Internationale Politik«[3] noch das »Handbuch des politischen Systems der Bundesrepublik Deutschland«[4] enthalten die Stichworte »Geheimdienst« oder »Nachrichtendienst«. Ein Sprung nach vorn war die umfassende, kritische Beschreibung des »Der BND - Schnüffler ohne Nase«, die Erich Schmidt-Eenboom 1993 präsentierte.[5]

Damit weist er auch auf den Nachteil hin, daß für den BND jegliche Überläuferliteratur fehlt, das heißt Berichte von Aussteigern, die ihre Innenansichten dokumentieren, wie z. B. Philip Agee, der 1975 mit »CIA Intern« seinem ehemaligen Arbeitgeber großen Schaden zufügte.[6]

Heinz Höhne, einer der BND-Fachleute des »Spiegel«, merkt außerdem an, daß es kein Buch gibt, das die Rolle deutscher und alliierter Geheimdienste bei der Entstehung der Bundesrepublik untersucht und daß auch die Geschichte des Zweiten Weltkrieges ohne die Aufarbeitung der geheimdienstlichen Akten geschrieben wurde. Für die Nachkriegszeit hat die US-Amerikanerin Mary Ellen Reese 1992 ein Buch über den BND-Vorläufer »Organisation Gehlen« vorgelegt, das sich auf die Geheimdienst-Akten in den US-Archiven und zahlreiche Interviews stützt. Es ist jedoch stark biographisch an der Person Gehlen ausgerichtet und mit wenig Distanz zu ihm geschrieben.[7]

Besser sieht die Quellenlage im journalistischen Bereich aus: In verschiedenen Tages- und Wochenzeitungen erscheinen regelmäßig Analysen und Recherchen über den BND. Ergebnisse des investigativen Journalismus brachten in der BND-Geschichte mehrere Skandale ans Licht, die in der breiten Öffentlichkeit die Diskussion um den Sinn oder Unsinn von Geheimdiensten anregten und einige Parlamentarische Untersuchungsausschüsse nach sich zogen. Aus dem Haus des »Spiegel« kam 1971 die vielbeachtete Reportage »Pullach intern« von Zolling und Höhne, die im wesentlichen interne Skandale aneinanderreihte. Daraus wurden aber keine Beschränkungen für den BND, sondern institutionelle Reformen gefordert, die seine Effizienz wieder steigern sollten.[8] Es stellte sich später heraus, daß die »Skandal«-Informationen teilweise vom BND lanciert waren.[9]

Auch in juristischen Fachzeitschriften sind die deutschen Geheimdienste immer wieder Thema. Wortgehalt und die sich daraus ergebenden Auslegungsmöglichkeiten von Gesetzesentwürfen und -novellierungen werden hier erörtert und politisch eingeordnet. Desweiteren erscheinen regelmäßig rechtstheoretische Analysen zu nachrichtendienstlichen Eingriffsbefugnissen in Grundrechte, wie z. B. das Post- und Fernmeldegeheimnis.[10] Gerade zum Thema Geheimdienste erscheint allerdings auch eine Flut unseriöser, geheimnistuerischer und verschwörungstheoretischer Literatur, sowie schönfärberische Selbstdarstellungen und gezielte Desinformationskampagnen der Dienste selbst. Die Literatur über den BND zeichnet sich durch eine starke Polarisierung aus, das heißt einerseits beschönigende Artikel von GeheimdienstbefürworterInnen, die die Unverzichtbarkeit eines deutschen Auslandsgeheimdienstes betonen, andererseits aufgedeckte Skandale von kritischen

JournalistInnen und BürgerrechtlerInnen, die auf seine sofortige Auflösung drängen.[11]

Letztendlich waren bei der Bearbeitung des Themas mündliche Quellen – die Kooperation von Fachleuten – sehr hilfreich. Diese Interviews und Hintergrundgespräche mit PolitikerInnen und AutorInnen, die mit Geheimdiensten befaßt sind, waren gerade für die aktuelle Einschätzung des BND unerläßlich.

Schwierigkeiten bei der Beschäftigung mit Geheimdiensten

Anders als beispielsweise in den USA gilt in der Bundesrepublik die wissenschaftliche Beschäftigung mit Geheimdiensten als heikel und unseriös. Ein grundsätzliches Problem ist dabei natürlich die Bewertung der stark polarisierten Quellen. Allgemein birgt die intensive Beschäftigung mit Geheimdiensten die Gefahr, den Blick dafür zu verlieren, welchen tatsächlichen Stellenwert ihr Handeln im politischen Geschehen hat. Im Extremfall werden sie als die *eigentlichen* Akteure der politischen Bühne angesehen, öffentliche Politik hingegen als irrelevantes Ablenkungsmanöver. Die Rückbesinnung auf die *Verhältnismäßigkeit* ihres Einflusses schützt davor, in Verschwörungstheorien abzugleiten. Geheimdokumente und Geheimdiensthandeln ergänzen das Mosaik des politischen Gesamtbildes, sie sind aber nicht der Spiegel einer gänzlich anderen Realität. Geheimdienste sind mächtig, weil sie im Verborgenen agieren und dadurch schwer zu kontrollieren sind. Aber sie sind nicht *allmächtig* und gerade dadurch, daß sie nicht öffentlich agieren können, sind ihnen auch Grenzen gesetzt.

Eine Methode, um sich vor Irrwegen und Verschwörungstheorien zu schützen ist die Einbettung der Informationen aus und über Geheimdienste in das politische Gesamtbild der jeweiligen Zeit. Dies ist eine Methode, mit der im übrigen auch die Geheimdienste selbst arbeiten, sie nennen dieses Gesamtbild ein »picture«[12] oder ein Mosaik[13]. Dieses erstellen sie aus offen zugänglichen Quellen, um die verdeckt erhobenen Informationen zuordnen und bewerten zu können. Falschinformationen fallen dann dadurch auf, daß sie in dieses Gesamtbild nicht hineinpassen und können ausgesiebt werden. Ein wiederkehrendes Kriterium, an dem der Zusammenhang zwischen öffentlicher und geheimer Politik untersucht werden soll, wird das der »nationalen Souveränität« Deutschlands sein.

Begriffsklärung

»Nachrichtendienst« oder »Geheimdienst«?

Für den Bereich der im Geheimen operierenden Regierungsinstitutionen stehen verschiedene Begriffe zur Auswahl. In Gesetzen und Verordnungen der Bundesregierung ist ausschließlich von »Nachrichtendiensten« die Rede. In journalistischen Quellen, sowie in schriftlichen und mündlichen Äußerungen von PolitikerInnen wird mindestens ebenso oft von »Geheimdiensten« gesprochen. Manche sprechen auch schlicht von den »Diensten«. Die folgenden Erläuterungen sollen begründen, warum in dieser Arbeit vornehmlich von »Geheimdiensten« die Rede sein wird. Der Begriff des »Geheimen« beschreibt das wesentliche Merkmal der Tätigkeit dieser Institutionen, nämlich, daß das Wissen über ihre Organisation, ihre Tätigkeit und ihre Ergebnisse vor dem Großteil der Öffentlichkeit verdeckt wird.[14] Über die eigentliche Tätigkeit sagt der Begriff »Geheimdienst« nichts aus. Das ist zwar ein Mangel an Genauigkeit, jedoch umfaßt der Begriff gerade deshalb großen Bereiche geheimdienstlicher Tätigkeit:
1. Die Aufklärungsfunktion. Diese umfaßt sowohl klassische Spionage als auch Aufbereitung von offenen Quellen zur Weitergabe in exklusiven Berichten an die Regierung, also den gesamten Bereich, in dem ausschließlich Informationen gewonnen, verarbeitet und weitergegeben werden.
2. Die operative Funktion. Damit ist jede Geheimdienstaktion gemeint, die über den Umgang mit Informationen hinausgeht, sei es nun der Schmuggel von Plutonium, finanzielle Unterstützung für eine Partei, ein Attentat oder die Organisation eines Militärputsches.[15]

Dieser zweite Punkt unterscheidet ihn vom Begriff »Nachrichtendienst«. Der Begriff »Nachrichtendienst« schreibt der Institution einen klaren Tätigkeitsbereich zu: den Umgang mit Nachrichten. Damit reduziert der Begriff das Aufgabenfeld allerdings auf die Aufklärungsfunktion. Diese scharfe Trennung gibt es in der Praxis aber nicht. Es sind keine Dienste bekannt, die auf verdeckte Aktionen explizit verzichten.[16] Ein solcher Verzicht würde sie auch einer ihrer konstitutiven Funktionen berauben.

Das wesentliche Tätigkeitsmerkmal taucht in dem Begriff »nachrichtendienstlich« ebenfalls nicht ausdrücklich auf: das Kriterium des »Geheimen«. Darum bevorzugte Walde den Begriff »Geheimer Nachrichtendienst«[17], stellte jedoch gleichzeitig fest, daß die »Tätigkeit des *offenen* Nachrichtendienstes landläufig nicht mit diesem Begriff gekennzeichnet wird«[18]. Vom Wortsinn her würde es sich bei einem »offenen Nachrichtendienst« um eine Art Presse- und Informationsdienst[19] handeln. Der Begriff »Nachrichtendienst« impliziert aber aufgrund des allgemeinen Sprachgebrauchs die Kategorie »geheim«. Der Begriff wird darum auch verwendet werden. Als »nachrichtendienstlich« soll der Sektor geheimdienstlicher Tätigkeit bezeichnet werden, der sich ausschließlich mit dem Umgang mit Nachrichten befaßt. Wichtig ist auch das Wörtchen »Dienst«. In diesem Begriffsteil steckt die prinzipielle Unterordnung unter eine staatliche Institution. Ein Geheimdienst existiert nicht autonom. Er steht im Dienst einer Regierung. Ihr gegenüber arbeitet er auch nicht geheim. Die Qualität »geheim« beschreibt daher in diesem Zusammenhang eher einen streng reglementierten und privilegierten Informationszugang als eine totale Abschottung.

Ein Geheimdienst - eine Behörde?

Geheimdienste werden im allgemeinen den »Sicherheitsbehörden« zugerechnet. Natürlich ist es unbestreitbar, daß Geheimdienste verglichen mit anderen staatlichen Einrichtungen einige Besonderheiten aufweisen: »Wir verwalten hier kein Einwohnermeldeamt«[20], so der gegenwärtige BND-Chef Geiger. Der ehemalige Militärgeheimdienstler Gert Buchheit meint daher: »Die Bezeichnung ›Behörde‹ für den BND sollte man tunlichst nicht verwenden. Denn ein geheimer Nachrichtendienst wird geführt und nicht verwaltet.« Überdies stünden »Offiziere, Beamte, Angestellte und freie Mitarbeiter weder in einem militärischen noch in einem generellen Beamtenunterstellungsverhältnis«[21]. Das Anstellungsverhältnis von V-Leuten (»freie Mitarbeiter«) dürfte tatsächlich unklar sein. Der wesentliche Unterschied zu anderen staatlichen Organen ist aber, daß die Tätigkeit, Personal, Sitz und auch der Etat von Geheimdiensten nicht öffentlich sind. Rechtsstaatsprinzipien wie die im Grundgesetz verankerte Gesetzmäßigkeit der Verwaltung sind daher sehr schwer kontrollierbar.

In der BRD wird jedoch seit Jahren öffentlich die Normalität von Geheimdiensten betont. Der BND wurde mit dem Errichtungsgesetz von 1990 formal zu einer Bundesoberbehörde. Der ehemalige »Beauftragte für die Nachrichtendienste«, Lutz Stavenhagen, sprach daher gern von den »etwas anderen Behörden«[22].

Was bedeutet »Sicherheit« für den BND?

Geheimdienste werden in allen Regierungssystemen offiziell mit dem Begriff der »Sicherheit« in Verbindung gebracht, sei es die National Security Agency der USA, das Ministerium für Staatssicherheit der DDR oder der Sicherheitsdienst (SD) der SS im Nationalsozialismus. Diese Gemeinsamkeit in völlig verschiedenen Regierungs- und Gesellschaftssystemen verdeutlicht, daß Geheimdienste letztlich immer nur einem Ziel dienen: der Erhaltung des Bestehenden. Sie sind in jedem Falle inhärent konservativ, ein »Instrument der Systemstabilisierung«[23]. Der Begriff der »Sicherheit«, der vordergründig Schutz vor Gefahren zu versprechen scheint, dient dabei als ein universell anwendbares, positiv besetztes Etikett. Interessant ist daher, welcher Art die Ordnung ist, die geschützt werden soll.

Um den Schutzauftrag an die Geheimdienste der Bundesrepublik herzuleiten, greift Brenner auf den Artikel 73 Nr. 10 b) des Grundgesetzes zurück, der dem Bund den Auftrag »zum Schutze der freiheitlich-demokratischen Grundordnung, des Bestandes und der Sicherheit des Bundes oder eines Landes (Verfassungsschutz)« erteilt. Brenner argumentiert, daß der Schutz der freiheitlich-demokratischen Grundordnung und der Schutz des Staates als solchem im Verbund gesehen werden müsse, daß »(...) anerkanntermaßen wichtigstes Schutzgut des Verfassungsschutzes die freiheitlich-demokratische Grundordnung ist, die wiederum aber nicht nur den Bestand des Staates, sondern auch dessen innere und äußere Sicherheit voraussetzt, um sich überhaupt entfalten zu können (...), so daß die Zuständigkeit der Ämter für Verfassungsschutz und vor allem des BND (...) sachgerecht erscheint«[24]. Dem Auslandsgeheimdienst BND falle die Rolle zu, den »äußeren Bestand der Nation«[25] zu sichern. »Sicherheit« wird hier also nur auf die »freiheitlich-demokratische« *innere* Ordnung bezogen, die gegen Angriffe von außen geschützt werden müsse. Hier wird das Arbeitsfeld des BND gesehen.

Eine Definition von »äußerer Sicherheit«, die über den Schutz vor Angriffen hinausgeht und die die Aufrechterhaltung einer *äußeren* Ordnung enthält, findet sich in den Richtlinien des Bundesministers für Verteidigung von 1992, in denen die Aufgabe der »Aufrechterhaltung (...) des ungehinderten Zugangs zu Märkten und Rohstoffen in aller Welt« festgeschrieben werde, die von »vitalem Sicherheitsinteresse« für die Bundesrepublik sei.[26] Den Auslandsgeheimdienst BND aus dem Schutz einer solchen *äußeren* Ordnung, das heißt der Sicherung der wirtschaftlichen Interessen der BRD in anderen Ländern, zu legitimieren, ist juristisch nicht üblich. Diese Legitimation ließe sich aus dem Grundgesetz auch sehr viel schwerer ableiten als der Auftrag zum Schutz der »freiheitlich-demokratischen Grundordnung«.

Opportunitäts- und Legalitätsprinzip

Die Unterscheidung zwischen Legalitäts- und Opportunitätsprinzip ist vor allem für die Unterscheidung zwischen Strafverfolgungsbehörden (insbesondere der

Polizei) und Geheimdiensten von Bedeutung. Walde definiert »Opportunität (Politik)« und »Legalität (Rechtssetzung)«.[27] Für die Geheimdienste dominierte stets das Opportunitätsprinzip. So erntete der Jurist Borgs-Maciejewski 1977 für einen Artikel harsche Kritik, in dem er darlegte, daß der Verfassungsgrundsatz der Rechtmäßigkeit der Verwaltung (Art. 20 Abs. 3 GG) auch für Geheimdienste zu gelten habe.[28] Die Geheimdienste dürften darum nicht nur nicht gegen geltendes Recht verstoßen, sondern ihr Handeln müsse darüber hinaus von geltendem Recht gedeckt sein. Ihm wurde vorgeworfen, daß er so zum Mißtrauen gegenüber den Geheimdiensten beitrage. Eine gesetzliche Grundlage sei nicht erforderlich, weil »verfassungsrechtliche Prinzipien im Einzelfall Beachtung« verlangten.[29] Borgs-Maciejewski erwiderte recht pointiert, daß solch eine Argumentation die Rechtmäßigkeit der Verwaltung vollkommen auflöse, weil sich praktisch für jedes staatliche Handeln ein Verfassungsgrundsatz heranziehen ließe.[30] Der Vorrang des Opportunitätsprinzips bedeutet zum Beispiel, daß die Geheimdienste nicht verpflichtet sind, Straftäter zu verfolgen. Laut einer Statistik des BKA, die die »Tageszeitung« im März 1993 veröffentlichte, gingen 1974-85 nur zwischen 2,7% (1974) und 0,2% (1983) der polizeilichen Staatsschutzermittlungen auf Hinweise bundesrepublikanischer oder befreundeter Geheimdienste zurück. Für diesen erstaunlichen Sachverhalt wurde folgende Begründung angeboten: Die Geheimdienste unterlägen »nicht dem Legalitätsprinzip, also nicht dem Zwang, ihnen bekanntwerdende Straftaten anzuzeigen. (...) Dies hat schlechte Gründe, müßten die Dienste doch andernfalls auch von ihnen oder ihren V-Leuten begangene Straftaten zur Anzeige bringen, müßten sie vor allem jene politischen Szenen dem strafverfolgerischen Zugriff öffnen, in denen ihre V-Leute Teil der Szene sind.«[31]

Begriffe aus der Geheimdienstpraxis
Die Geheimdienstterminologie war in der BRD lange Zeit anglo-amerikanisch geprägt, was seinen Ursprung nicht zuletzt in der Hilfestellung der US-Dienste beim Wiederaufbau des »Intelligence-« (Nachrichtendienst-) Systems in Deutschland hat.

Positive intelligence; counter intelligence; security intelligence: Die Begriffe dienen im wesentlichen dazu, die unterschiedlichen Aufklärungsziele und -zuständigkeiten der Geheimdienste voneinander abzugrenzen: »positive intelligence« bezeichnet die Hauptarbeit von Auslandsgeheimdiensten, Das Ausspionieren eines anderen Staates unter politischen, militärischen und wirtschaftlichen Aspekten (»Auslandsaufklärung«). Aufklärungs*richtung* ist zwar das Ausland, dafür können aber auch Informationen im Inland gesammelt werden. Dies ist das Hauptaufgabenfeld des BND. »Counter intelligence« (»Gegenspionage«) bezeichnet das Ausspionieren eines gegnerischen Geheimdienstes. Hierbei geht es sowohl um dessen Aufbau, Arbeitsweise und geheimdienstliche Methoden, als auch seine

Aufklärungsprioritäten. In der Bundesrepublik liegt auch diese Aufgabe beim BND. »Security intelligence« bezeichnet sowohl die »Spionageabwehr«, das heißt den Schutz des eigenen Staates vor dem Ausspionieren durch einen gegnerischen Geheimdienst, als auch die »Inlandsaufklärung«, vor allem gegen radikale oppositionelle Bewegungen. In der Bundesrepublik ist für die Spionageabwehr das Bundesamt für Verfassungsschutz zuständig. Inlandsaufklärung betreiben die Landesämter für Verfassungsschutz. Der BND ist nur in dem Fall zur »security intelligence« befugt, wenn es seine Eigensicherung betrifft, das heißt, wenn er sich selbst vor dem Ausspioniert-werden durch einen anderen Geheimdienst schützt.

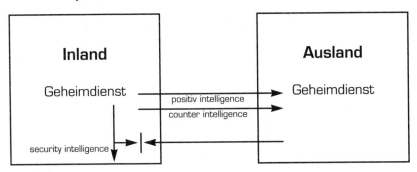

Die Hauptaufklärungsaufgaben von Geheimdiensten

Covert action

Verdeckte Aktionen (covert actions) sind neben der Aufklärungsfunktion das zweite konstitutive Element von Geheimdienstarbeit. »Man mag einen Geheimdienst organisieren wie man will - letzten Endes wird man immer wieder zu folgender Gliederung kommen:
1. Nachrichtenbeschaffung = Informationsfunktion.
2. Abwehr gegnerischer Spionage und Sabotage = Schutzfunktion.
3. Gegenspionage (aktive Aufklärung gegnerischer Nachrichtendienste)
4. Geheimaktionen (Sabotage, Diversion, Subversion, Kommandounternehmen, Unterstützung der ideologischen Kriegführung).«[32]

Um diesen vierten Teil von Geheimdienstarbeit geht es im folgenden. Es wird hier darunter alles subsumiert, was über die Sammlung, Beschaffung und Auswertung von Informationen hinausgeht. Es gibt sicher Randbereiche wie Observation, Einbruch und Diebstahl zur Informationsbeschaffung. Im strengen Sinne sind jedoch mit »covert action« Handlungen gemeint, die direkt der Durchsetzung machtpolitischer Interessen dienen und unmittelbar Wirkung zeigen: angefangen von der finanziellen Unterstützung für Parteien, Gewerkschaften, Kirchen oder Medien, über das Anheuern von Schlägertrupps in Wahlkämpfen, Sabotageakte, Waffenlieferungen an Staaten, Bürgerkriegsarmeen oder Untergrundformationen, bis hin zu Entführungen, Attentaten und der Planung, Vorbereitung und Durchführung von Staatsstreichen.

Dieser Bereich ist für Geheimdienste konstitutiv, weil sie allein die Grundvoraussetzungen für die Durchführung solcher Aktionen mitbringen:
• gut organisierte, verdeckte MitarbeiterInnen vor Ort
• keine Anbindung an das Legalitätsprinzip
• strikte Geheimhaltung und Ableugnung zum Schutz der Verantwortlichen

Keine andere staatliche Organisation ist in der Lage, derartige Aktionen durchzuführen. Jeder Geheimdienst ist dazu in der Lage. Während ihre Informationsfunktion noch in Grenzen von einer öffentlichen Einrichtung geleistet werden könnte, setzt die Nutzung dieser Möglichkeiten durch die Regierung einen Geheimdienst voraus. Da verdeckte Aktionen auch nur in Grenzen technisch durchzuführen sind, dürfte diese Option den Geheimdiensten noch auf Jahrzehnte ihre Existenz sichern.

Deniability

»Deniability« bezeichnet die vorgeplante »Ableugnungsmöglichkeit« von Aktionen. Es ist »die bei einer GD- [Geheimdienst-, d. Hg.] Operation einzuplanende Möglichkeit für die eigene Regierung, die Beteiligung ihres Geheimdienstes an einer eventuell enttarnten geheimdienstlichen Handlung glaubhaft zu bestreiten«[33]. Diese Ableugnungsmögllichkeit ist Teil der Operation. Das Ziel der »deniability« ist es, den Nachweis zu erschweren, daß die Regierung für Aktionen ihrer Geheimdienste verantwortlich ist. Dadurch kann leicht der Eindruck verstärkt werden, Geheimdienste seien »aus dem Ruder gelaufen«.

Daß die Ableugnung eine gängige Geheimdienstpraxis ist, wissen auch die zuständigen KontrolleurInnen. Darum gab BND-Chef Porzner vor einem Untersuchungsausschuß des Bundestages im Januar 1996 die merkwürdige Versicherung: »Ich lüge Sie nicht an, auch nicht ein bißchen.«[34]

Wie alt ist der BND?
Brüche und Beständigkeiten in der Entstehungsgeschichte

Das Geheimdienstsystem der Bundesrepublik Deutschland läßt sich ohne den Rückgriff auf das Geheimdienstsystem des Nationalsozialismus nicht erklären. Gemeinhin ist bekannt, daß die Geheime Staatspolizei (Gestapo) gleichermaßen mit geheimdienstlichen und polizeilichen Kompetenzen ausgestattet war, was sie zu einem der Repressionsapparate des deutschen Faschismus machte. Zum Teil ist auch bekannt, daß die Geheimdienste sich lange Zeit in zwei große Sektoren teilen ließen: einen unter der Leitung der SS und einen unter dem Kommando der Wehrmacht. Zum militärischen Sektor gehörte auch die Vorläuferorganisation des BND, die Abteilung »Fremde Heere Ost« (FHO) des Oberkommandos des Heeres (OKH).

Die Zusammenlegung von polizeilichen und geheimdienstlichen Repressionsorganen im NS-Staat ging aber weit über die Gestapo hinaus.[35] Die zentrale Institution war das Reichssicherheitshauptamt der SS (RSHA), das bis 1942 von Heydrich, danach kommissarisch von »Reichsführer SS« Himmler und von 1943 bis Kriegsende von Kaltenbrunner geleitet wurde. Die Gestapo (unter Müller) war nur ein Teil des RSHA-Apparats. Der SS unterstanden ab 1934 alle Polizeibehörden. 1936 wurden alle politischen Polizeien zur Gestapo auf Reichsebene vereinigt, noch im selben Jahr mit allen Kriminalpolizeibehörden zur Sicherheitspolizei (Sipo) zusammengeschlossen und dem Amt IV des RSHA unterstellt. Dazu kam 1938 noch der Auslandsgeheimdienst des »Sicherheitsdienstes« (SD) der NSDAP (unter Schellenberg), der Kern des Amtes VI.

Im Krieg entfaltete das RSHA, vor allem das Amt VI, das die Auslandsgeheimdienste umfaßte, eine scharfe Übernahmepolitik gegen die Geheimdienste der Wehrmacht, v. a. das »Amt Ausland/Abwehr« unter Canaris. Eine der Ursachen waren Konflikte um die »politische Kriegführung«, die im folgenden angesprochen werden sollen. 1944 führte dies schließlich zur Ablösung von Canaris und der Übernahme der »Abwehr« durch das RSHA. Kurz vor Ende des Krieges wurde auch die Abteilung »Fremde Heere Ost« des Oberkommandos des Heeres unter Reinhard Gehlen dem RSHA unterstellt.[36] Damit umfaßte das Reichssicherheitshauptamt der SS kurz vor der deutschen Kapitulation alle verbliebenen Geheimdienste und politischen Polizeien. Es organisierte die »Gegnerbekämpfung« und den Massenmord in den Konzentrationslagern (Amt IV) ebenso wie die Auslandsspionage oder die Untergrundkriegführung gegen die Sowjetunion (Amt VI)[37].

Aufgrund dieser Machtkonzentration machten die Westalliierten 1949 das Gebot der Trennung von Geheimdiensten und Polizei in der Bundesrepublik Deutschland zur Voraussetzung ihrer Zustimmung zum Grundgesetz. Dennoch war es im Bereich der Polizei und der Geheimdienste auch nach 1945 so gut wie unmöglich, nach Nazis und Nichtnazis zu trennen. Dies betraf insbesondere auch den BND.

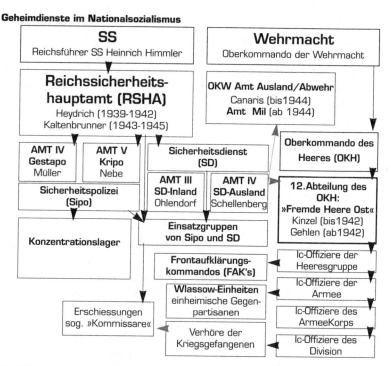

Die Wurzeln des Bundesnachrichtendienstes liegen in der Abteilung »Fremde Heere Ost«, der 12. Abteilung des Oberkommandos des Heeres.[38] Ihr Chef war ab dem 1. April 1942 Reinhard Gehlen.[39] Dieser Abteilung oblag die militärische

Aufklärung an der gesamten »Ostfront« der Wehrmacht, vor allem gegen die Sowjetunion. Ihre Tätigkeit erweiterte sich jedoch bald über diesen Bereich hinaus zu einer politisch-militärischen Geheimdiensttätigkeit gegen ganz Osteuropa. Diese generelle Ausrichtung ist das bestimmende Erbe der FHO an den BND gewesen. Dazu kamen sämtliche Akten der FHO, sowie ein Großteil des Personals, außerdem wurden viele Beschaffungs- und Auswertungsmethoden übernommen. Diese nahezu geschlossene Überführung eines Geheimdienstes »aus dem Dienst eines Staates in den Dienst eines anderen (...), zudem von einem faschistischen Regime zu einem politischen System, das demokratisch zu werden sich anschickte«[40], war der Erfolg Reinhard Gehlens, der bis 1968 Chef des BND blieb.

Eine der zentralen Arbeitsmethoden der FHO wie des BND war die »Integrierte Auswertung«. Dies bedeutet, daß Beschaffung und Auswertung der Informationen *innerhalb* eines Geheimdienstes stattfinden und dritte Dienststellen nicht beteiligt sind. Vor der Reform durch Reinhard Gehlen war die FHO eine relativ langsame und ineffektive Auswertungsabteilung gewesen, die Frontberichte zu Gesamtlagen zusammenfaßte. Erst unter Gehlen entwickelte sie sich zum »Urtyp des modernen Auslandsnachrichtendienstes«, wie der Jurist Thomas Rieger die FHO bezeichnete[41]. Der Sprung von der Auswertungsabteilung zum Geheimdienst erforderte vor allem den Aufbau einer eigenen Beschaffung.[42] Dies gelang durch die Errichtung eines tiefgreifenden AgentInnennetzes[43], den Einsatz sogenannter »Frontaufklärungskommandos« (FAKs), die als Geheimkommandos bis tief in das sowjetische Hinterland vorstießen[44], sowie massenhafte und systematische Verhöre aller sowjetischen Kriegsgefangenen durch die der FHO unterstellten Nachrichtenoffiziere (Ic-[sprich »eins C«] Dienste Ost).[45] Ein weiterer Schritt zum Geheimdienst war die Verschärfung der Geheimhaltung.[46]

Zu diesem neuen Bereich der »beschafften« Informationen kam auch weiterhin eine Flut von eintreffenden Berichten aus der Wehrmacht, wie Frontbeobachtungen oder Funkaufklärung.[47] Das charakteristische Merkmal der FHO war und blieb die systematische, interne Auswertung aller erlangten Daten. So erstellte sie zahlreiche Analysen, beispielsweise über die Produktionskapazität von Rüstungsfabriken oder die Gesamtzahl der verbleibenden Bevölkerung. Noch nach dem Krieg legten die Gehlen-Offiziere Wert darauf, daß sie mit preußischer Gründlichkeit auch die »Bevölkerungsverschiebung« in der Sowjetunion berücksichtigt hätten, sprich Massenmord und Vertreibung durch die Wehrmacht. Solche Zahlen wurden aus den unendlich vielen Einzelberichten herausgefiltert und beständig aktualisiert, um zum Beipiel durch das Subtrahieren von sowjetischen Verlusten und Addieren der bekannten Rüstungskapazitäten die Reserven der Sowjetunion zu ermitteln.[48] Diese Vorgehensweise verbesserte die Ergebnisse der Analysen erheblich. Gehlen schuf sich einen Ruf als hervorragenden Militäranalytiker.[49] Rechnungen dieser Art sollten auch als

BND einer der Schwerpunkte der Arbeit bleiben, wobei sich weiter der Integrierten Auswertung bedient wurde. Bewaffnete Kräfte fremder Staaten hatten dabei stets die höchste Priorität.[50] Auch das Hinauswachsen über eine rein militärische Funktion begann schon zu FHO-Zeiten. Die Methode der Integrierten Auswertung ermöglichte es, anhand der Fülle der Einzelberichte eine Kartei mit Charakterstudien über nahezu alle sowjetischen FührerInnen zusammenzustellen. Auch die sowjetische Wirtschaft wurde mit preußischer Gründlichkeit weit über die Rüstungsindustrie hinaus in Gehlens Akten erfaßt, bis hinab zu Blaupausen von Textilfabriken und Sägewerken.[51] Diese Arbeit, die auch Studien über die Westpolitik Stalins einschloß, wurde als so erfolgreich angesehen, daß Gehlens »Ostfront«-Geheimdienst für kurze Zeit sogar die Spionage gegen die USA übertragen wurde.[52]

Die systematische Verwertung massenhaft gesammelter Informationen galt während des Krieges nicht nur für Frontberichte oder Funkaufklärung, sondern auch für die Verhöre von sowjetischen Kriegsgefangenen. Diese Verhöre wurden von den Nachrichtenoffizieren der Wehrmacht, den Ic-Diensten Ost, vorgenommen, die der FHO unterstanden.[53] Allen Wehrmachtsverbänden (bis hinab zur Divisionsebene) waren Stäbe von Ic-Offizieren zugeordnet. Während der Ia (»Eins A«) die militärischen Operationen leitete, waren die Ic-Dienste Ost mit speziellen geheimdienstlichen, Koordinations- und Meldeaufgaben betraut. So leiteten zum Beispiel die Ic-Dienste Ost auf Heeresgruppenebene sogenannte »Frontaufklärungskomandos«, die für Sabotage, »Untergrabung der Feindmoral« und Zusammenarbeit mit anti-sowjetischen Untergrundbewegungen zuständig waren. Die Koordinations- und Meldeaufgaben betrafen unter anderem auch die Erschießungskommandos der SS.[54]

In einer Studie der US-amerikanischen Military Intelligence Division, die wahrscheinlich auf Berichten von Gehlen und seinen Offizieren beruht,[55] werden die Verhöre der sowjetischen Kriegsgefangenen als »besonders wichtige Quelle« genannt.[56] In den weiteren Ausführungen dazu ist es auffällig, wie verdinglichend die Sprache in bezug auf die Kriegsgefangenen ist: »Man kann sagen, daß jeder Gefangene Informationen mitbringt. Es ist darum möglich, vor allem, wenn eine *große Anzahl Gefangener verfügbar* ist, durch erschöpfendes Befragen *substantielles Material* über fast jedes Thema zu erhalten. Es ist nur eine Frage der *Initiative und des Einfallsreichtums und der Ungebundenheit an ein festes Prozedere oder Proforma* um Informationen rasch zu sichern. Darum wurden, um von einer so großen Vielfalt von Erfahrungen und Informationen profitieren zu können wie möglich, von der OKH-Abteilung Fremde Heere Ost *keine einschränkenden oder detaillierten Instruktionen* bezüglich Verhören erlassen; den Ic-Diensten der Heeresgruppen und Armeen wurde *fast völlige Handlungsfreiheit* gelassen.«[57]

Was sich hinter einer solchen Sprache verbirgt, erschließt sich aus der allgemeinen Behandlung der sowjetischen Kriegsgefangenen. »Die Beweise zeigen, daß man zwischen 1941 und 1944 zwischen drei bis vier Millionen gefangene sowjetische Soldaten in den Kriegsgefangenenlagern vorsätzlich verhungern ließ.«[58] In den Nürnberger Kriegsverbrecherprozessen wurden außerdem die systematische Vergiftung »lebens- und arbeitsunfähiger« sowjetischer Kriegsgefangener, die massenhafte Tätowierung aller anderen und die Erschießung von Frauen im Dienst der Roten Armee angeklagt.[59] Weiterhin gab es eine Reihe von menschenverachtenden Befehlen aus der Wehrmachtsführung, was die Behandlung der sowjetischen Kriegsgefangenen betraf. Ein Befehl des OKH vom 14. Januar 1942 besagte: »Jede Nachsicht und Menschlichkeit gegenüber den Kriegsgefangenen ist streng zu tadeln.«[60] Vor diesem Hintergrund erläßt die FHO einen Befehl, in denen sie den Ic-Diensten »fast völlige Handlungsfreiheit« läßt, die schnelle Sicherung von Informationen eine Frage »der Initative und des Einfallsreichtums« nennt. Angesichts dieses Klimas und der sonstigen Aufgaben der Ic-Dienste, wie der Auslieferung von sogenannten »Kommissaren« an die SS oder der Koordination der SS-Erschießungskommandos mit der Wehrmacht, muß davon ausgegangen werden, daß die Gefangenen bei den Verhören durch die Ic-Dienste gefoltert wurden. Dies bestätigt die Aussage eines deutschen Wehrmachtssoldaten: »Es ist kein Geheimnis, daß es in der deutschen Wehrmacht, an der Front, in den Divisionsstäben, besondere Fachleute gibt, die sich damit beschäftigen, daß sie Rotarmisten und Sowjetoffiziere martern, um sie auf solche Weise zu zwingen militärische Nachrichten oder Befehle preiszugeben.«[61]

Eine der wesentlichen Informationsquellen der FHO war demzufolge die massenhafte Folterung und Mißhandlung der sowjetischen Kriegsgefangenen. Eine sehr scharfe Bewertung dessen stammt von Simpson: »Gehlens Männer waren in gewisser Weise wie Wissenschaftler, die die Informationen und Dokumente abschöpften, die in diesen entsetzlichen Lagern (*pestilent camps*) an die Oberfläche stiegen. Dann und wann selektierten sie ein interessantes Exemplar: vielleicht einen gefangenen russischen General, der bereit war zu kollaborieren, oder einen ukrainischen Eisenbahnexperten, der die Lage verwundbarer Brücken preisgeben mochte, wenn ihm ein wenig nachgeholfen wurde. Gehlens Offiziere etwa auf die gleiche Art Wissenschaftler, in der es auch KZ-Ärzte waren: Beide Gruppen gewannen ihre Daten aus der Zerstörung menschlicher Wesen.«[62]

Systematische Massenbefragungen in Lagern, in der Nachkriegszeit v. a. Flüchtlings- und Rückkehrerlager, zählten auch nach dem Zweiten Weltkrieg zum wesentlichen Repertoire von Gehlens Geheimdienst. Die massenhafte Gewaltanwendung in dieser Form wurde allerdings nicht fortgesetzt.

»Werwölfe«: Das allerletzte Aufgebot
Hinter dem Begriff »Werwölfe« verbirgt sich eine Idee, die in den letzten Kriegsmonaten in Deutschland aufkam. Vor allem in der Sowjetunion und Jugoslawien

hatten PartisanInnen der deutschen Besatzungsmacht sehr zugesetzt. Nun standen zum ersten Mal deutsche Gebiete vor der Besatzung durch die Rote Armee. Die Idee war es, in diesen Gebieten eine Untergrundkriegführung vorzubereiten. Die Planung lag bei der FHO, die Durchführung bei der SS.[63] Das Programm umfaßte sieben Hauptpunkte:
»1) Die Ausbildung von Saboteuren und Guerillakämpfern.
2) Die Formierung von Aktions-Einheiten.
3) Die Erhaltung von geretteten Waffen der Wehrmacht und ihre Sicherung in geheimen Verstecken.
4) Die Errichtung geheimer Sendestationen.
5) Spionage innerhalb sowjetischer Militärstäbe und Besatzungsinstitutionen.
6) Die Errichtung von ›Liquidations-Kommandos‹ gegen sowjetische Militärführer und Beamte in besetzten Territorien in Deutschland.
7) Die Vorbereitung und Verbreitung anti-sowjetischer Propaganda durch Untergrund-Presse, Flugblätter, Radio und Mund-zu-Mund-Propaganda.«[64]

Die SS bildete diese Aktionseinheiten zwar noch, sie erlangten aber kaum Wirkung, weil die Beteiligten zunehmend desertierten.[65] Die geheimen Verstecke sollten nach dem Krieg eine gewisse Bedeutung erlangen. Dazu zählen auch die geheimen Sendestationen, die von der Organisation Gehlen übernommen wurden.[66] Vor allem aber ist das Programm praktisch identisch zum »stay-behind«-Programm das ab 1947 in den meisten nicht-kommunistischen Staaten Europas von der CIA aufgebaut wurde, einschließlich der bevorzugten Rekrutierung von Faschisten. Diese Agenten sollten sich im Falle eines Angriffs der WVO-Staaten auf Westeuropa zurückbleiben (»stay behind«) und mit den versteckten Waffen eine Untergrundkriegführung beginnen. Dieses Programm wurde 1990 unter dem Namen »Gladio« öffentlich und stand in der Bundesrepublik ab 1956 unter der Kontrolle des BND.[67]

Politische Kriegführung: die Ursprünge von Gehlens AgentInnennetz in der UdSSR

Das Konzept der Politischen Kriegführung war ein großangelegtes Programm, um in den von der Wehrmacht besetzten Gebieten Europas einheimische KollaborateurInnen zu rekrutieren. Der Grundgedanke war, rechtsgerichtete, nationalistische Hilfstruppen –sog. »Osttruppen« – aufzubauen, die mit den Deutschen gegen die Sowjetunion und den Kommunismus kämpfen sollten.[68] Dafür wurde ihnen eine begrenzte Autonomie unter deutscher Vorherrschaft versprochen. Gehlen und die FHO waren eine der wichtigsten Triebfedern dieses Programms.[69] Gehlens größter Erfolg war der Aufbau der sog. »Russkaja Osswoboditelnaja Armija« (Russische Befreiungsarmee) unter dem russischen Überläufer General Wlassow. Diese Armee wurde aus Kriegsgefangenen verschiedener Nationalitäten gebildet, die von Gehlens Ic-Offizieren aus den Kriegsgefangenenlagern rekrutiert wurden.[70] Unterstützung erhielt auch die Organisation der Ukrainischen Nationalisten/Ukrainische Patriotische Armee (OUN/UPA). Die faschistische Untergrundarmee kämpfte mit der Wehrmacht gegen die Rote Armee und ging dabei äußerst brutal gegen PartisanInnen vor. Sie blieb mit Unterstützung der USA und der Organisation Gehlen noch bis in die 50er Jahre aktiv.[71] Andere KollaborateurInnen wurden in verschiedenen Hilfsfunktionen eingesetzt. Den Ic-Diensten unterstanden sie z. B. als einheimische Anti-PartisanInnen-Einheiten[72], als DolmetscherInnen bei Verhören und Folterungen oder der »Durchkämmung« der Kriegsgefangenenlager nach politischen Offizieren der Roten Armee (sog.»Kommissaren«).[73] Sie halfen bei der Identifikation von jüdischen Kriegsgefangenen oder der Denunziation der jüdischen Bevölkerung und waren in Extremfällen sogar Teil der SS-Erschießungskommandos.[74]

Die Angaben für die Summe aller KollaborateurInnen in der Sowjetunion schwanken zwischen 600.000 und 1.000.000.[75] Viele der KollaborateurInnen waren vor die erpresserische Alternative gestellt: »Entweder Wlassow oder verhungern«. Simpson weist darauf hin, daß trotzdem zwei Millionen Kriegsgefangene die Zusammenarbeit mit den Nazis verweigerten. Diejenigen, die bereitwillig kollaboriert oder sogar Kriegsverbrechen begangen hätten, seien aber genau diejenigen gewesen, die für die Organisation Gehlen später interessant gewesen seien. Dies war das Potential für Gehlens AgentInnennetz in der Nachkriegszeit.[76]

Alte Kameraden: enge Zusammenarbeit mit der SS

Gehlen legte nach dem Krieg großen Wert darauf, daß er kein Nazi gewesen sei und versprach seinen US-Protegés sogar, er werde für seine neue Organisation »aus Prinzip« keine ehemaligen SS-, SD- oder Gestapo-Leute einstellen. Dieses »Prinzip« hat er allerdings rasch durchbrochen: Schon unter seinen ersten 50 Offizieren waren mindestens sechs ehemalige SS- oder SD-Leute.[77] Diese enge Zusammenarbeit geht ebenfalls auf den Krieg zurück, denn tatsächlich war die Tätigkeit der FHO von der der SS nicht zu trennen. Diese enge Kooperation gab es auf allen Ebenen. Auf der Führungsebene waren dies häufige und von guter Zusammenarbeit geprägte Gespräche zwischen den RSHA-Chefs und Gehlen. Dies ging bis zu einem formalen Pakt zwischen Heydrich und Gehlen, in dem Heydrich Rückendeckung für Gehlens Wlassow-Armee versprach und Gehlen dafür den SD-Gruppen, einschließlich der »Zeppelin«-Sonderkommandos hinter den feindlichen Linien, Unterstützung zusagte.[78]

Die Gehlen unterstellten Ic-Dienste hatten wiederum oft mit den Angehörigen der »Einsatz-« und »Sonderkommandos« von SD und Sipo zu tun: »Der Ic-Offizier hatte die Aufgaben der Sonderkommandos mit der militärischen Abwehr, der Tätigkeit der Geheimen Feldpolizei, sowie den operativen Notwendigkeiten in Einklang zu bringen.«[79] Die Ic-Offiziere erhielten die Berichte der Einsatzkommandos und -gruppen, die ihren Wehrmachtsverbänden zugeordnet waren, so zum Beispiel über die Erschießung von PartisanInnen.[80] Das ging 1941 in Belaja Cerkov in der Ukraine so weit, daß der Ic-Offizier Sonderkommando 4a mitteilen ließ, daß die Wehrmacht die »Beseitigung« von 90 jüdischen Kleinkindern »anerkenne und durchgeführt wissen wolle«, was prompt ausgeführt wurde.[81] Die Erschießung der KommunistInnen in der Roten Armee war ein weiteres Feld der Zusammenarbeit zwischen SS und FHO. Diese Erschießungen wurden von Kommandos des Sicherheitsdienstes der SS (SD) durchgeführt. Die Ic-Dienste hatten die Aufgabe, politische Offiziere der Roten Armee in den Kriegsgefangenenlagern aufzuspüren, die ihre Abzeichen entfernt hatten.[82] Bevor sie sie der Erschießung durch die SS »zuführten«, stillte die FHO jedoch ihre Informationsbedürfnisse an ihnen. Die sogenannten »Kommissare« galten sogar als besonders interessant, sofern sie nicht jüdisch waren. So beschloß die FHO am 26. Mai 1941: »Die Kommissare sollten dem SD übergeben werden. ›Zunächst‹ aber sollten ›diese oft klugen Leute (häufig klüger als Offz.!)‹ von den Ic-Offizieren verhört werden. ›Viele der nichtjüdischen Kommissare sind zweifellos nur Mitläufer und nicht von der kommunistischen Idee überzeugt.‹«[83] Neben dem grenzenlosen Zynismus der FHO-Offiziere zeigt dieses Zitat auch, daß die Gleichsetzung von »Bolschewismus« und »Judentum« weit über die SS hinaus verbreitet war.[84]

Im Januar 1945 erging ein Befehl Hitlers, daß das Reichssicherheitshauptamt der SS Gehlen die Leitung aller Operationen hinter den sowjetischen Linien aus der Hand nehmen solle. Diesen Auftrag bekam »SS-Sturmbannführer« Otto Skorzeny vom Amt VI, was aufgrund ihrer langjährigen Zusammenarbeit allerdings kaum als »feindliche Übernahme« zu werten ist.[85] Gehlen nahm es anscheinend auch nicht sehr übel, denn Skorzeny, Spezialist für geheime Kommandoaktionen und Liebling Adolf Hitlers, wurde nach dem Krieg in die Organisation Gehlen übernommen.[86]

Vor dem Hintergrund der engen Kooperation zwischen FHO und SS während des Krieges erscheint die häufige Rekrutierung von ehemaligen SS-Leuten nach dem Krieg durch die Organisation Gehlen (Org) nicht mehr unbegreiflich. Gehlen durchbrach damit kein »Prinzip«, sondern führte bewährte Kontakte fort. Seiner Versicherung, er sei »kein Nazi« gewesen, hatte er jedenfalls nie durch mangelnde Bereitschaft zur Zusammenarbeit Ausdruck verliehen. Die Legende einer tiefgreifenden Spaltung zwischen »ideologiebesessenen Nazis« einerseits und einer »rein pflichttreuen Wehrmacht« andererseits hält sich in der breiten Öffentlichkeit jedoch bis heute.[87]

Bruchloser Weiterbestand der FHO nach 1945

Bereits im Oktober 1944 hatte Gehlen angefangen, seinen Überlauf zu planen. Er begann, Kopien von sämtlichen Unterlagen der FHO anzufertigen und vergrub diese dann in Metallkisten an verschiedenen Plätzen im Bayerischen Wald.[88] Gehlen vermutete, daß das Bündnis der kapitalistischen Westalliierten mit der Sowjetunion bald nach dem Ende des Krieges zerbrechen würde, und wußte, daß sein Wissen und seine Akten, »der vollständigste und aktuellste Kenntnisstand über das militärische Potential der Sowjetunion, über Nachschubstärke, Leistungsfähigkeit und politische Führung war. Dieses Wissen war ein unermeßlicher Wert, den er nutzen konnte und wollte.«[89] Die Voraussetzung, daß dieses Material für die Westalliierten diesen Wert hatte, war allerdings, daß sie mit Gehlens FHO eine wesentliche Zielsetzung teilten: radikalen Antikommunismus.

Zwei Wochen nach Kriegsende, am 22. Mai, stellt sich Gehlen den US-amerikanischen Streitkräften, nachdem er vor allem von der Roten Armee seit Tagen fieberhaft gesucht worden war.[90] Gehlen hatte Glück. Er geriet an US-Militärs, die sein Material für so wertvoll hielten, daß sie bereit waren, zunächst auf eigene Verantwortung gegen bestehende Abkommen mit der Sowjetunion zu verstoßen. Diese hätten sie verpflichtet, Gehlen sofort auszuliefern, weil er an »Handlungen im Osten« beteiligt gewesen war.[91] Gehlen wurde stattdessen in die USA geflogen, wo er im Sommer 1945 von den US-Geheimdiensten vernommen wurde.[92] Rückblickend gab Gehlen deutschnationale Gründe für seinen Überlauf und die darauffolgende Zusammenarbeit mit den USA an. Er habe damals überlegt, was seine »Pflichten gegenüber Deutschland« nach dem verlorenen Krieg seien und sich entschieden, daß »wir unserem Vaterland am besten dienten«, wenn er sein Wissen den Westalliierten anböte.[93]

Gehlens Rekrutierung war im US-Oberkommando nicht unumstritten und die Sowjetunion protestierte auf der Potsdamer Konferenz in scharfer Form gegen die sich anbahnende Allianz der USA mit Gehlen.[94] Immerhin hatten die USA und die Sowjetunion Nazideutschland gerade gemeinsam besiegt, das »Treffen an der Elbe« lag erst wenige Monate zurück und war noch ebenso in frischer Erinnerung wie die Befreiung der Konzentrationslager. Die Kriegsverbrecherprozesse von Nürnberg hatten noch nicht einmal begonnen.

Das Abkommen mit den US-amerikanischen Geheimdiensten

Auf der Geheimdienstebene begann mit Gehlens Rekrutierung schon 1945 der Kalte Krieg. Gehlens Grundannahme war, daß es in den USA ein Interesse geben würde, sich auf einen Konflikt mit der Sowjetunion vorzubereiten, so daß er, der seine Archive im Krieg gegen die UdSSR gefüllt hatte, für die USA ein wertvoller Verbündeter werden würde. Er ging so weit, kaum einen Monat nach seiner Gefangennahme Bedingungen zu stellen, unter denen *er* zur Zusammenarbeit bereit wäre:

»1. Es wird eine deutsche nachrichtendienstliche Organisation unter Benutzung des vorhandenen Potentials geschaffen, die nach Osten aufklärt, bzw. die alte Ar-

beit im gleichen Sinne fortsetzt. Die Grundlage ist das gemeinsame Interesse an der Verteidigung gegen den Kommunismus.
2. Diese deutsche Organisation arbeitet nicht ›für‹ oder ›unter‹ den Amerikanern, sondern ›mit den Amerikanern zusammen‹.
3. Die Organisation arbeitet unter ausschließlich deutscher Führung, die ihre Aufgaben von amerikanischer Seite gestellt bekommt, solange in Deutschland noch keine deutsche Regierung besteht.
4. Die Organisation wird von amerikanischer Seite finanziert, (...) Dafür liefert die Organisation alle Aufklärungsergebnisse an die Amerikaner.
5. Sobald wieder eine souveräne deutsche Regierung besteht, obliegt dieser Regierung die Entscheidung darüber, ob die Arbeit fortgesetzt wird oder nicht. (...)«[95]

Dieser Forderungskatalog ist in vielerlei Hinsicht bemerkenswert: Kurz nachdem deutsche Truppen ganz Europa mit Krieg überzogen hatten und vor allem in Osteuropa ein historisch beispielloses Massenmorden verübt hatten, verlangte der Rußlandkämpfer Gehlen von der Siegermacht USA den Aufbau eines deutschen Geheimdienstes, der »unter Nutzung des vorhandenen Potentials (...) die alte Arbeit im gleichen Sinne fortsetzt.« Mehr noch, Gehlen wollte nicht unter US-Vormundschaft stehen, sondern als gleichberechtigter Partner agieren dürfen. Er erklärt sich zwar bereit, Aufträge von US-amerikanischer Seite entgegenzunehmen und seine Ergebnisse an diese abzuliefern, aber nur, »solange (...) noch keine deutsche Regierung besteht«. Die weitestgehende Forderung ist dabei die Forderung Nr. 6: »Sollte die Organisation einmal vor der Lage stehen, in der das amerikanische und das deutsche Interesse voneinander abweichen, so steht es der Organisation frei, der Linie des deutschen Interesses zu folgen.«[96] Gehlen verlangte also kurz nach der bedingungslosen Kapitulation nichts weniger als die Wiederherstellung des »Ostfront«-Geheimdienstes FHO, den die US-Regierung künftig finanzieren sollte.

Es ist Cookridge zuzustimmen, wenn er feststellt, dies seien »harte, sogar unverschämte Bedingungen von einem Mann, der praktisch ein Kriegsgefangener war, und den die Russen vielleicht sogar für einen Kriegsverbrecher halten mochten, der reif für einen Prozeß nach den Bestimmungen des Potsdamer Abkommens war.«[97] Vor diesem Hintergrund erscheint es schwer begreiflich, aber tatsächlich wurden Gehlens Bedingungen von General Sibert, dem ranghöchsten Vertreter des US-Militärgeheimdienstes CIC (Counter Intelligence Corps) in Europa, im Sommer 1946 akzeptiert.[98] Es wurde geplant, Gehlens Gruppe wiederauferstehen und unter Kontrolle des militärischen Geheimdienstes CIC weiterarbeiten zu lassen.[99] Mit der Organisation Gehlen (»Org«) wurde trotz der Abwesenheit eines deutschen Staates ein teilsouveräner deutscher Geheimdienst errichtet, der die Arbeit der FHO »in gleichem Sinne fortsetzt[e]«.[100] Die Vereinbarung sah vor, die neue Organisation »unter Benutzung des vorhandenen Potentials«[101] aufzubauen. Dies bedeutete im wesentlichen die Rekrutierung der alten FHO-Mannschaft, konnte aber durchaus auch andere Ex-GeheimdienstlerInnen, beispielsweise aus dem Bereich des Reichssicherheitshauptamtes der SS, d. h. SD oder Gestapo, einschließen. Schon im Sommer 1945, kurz nach seiner Verhaftung, hatte Gehlen mit Hilfe seiner ersten US-amerikanischen Vernehmungsoffiziere die wichtigsten Leute der früheren FHO in zahlreichen Gefangenenlagern zusammengesucht.[102] Es wurde bereits erwähnt, daß sich schon unter den ersten fünfzig Offizieren der Org mindestens sechs ehemalige SS-, SD- und Gestapo-Angehörige waren. Angesichts der Tatsache, daß diese Institutionen vom Alliierten Oberkommando in Europa zu »verbrecherischen Organisationen« erklärt worden waren, wurden sie unter Decknamen und mit gefälschten Papieren eingestellt. Dies waren hauptsächlich offizielle amerikanische Blanko-Entlassungspapiere für Kriegsgefangene.[103] Simpson nimmt an, daß die US-Militärs sich darüber im Klaren waren, den Trick aber akzeptierten.[104] Diese Praxis wurde auch weiter fortgesetzt und in den höheren Rängen der Org fanden sich bald eine Reihe von ehemaligen SS-Leuten.

Darunter der SS-Brigadeführer Dr. Franz Six, der 1941 das »Vorkommando Moskau« des SD befehligte, das in Smolensk 200 Jüdinnen und Juden erschoß. Er übernahm für Gehlen die Kontrolle der Organisationen der emigrierten KollaborateurInnen aus Osteuropa. SS-Standartenführer Emil Augsburg war im SD darauf spezialisiert, SS-Leute mit jüdischen Vorfahren zu denunzieren, und hatte »außergewöhnliche Ergebnisse« bei der Leitung eines Erschießungskommandos in der Sowjetunion erzielt.[105] SS-Sturmbannführer Otto Skorzeny war als Spezialkommandoführer des Amt VI des RSHA u. a. zur Rettung Mussolinis eingesetzt worden. Er baute nach 1945 mehrere Organisationen ehemaliger SS-Angehöriger auf und erhielt 1953 von Gehlen persönlich den Auftrag, die ägyptischen Sicherheitskräfte auszubilden. Dabei war ihm Alois Brunner behilflich, der seit 1946 Vertreter der Org in Damaskus war. Brunner war Eichmanns rechte Hand für Deportationen in ganz Europa gewesen. Das Simon-Wiesenthal-Zentrum hält ihn für persönlich verantwortlich an 128.500 Morden. In Frankreich wurde er in Abwesenheit zum Tode verurteilt, weil er Kinder als »zukünftige Terroristen« hatte erschießen lassen.[106] Weitere SS-Leute in den Diensten der Org waren die Obersturmbannführer Franz Göring und Hans Sommer, sowie Sturmbannführer Herbert Steinborn von der Leibstandarte Adolf Hitler.[107] »Personalpolitisch war Reinhard Gehlen unabhängig und er suchte sich die ›Leute vom Fach‹ ohne Skrupel aus, lediglich unter Beachtung einer strammen antikommunistischen Gesinnung. Das Ergebnis war eine enge fachliche wie personelle Verknüpfung mit dem einschlägigen Personenkreis aus dem Dritten Reich (...).«[108]

Antikommunismus war nicht nur eine wesentliche Voraussetzung für die Rekrutierung in die Org, es blieb auch ihr wesentliches Aufgabenfeld. Hauptaufgabe war nach wie vor die Gewinnung von Informationen aus und über die

Staaten im Einflußbereich der Sowjetunion, wobei militärische Aufklärung weiterhin Vorrang hatte. Dafür wurden nicht nur Truppen, Kasernen und Flugplätze ausgespäht, sondern auch das gesamte Verkehrsnetz der sowjetischen Zone ausgekundschaftet, um die Möglichkeiten des logistischen Nachschubs im Kriegsfall einschätzen zu können.[109] Auch das Prinzip der integrierten Auswertung, das Gehlen für die FHO konzipiert hatte, wurde beibehalten.[110] Um an Informationen zu gelangen, wurden auch die alten AgentInnennetze, die während des Krieges weite Teile Osteuropas überspannten, reaktiviert. Schon 1946 nahm Gehlen die Finanzierung der von ihm aufgebauten KollaborateurInnen-Netze wieder auf, darunter die Reste der Wlassow-Armee und der diversen anderen nationalistischen KollaborateurInnen-Formationen. Die ukrainische OUN/UPA blieb sogar im bewaffneten Untergrundkampf, terrorisierte die nicht-ukrainische oder pro-kommunistische Bevölkerung und tötete zwischen 1945 und 1951 35.000 sowjetische PolizistInnen und Parteikader.[111]

Der Weiterbestand der FHO begründete sich durch eine wesentliche Übereinstimmung mit den US-Militärgeheimdiensten: »Das gemeinsame Interesse an der Verteidigung gegen den Kommunismus«[112]. Antikommunismus war das ideologische Bindeglied zwischen Gehlen und seinen US-amerikanischen Partnern. Das auch die Grundlage für die nationalen Spielräume und die begrenzte Unabhängigkeit, die das Abkommen einräumte. Der Wert, den seine Aufzeichnungen hatten, hing davon ab, ob seine US-Protegés überhaupt gegen die Sowjetunion spionieren wollten. Nur weil dieses Interesse bei den US-Militärgeheimdiensten so übergroß war, waren seine Aufzeichnungen unermeßlich wertvoll. Des weiteren war es für die USA auf der Grundlage der »gemeinsamen Verteidigung gegen den Kommunismus« leicht, Gehlen die Berücksichtigung, ja sogar den Vorrang deutscher Interessen zuzugestehen. Gehlen selbst schreibt dazu: »Besonders der letzte Punkt mag verwundern, da hier doch zur Diskussion stehen könnte, ob der Vertreter der Amerikaner dem Deutschen nicht zuviel zugestanden habe. Gerade dieser Punkt zeugt jedoch von der Weitsichtigkeit des Generals Sibert. Er übersah klar, daß die Interessen zwischen den Vereinigten Staaten und der Bundesrepublik auf lange Zeit identisch sein würden.«[113] Die Organisation Gehlen nutzte so eine Dynamik, die später zur Grundlage der Politik der Bundesrepublik unter Adenauer werden sollte: unter Verweis auf die »Frontstaaten«-Position der BRD die Rückerlangung nationaler Handlungsspielräume zu verlangen, sei es die Aufhebung des Besatzungsstatus oder die Wiederbewaffnung.

Die Eskalation des Kalten Krieges und die Rolle der Organisation Gehlen

Die öffentliche Politik der USA war 1945 von freundschaftlichen Beziehungen zu Moskau geprägt. Für eine gewisse Zeit gab es daher auch eine Entspannung in der geheimen Politik. Nach dem Ende des Zweiten Weltkriegs hatten die USA ihren politischen Auslandsgeheimdienst, das »Office of Strategic Services« (OSS), aufgelöst. Es gab 1946-47 auf dem politischen Sektor lediglich eine kleine »Central Intelligence Group« (CIG), die später der Kern der CIA werden sollte. Die einzigen funktionstüchtigen Geheimdienste der USA waren daher die militärischen Geheimdienste, v. a. das CIC, die Gehlen und seine Leute protegierten. Über AgentInnen in der Sowjetunion verfügten die US-Geheimdienste so gut wie gar nicht.[114] Dies führte dazu, daß die Organisation Gehlen für die USA in den kritischen Jahren nach dem Krieg zum wichtigsten Lieferanten von Geheimdienstberichten über die Sowjetunion wurde, zu den »Augen und Ohren«[115] der USA in Osteuropa. Ihre Berichte landeten oft direkt auf dem Schreibtisch des US-Präsidenten.[116] Sie waren geprägt von der Sichtweise der ehemaligen FHO-MitarbeiterInnen, sowie der antikommunistischen Motivation der AgentInnen und sie stützten sich auf Archive, deren Material aus dem Krieg gegen die Sowjetunion stammte. Die Grundhaltung der FHO-Analysen, daß sie »der Sowjetunion eine maßlose Expansionspolitik mit der gleichen Selbstverständlichkeit unterstellten, mit der auf deutscher Seite seit langem in denselben Kategorien gedacht wurde«[117], wurde bruchlos übernommen. Die Auswirkungen dieser politischen Grundhaltung konnte so weit gehen, daß selbst militärische Fakten umgedeutet wurden.

So wurde die Rote Armee von US-Analytikern 1946 noch als »unterversorgt, überansprucht und kriegsmüde«[118] bezeichnet. Kaum ein Jahr später schlug Gehlen bei Lucius Clay, dem US-Oberbefehlshaber in Deutschland, »Alarm«. Er sprach von nicht weniger als 175 kampfbereiten Divisionen der Roten Armee und Befehlen aus Moskau, die eine große »Mobilmachung« ankündigten, obwohl die Rote Armee in Ostdeutschland das Schienennetz demontiert hatte, einschließlich strategisch wichtiger Strecken.[119] Die eindringlichen Warnungen seitens der Organisation Gehlen hatten dennoch den gewünschten Erfolg. Nach dem Sturz der bürgerlichen Regierung in der Tschechoslowakei im Jahr 1948 warnte Clay in einem Telegramm: »Viele Monate habe ich auf der Basis logischer Einschätzungen geglaubt und vertreten, daß ein Krieg für mindestens zehn Jahre unwahrscheinlich sei. In den letzten Wochen fühlte ich aber eine subtile Wandlung in der sowjetischen Haltung (...), die mir nun das Gefühl gibt, daß er mit dramatischer Plötzlichkeit kommen könnte.«[120] Dieses Telegramm wurde der Presse zugespielt und löste eine Kriegshysterie in den USA aus.

Gehlen trug durch seine Lageeinschätzungen zur Eskalation des Kalten Krieges bei, der die Existenzgrundlage seines Geheimdienstes war. Eine erste Folge dieser Eskalation war die Gründung der CIA 1947. Ihre Aufgabenstellung richtete sich von vornherein gegen den weltweiten Kommunismus. Mit der Gründung dieses Geheimdienstes stellte sich die politische Führung der USA hinter diejenigen Kräfte, die Gehlen bislang protegiert hatten. Die CIA übernahm fortan die »Treuhandschaft« der Organisation Gehlen. Damit war die Org künftig nicht mehr dem US-Militär unterstellt, zu dem die Weltkriegsveteranen um Gehlen immer ein ambivalentes Verhältnis gehabt haben mußten. Einerseits hatten die USA gemeinsam mit der Sowjetunion das nationalsozialistische Deutschland besiegt und es gab daher im US-Militär auch eine Reihe überzeugter bürgerlich-demokratischer Antifaschisten. Kurz nach Kriegsende bildeten sie die Mehrheit im Oberkommando.[121] Gehlen und seine Leute hatten sich zudem in US- Kriegsgefangenschaft befunden. Zum anderen fanden sich im US-Militär aber auch eine Reihe von radikalen Antikommunisten, die sich Gehlens Gruppe annahmen und sich - zunächst gegen die Mehrheit des US-Kommandos – für deren Förderung stark machte.[122]

Der Fall des US-Generals Patton macht diese Doppeldeutigkeit anschaulich: Patton hatte sich nach der Besetzung Bayerns als äußerst zögerlich in der Auflösung der dort verbliebenen Waffen-SS-Divisionen gezeigt. Nachdem sich die Rote Armee beim US-Command beschwert hatte, ließ Patton den stellvertretenden US-Militärgouverneur wissen: »Warum kümmern Sie sich darum, was diese Bolschewisten denken? Wir werden sie früher oder später bekämpfen müssen. Warum also nicht jetzt, solange unsere Armee noch intakt ist und wir die Rote Armee zurück nach Rußland treiben können? Wir können das mit meinen Deutschen erledigen ..., die hassen diese roten Bastarde.«[123] Seine Vorgesetzten waren entsetzt und Patton wurde unverzüglich abgelöst.

Auch die Rolle des CIC war ambivalent. Einerseits hatten Sibert und seine Leute die »Treuhandschaft« über die Organisation Gehlen, und das CIC war auch sonst sehr betriebsam in der Rekrutierung von Nazikriegsverbrechern für die Dienste der USA und deren Ausschleusung auf sogenannten »Rattenlinien«. Einer der spektakulärsten Erfolge war die Anwerbung des »Schlächters von Lyon«, Klaus Barbie.[124] Gleichzeitig betrieb das CIC die konsequente Zerschlagung der verbliebenen faschistischen Untergrundnetzwerke. Noch 1948 brachte ein CIC-Agent, der nach Nazikriegsverbrechern suchte, einen von Gehlens besten Männern, den ehemaligen SS-Brigadeführer Dr. Franz Six, für vier Jahre ins Gefängnis.[125] Die CIA hingegen trug diesen Zwiespalt nicht. Sie war von vornherein mit antikommunistischer Zielsetzung gegründet worden und hatte die Rückendeckung der obersten politischen Führung der USA. Dies bedeutete für die Organisation Gehlen eine Stabilisierung und Verbesserung ihres Status´, was sich beispielsweise darin niederschlug, daß das oben behandelte Übereinkommen, auf das sich ihre Existenz gründete, nun schriftlich fixiert wurde.[126]

Die Beziehung der USA zur Organisation Gehlen entwickelte sich parallel zum deutsch-amerikanischen Verhältnis. Die Übernahme der Org vom militärischen durch den zivilen Geheimdienst fand seine Entsprechung in der öffentlichen Politik.[127] Hier vollzog sich ein Wandel von militärischer Besatzung zu einer politischen Kontrolle, und es kam zu einer verstärkten Kooperation mit

Deutschen unter antikommunstischem Vorzeichen. Die USA und Großbritannien legten ihre Besatzungszonen zur Bizone zusammen. Damit legten sie das Fundament für die künftige Bundesrepublik.

Die Wechselwirkung von der Verschärfung des Kalten Krieges und der Erweiterung der Handlungsspielräume für eine beginnende westdeutsche Politik im allgemeinen und der Organisation Gehlen im besonderen setzte sich auch nach 1947 weiter fort. 1948 kam der Ost-West-Konflikt über die Besatzungspolitik in Deutschland an einen Punkt, wo der Bruch nicht mehr zu übersehen war: Die drei Westzonen bekamen eine eigene Währung. Im Gegenzug blockierte die Sowjetunion den Landweg nach West-Berlin. Gleichzeitig banden die USA die Organisation Gehlen in das größte Covert-Action-Programm der Nachkriegszeit ein: Operation Bloodstone. Mit diesem Programm sollten überall in Osteuropa interne Konflikte geschürt werden. Das Potential für diese Operationen: antikommunistische, nationalistische Gruppen in den Ländern selbst, sowie die rechtsgerichteten EmigrantInnen-Organisationen in Westeuropa und den USA. Diese Gruppen sollten politisch unterstützt werden (z. B. durch Verbreitung von Flugblättern) und gleichzeitig als Rekrutierungsfeld für verdeckte Kriegführung, Sabotage und Attentate dienen. Ausdrücklich bezogen sich die Vereinigten Stabschefs der US-Armee in einem Befehl auf den Versuch, den die Wehrmacht mit der Wlassow-Armee unternommen hatte. Zeitweilig wurde sogar erwogen, diese wiederzugründen.[128]

Die Teilung Deutschlands war durch die Schärfe des Ost-West-Konfliktes unvermeidlich geworden. Wiederum erweiterten sich dadurch die westdeutschen Handlungsspielräume. 1949 billigten die Westalliierten das Grundgesetz und noch im selben Jahr wurde Adenauer der erste Bundeskanzler. Die Organisation Gehlen wurde nicht gleich in den Dienst dieser neuen Regierung gestellt. Dies war streng genommen kein Bruch der ursprünglichen Vereinbarung, denn diese sah vor, daß die Entscheidung über die weitere Arbeit der Org erst getroffen werden sollte, »sobald wieder eine *souveräne* deutsche Regierung besteht«.[129] In der Bundesrepublik galt aber noch das Besatzungsstatut. Das Mißtrauen der Besatzungsmächte gegenüber Deutschland war noch nicht getilgt, vor allem nicht in bezug auf die Geheimdienste. Der Zwischenstatus der Bundesrepublik Deutschland und der Organisation Gehlen wurde dahingehend gelöst, daß die CIA gestattete, daß die Org künftig auch die Bundesregierung belieferte, wenn auch nicht regelmäßig und nur in groben Zügen. In Pullach, wo die Org seit Anfang 1946 residierte, wurde außerdem neben der US-Flagge nun auch Schwarz-Rot-Gold gehißt.[130]

Die Übernahme der Organisation Gehlen in den Bundesdienst
Die formale Grundlage für die Übernahme der Organisation Gehlen in den Bundesdienst war der sogenannte »Deutschlandvertrag« (»Bonner Verträge«)

vom 26. 5. 1952, der in leicht geänderter Form (Protokoll C der »Pariser Verträge«)[131] im Mai 1955 Gültigkeit erlangte. Dieser »Vertrag über die Beziehungen zwischen der Bundesrepublik Deutschland und den Drei Mächten« regelte vor allem die Beendigung des Besatzungsregimes und die damit verbundene Aufhebung der alliierten Vorbehaltsrechte. Die Bundesrepublik erhielt dadurch weitgehende Souveränitätsrechte. Die Aliierten machten jedoch Einschränkungen, die den Schutz ihrer verbliebenen Truppen betrafen[132], was sie hauptsächlich zu umfangreichen Eingriffen in das Post- und Fernmeldegeheimnis befugte. Darüber hinaus behielten sie sich ein Interventionsrecht vor, d. h. das Recht, auf der Grundlage der Schutzgarantie für ihre Truppen im Zweifelsfalle auch die »Oberste Gewalt« wieder zu übernehmen.[133] Diese Vorbehaltsrechte erloschen erst mit dem Inkrafttreten der Notstandsnovelle zum Grundgesetz im Juni 1968.[134] Zeitlich vorausgegangen war den Pariser Verträgen der Koreakrieg (1950-1954), wodurch nach der Berlinblockade die nächste Stufe der Eskalation im Kalten Krieg erreicht war. Dieser Krieg begünstigte die westdeutsche Forderung nach Souveränität und Wiederbewaffnung[135], da der Verweis auf die eigene »Frontstaatenposition« nun stärkeres Gewicht bekommen hatte.

Die Organisation Gehlen – gewissermaßen eines der letzten intakten Überbleibsel der Wehrmacht – beteiligte sich aktiv an diesen Plänen. So fand unter Gehlens Leitung 1950 eine Tagung statt, bei der die deutschen Bedingungen für die eigene Wiederbewaffnung formuliert wurden.[136] Die »Sicherheit gegenüber der Aufrüstung der Sowjetzone durch Sowjetrußland«[137] (Adenauer) war eines der Hauptargumente, um eine Stärkung der deutschen Position einzufordern. Diese Forderung deckte sich zum Teil mit den Interessen der drei Westmächte, doch ihre Position zu einer deutschen Wiederbewaffnung war zwiespältig. Einerseits wurde die »Notwendigkeit« einer »möglichst nahen Verteidigungslinie am Eisernen Vorhang«[138] gesehen, andererseits lag es noch keine zehn Jahre zurück, daß Deutschland ganz Europa mit Krieg überzogen hatte. Für die »Sicherung des deutschen Potentials«, mußte eine Regelung gefunden werden, »die vor einer Erneuerung des deutschen Hegemonialstrebens schützte, ohne aber das anti-russische Widerlager zu zerstören.«[139]

Die Wiedererlangung der Souveränität und die dadurch ermöglichte Wiederbewaffnung war in den Pariser Verträgen deshalb verbunden mit einer engen Anbindung des kapitalistischen Deutschland an das westliche Bündnis. Dies geschah vor allem durch die Aufnahme der Bundesrepublik in die NATO.[140] Desweiteren wurden »positive und negative Sicherheitsgarantien« erlassen, um das »deutsche Potential« nutzen zu können und gleichzeitig unter Kontrolle zu halten. »Positive Sicherheitsgarantie« war die Aufrechterhaltung alliierter Kräfte auf deutschem Boden und deren Überlegenheit gegenüber den deutschen Einheiten, negative Sicherheitsgarantien waren das Verbot einer nationalen deutschen Streitkraft, die Unterordnung aller deutschen Einheiten, sowie das Verbot des ABC-Waffenbesitzes.[141] Die Zwiespältigkeit vor allem der USA gegenüber West-Deutschland war während der gesamtem Nachkriegszeit bestimmend für diese »Allianz des Mißtrauens«.[142]

Diese Verschärfung des Kalten Krieges wirkte sich auch auf die Organisation Gehlen aus. Nun kam es endlich zu der von Gehlen geforderten »Unterstellung unter eine deutsche Regierung«.[143] Auch wenn das Bundeskanzleramt schon seit 1949 einzelne Berichte der Org erhielt, erlaubte erst die Erlangung der Souveränität 1955 die vollständige Übernahme in den Bundesdienst.[144] Am 11. 7. 1955 wurde der Dienst auf geheimen Kabinettsbeschluß als Dienststelle eingerichtet und dem Bundeskanzleramt angegliedert.[145] Gleichzeitig erfolgte die Umbenennung in »Bundesnachrichtendienst«. Nach Kompetenzstreitigkeiten, ob der BND nun dem Bundeskanzler, dem Chef des Bundeskanzleramtes, dem Innenminister oder einem anderem Ressortminister unterstehen sollte[146], wurde die Angliederung am 1. 4. 1956 vollzogen.[147] Die Öffentlichkeit erfuhr von diesem Vorgang nichts, nicht einmal der deutsche Bundestag, obwohl dieser die Einrichtung einer Bundesbehörde per Gesetz hätte genehmigen müssen. Die Einrichtung des BND war daher nichts anderes als Rechtsbruch durch die Regierung.[148] Nach der Übernahme in den Bundesdienst war die zum BND gewandelte Org nur noch an die Weisungen der bundesdeutschen Regierung gebunden und diese erlaubte, daß sich der BND seine Aufklärungsziele und Partnerdienste nun selbst aussuchen konnte.[149] Neben der Übernahme in den Bundesdienst fand die Stärkung der westdeutschen Position auch im neu vorgegebenen Aufklärungsfeld des BND seinen Ausdruck. Als Auslandsgeheimdienst der BRD umfaßte das Zielgebiet künftig nicht mehr ausschließlich Osteuropa, sondern wurde, mit unterschiedlichen Prioritäten, global ausgeweitet.[150] An der Hauptstoßrichtung der Aufklärung änderte das freilich nichts: »Die Regierung Adenauer stand mit den USA in einer Front gegen den bolschewistischen Weltfeind. Wer in der Bundesrepublik parteipolitisch oder persönlich gegen Adenauer opponierte, war für Gehlen-Leute zumindest verdächtig, wenn schon nicht Kommunist, so doch Neutralist und damit anfällig für die Lehren des Kommunismus zu sein.«[151]

Unter dem Blickwinkel der Kontinuität ist zu vermerken, daß die Übernahme in den Bundesdienst keinerlei Brüche zur Folge hatte, die den BND in irgendeiner Weise beschränkten. Die Organisation Gehlen wurde mit Ausnahme einiger international gesuchter Kriegsverbrecher komplett übernommen. Weder ihre Herkunft, noch der damit zusammenhängende Personalbestand und interne Aufbau, noch die alten Aufklärungsmethoden ließen von Regierungsseite Zweifel laut werden, die eine Übernahme behindert hätten. Damit war Gehlens Geheimdienst, trotz Systemwechsels, nach gut zehn Jahren relativ unbeschadet wieder dahin zurückgekehrt, wo er entsprungen war: in die

Obhut einer deutschen Regierung. Die Wiedererlangung der nationalen Handlungsspielräume auf der Geheimdienstebene fand in der Bundesrepublik mit den »Notstandsgesetzen« von 1968 ihren vorläufigen Abschluß. Deren Auswirkungen hatten einen äußeren und einen inneren Aspekt: erstens wurden die Rechte der ausländischen, westalliierten Geheimdienste eingeschränkt, zweitens wurden diejenigen der inländischen, bundesdeutschen Geheimdienste bedeutend erweitert. Der »Deutschlandvertrag« von 1955 hatte das Besatzungsregime zwar beendet, einige Privilegien der Alliierten waren aber erhalten geblieben. Darunter fiel das Recht, in der Bundesrepublik Deutschland Post- und Fernmeldeüberwachungen vorzunehmen.[152]

Vor allem die US-Dienste sollen diese Privilegien ausgiebig dazu genutzt haben, um Wirtschaftsspionage gegen die BRD zu betreiben. Bundesdeutsche Behörden waren nicht ermächtigt abzuhören, und die Westalliierten durften dies rein rechtlich nur, sofern die Sicherheit ihrer Streitkräfte berührt war. Dies ging nach den Buchstaben des Deutschlandvertrages so weit, daß eine alliierte Stelle nicht einmal auf Ersuchen westdeutscher Behörden Überwachungsmaßnahmen durchführen durften, die ausschließlich im deutschen Interesse lagen.[153] Diese Privilegien der westalliierten Geheimdienste sollten jedoch »erlöschen, sobald die zuständigen deutschen Behörden entsprechende Vollmachten durch die deutsche Gesetzgebung erhalten haben.«[154] Dies war mit der Verabschiedung des »Gesetzes zur Beschränkung des Brief-, Post- und Fernmeldegeheimnisses« (G 10) am 13. August 1968 gegeben, was die Botschafter der USA, Großbritanniens und Frankreichs mit einer formellen Erklärung bestätigten.[155] Ausgenommen war West-Berlin, wo bis 1990 allein die westalliierten Geheimdienste die Kontrolle von Postsendungen, Telefon- und Fernschreibanschlüssen durchführten.[156]

In der Bundesrepublik hatte die Regierung jetzt die Möglichkeit, die geheimdienstlichen Aktivitäten der Westalliierten einzuschränken. Tatsächlich blieben die westlichen Dienste, allen voran die CIA, aber stark präsent. So sah sich die Bundesregierung 1973 genötigt, eine Stellungnahme zu dem Vorwurf der Magazine »Stern« und »Spiegel« abzugeben, die US- Streitkräfte würden in der BRD in großem Stil Telefone anzapfen.[157] Ekkehardt Jürgens schrieb 1986, daß »die CIA der einzige Auslandsgeheimdienst ist, der ganz offiziell in der Bundesrepublik residiert. Und dies in einer Größenordnung, die einmalig ist in der außeramerikanischen Welt. Desweiteren genießt die CIA das Privileg, alle Daten bundesdeutscher Geheimdienste abrufen und im eigenen Interesse verwerten zu können.«[158] Für ein solches Privileg gibt es keine offizielle Bestätigung. Aber die Gepflogenheiten der »partnerdienstlichen Beziehungen« - zwischen USA und BRD traditionell sehr eng - haben eine scharfe Beschränkung von CIA-Aktivitäten in der BRD stets verhindert. Daran beginnt sich erst in den neunziger Jahren etwas zu ändern. Insgesamt waren die Einschränkungen für die westalliierten Geheimdienste so gering, daß GegnerInnen der »Notstandsgesetze« den »Hinweis auf die Behebung des Souveränitätsdefektes« 1968 als ein »untaugliches, auf nationalistische Ressentiments abgestelltes Alibi« werteten.[159] Die einschneidendere Veränderung durch das G 10-Gesetz war zunächst der innere Aspekt, die Einschränkung der Grundrechte. Bundesdeutsche Geheimdienste wurden zu Überwachungsmaßnahmen ermächtigt. Das uneingeschränkte Brief-, Post- und Fernmeldegeheimnis in der Ursprungsfassung des Art. 10 GG, war, wie viele andere Grundgesetzartikel, der Versuch, auf Verfassungsebene einen klaren Bruch mit dem Nationalsozialismus zu vollziehen. Dieses uneingeschränkte Grundrecht war mit dem Erlaß des G 10 nicht mehr gegeben. Das Paket der »Notstandsgesetze« enthielt noch zahlreiche weitere Grundrechtseinschränkungen, die im Kriegs- oder Katastrophenfall in Kraft treten sollten. Eine besonders drastische Bewertung des gesamten Gesetzespakets wurde 1967 im Staatsverlag der DDR veröffentlicht: »Die geplanten Gesetzgebungsmaßnahmen stellen in Wahrheit Bestimmungen zur allseitigen Sicherung einer für den Angriffskrieg geschaffenen Kriegsmaschinierie dar. Die Bonner Machthaber bezwecken damit, das gesamte gesellschaftliche Leben in der Bundesrepublik den Bedürfnissen eines Angriffskrieges zu unterwerfen, sie wollen die Bundesrepublik in ein einziges Heerlager verwandeln, in dem es keinerlei demokratische Rechte mehr gibt.«[160] Aber auch liberale Juristen in der Bundesrepublik kamen zu der Auffassung, »würde von allen in diesen Gesetzen vorgesehenen Befugnissen Gebrauch gemacht, so wäre (...) [die] freiheitliche, demokratische Grundordnung (...) aufgehoben, die Transformation des Rechtssystems in ein System obrigkeitlicher Maßnahmen wäre vollzogen.«[161]

Eine erste Zusammenfassung
Die Entstehungsgeschichte des BND begann schon 1942, mit der Reform der 12. Abteilung des Oberkommandos des Heeres - »Fremde Heere Ost« - durch Reinhard Gehlen. Die deutsche Niederlage von 1945 traf diesen Geheimdienst nicht so schwer wie andere Institutionen des »Dritten Reiches«. Zahlreiche Kontinuitäten im Personal, bei den Arbeitsmethoden und in der generellen Ausrichtung belegen, daß es Reinhard Gehlen gelungen war, die Organisation im Grundsatz zu erhalten und schließlich in den Dienst des westdeutschen Nachfolgestaates zu stellen. Die wesentlichen Brüche lagen nicht im Geheimdienst selbst, sondern in den Rahmenbedingungen, unter denen er operierte.

Daß zwischen den Rahmenbedingungen, also der allgemeinen, öffentlichen Politik und der Tätigkeit der Geheimdienste ein enger Zusammenhang besteht, ist das zweite Ergebnis dieses Teils. Die FHO operierte nicht im luftleeren Raum, sondern war ein Teil der Wehrmacht, Teil des Vernichtungskrieges gegen die Sowjetunion. Trotz gegenteiliger Legendenbildung waren ihre militärischen Funktionen von Kriegsverbrechen und Massenmord nicht zu trennen. Auch die scharfe Gegenüberstellung von SS und Wehrmacht ist letztendlich nicht aufrechtzuerhalten. Genauso wenig läßt sich die Geschichte der Organisation Gehlen von der deutschen Nachkriegsgeschichte trennen.

Ein drittes Ergebnis ist der besonders enge Zusammenhang zwischen Kaltem Krieg, der nationalen Souveränität Westdeutschlands und der Organisation, bzw. den Handlungsspielräumen der Organisation Gehlen und des BND. Der Beginn des Kalten Krieges war die Voraussetzung für die Anstrengungen der USA, »mindestens 200 Mio $ aus[zugeben] und (...) 4.000 Menschen Vollzeit [zu beschäftigen], um Gehlens Organisation aus den Trümmern des Krieges zu heben.«[162] Gleichzeitig heizte diese Allianz zwischen alten Nazis und Westalliierten den Kalten Krieg erheblich an. Solche Verschärfungen der Spannungen zwischen den Siegermächten vermochten sowohl die westdeutsche Politik im allgemeinen als auch die Organisation Gehlen im besonderen immer wieder zu nutzen, um ihr eigenes Gewicht zu erhöhen und ihre Handlungsspielräume zu erweitern. Je schärfer der Konflikt zwischen Westalliierten und Sowjetunion war, desto größer war die Neigung des Westens, vor allem der USA, von scharfer Verfolgung alter Nazis Abstand zu nehmen, sondern sie als Bündnispartner zu gewinnen. Diese Dynamik zu nutzen, gelang der FHO, beziehungsweise der Organisation Gehlen und dem BND besonders effizient, weil sich hier die Grundlage dieses Bündnisses besonders ausgeprägt war: militanter Antikommunismus.

Dies ist das vierte Ergebnis. Antikommunismus war für FHO, Organisation Gehlen und BND nicht nur eines von vielen Elementen der Kontinuität, sondern das alles entscheidende. Ohne die Frontfunktionen der FHO im Krieg gegen die Sowjetunion hätte es die Organisation Gehlen nie gegeben. Es war diese Ausrichtung, die die Rekrutierung Gehlens und seines gesamten Netzwerks für die USA überhaupt interessant machte. Und die Frontstellung gegen den weltweiten Kommunismus sollte für den BND lange Zeit die Existenzberechtigung und sein Hauptaufgabenfeld bleiben.

Übersichtstabelle

Diese Tabelle liefert einen verkürzten Überblick über die im vorangegangenen Kapitel dargelegten Zusammenhänge von allgemeiner offizieller Politik und Organisationsstruktur von Gehlens Geheimdienst.

Zeit	1942	1945	1947	1949	1955	1968
FHO/Organisation Gehlen / BND	Gehlen wird Chef der FHO	Überlauf zu den US-Amerikanern. Aufbau der Organisation Gehlen (Org) unter der Kontrolle des CIC	Übernahme der Org durch die CIA	Beginn der Zusammenarbeit mit deutschen Behörden	Übernahme in den Bundesdienst (BND). Globale Ausweitung des Operationsfelds	BND erhält Befugnis zur Post- und Fernmeldekontrolle Notstandsgesetze (G 10).
Deutsche Innen- und Außenpolitik	Nationalsozialismus und Krieg II. Weltkrieg	Aufteilung Deutschlands und Besatzung Deutsche Kapitulation.	Verlagerung der militärischen Besatzung auf politische Kontrolle	Gründung der BRD. Adenauers Politik der »Westanbindung«	Weitgehender Wegfall der alliierten Besatzungsrechte (Pariser und Bonner Verträge)	Wegfall der Abhörrechte für Geheimdienste der Westalliierten
Weltgeschehen		Auseinandersetzung über »Koexistenz« oder »Kalter Krieg«	Beginn des »Kalten Krieges«	»Kalter Krieg«	1. Höhepunkt des »Kalten Krieges« —> Korea Krieg (1950-1954)	Festigung des bipolaren Systems

Funktionsweise des Bundesnachrichtendienstes

Gesetzlicher Hintergrund, politische Legitimation und Arbeitsauftrag

Eine der wesentlichen Grundlagen für die Tätigkeit von Geheimdiensten in der Bundesrepublik ist, daß sie prinzipiell von der Polizei getrennt sind. Dies war ursprünglich eine Vorsichtsmaßnahme der westlichen Siegermächte, um das Wiederentstehen eines übermächtigen und willkürlich agierenden Polizei- und Geheimdienstapparates wie das Reichssicherheitshauptamt der SS zu verhindern. Diese Konsequenz aus dem Faschismus wurde sich von allen wesentlichen Kräften der Bundesrepublik zu eigen gemacht. Heute gehört es zum liberalen Erbe der Bundesrepublik. Formal geht das Gebot der Trennung von Geheimdiensten und Polizei in der Bundesrepublik zurück auf den Alliierten Polizeibrief von 1949. Dieser Brief der Alliierten Hochkommissare ging bei der Schlußberatung zum Grundgesetz (14. 4.1949) beim Präsidenten des Parlamentarischen Rats, Adenauer, ein und ermächtigte die Bundesregierung zur Einrichtung von Polizeibehörden. Weiterhin heißt es:»Der Bundesregierung wird es ebenfalls gestattet, eine Stelle zur Sammlung und Verbreitung von Auskünften über umstürzlerische, gegen die Bundesregierung gerichtete Tätigkeiten einzurichten. Diese Stelle soll keine Polizeibefugnisse[163] haben.«[164]

Die Zustimmung der Alliierten zum Grundgesetz war geknüpft an ein Fortwirken des Polizeibriefs nach Gründung der Bundesrepublik.[165] Auch wenn der obige Passus hauptsächlich auf das kurze Zeit später gegründete Bundesamt für Verfassungsschutz und die Bekämpfung von kommunistischen Bewegungen (»umstürzlerische, gegen die Bundesrepublik gerichete Tätigkeiten«) abzielte, ist das Trennungsgebot seitdem Grundlage für alle bundesdeutschen Geheimdienste, also auch den BND und den Geheimdienst der Bundeswehr, den Militärischen Abschirmdienst (MAD).

Das Trennungsgebot als solches war über Jahrzehnte weitgehend unumstritten, es gab unter JuristInnen allerdings unterschiedliche Auffassungen über den gesetzlichen Stellenwert des Alliierten Polizeibriefes selbst. Im Kern geht es bei dieser Auseinandersetzung darum, wie leicht es der Bundesregierung gemacht wird, vom Trennungsgebot abzurücken. Brenner argumentierte 1990, mit dem Inkrafttreten der Bonner und Pariser Verträge am 5. Mai 1955 seien die Alliierten Vorbehaltsrechte weitgehend erloschen und damit habe auch der Polizeibrief seine Gültigkeit verloren.[166] Das Trennungsgebot habe folglich nur noch den Charakter einer politischen Willenserklärung und sei folglich auch ohne Verfassungsänderung, durch ein einfaches Gesetz, abzuschaffen. Gusy vertrat 1984 hingegen noch die Auffassung, die Verknüpfung der Zustimmung zum Grundgesetz mit den Bedingungen des Polizeibrief durch die Alliierten habe das dort verankerte Trennungsgebot zum Verfassungsgrundsatz gemacht.[167] Ähnlich argumentierte Kutscha, der darauf hinwies, daß der Polizeibrief nie aufgehoben wurde und anderes Besatzungsrecht, wie z. B. das NSDAP-Verbot ebenfalls fortwirke.[168] Er geht so weit zu sagen, daß dieses Verfassungsgebot nicht nur die institutionelle Trennung erfordere, sondern auch die »informationelle Zusammenarbeit« zwischen Polizei und Geheimdiensten untersage, sie sei »nur als Ausnahme mit gesetzlich genau umschriebenen Voraussetzungen« im Einzelnen zulässig.[169] Nach dieser Auslegung wären praktisch alle Geheimdienstgesetze der neunziger Jahre verfassungswidrig.

Eine neure Argumentation für das Trennungsgebot als Verfassungsgrundsatz stammt von 1987. Gusy ging nun davon aus, daß der Polizeibrief erloschen sei, leitete das Trennungsgebot aber aus Art. 87 Abs. 1 Satz 2 GG her, das den Gesetzgeber ermächtigt, Zentralstellen für das »polizeiliche Auskunfts- und Nachrichtenwesen« und »Kriminalpolizei« auf der einen und »Verfassungsschutz«, sowie des »Schutzes gegen Bestrebungen im Bundesgebiet, die (...) auswärtige Belange der Bundesrepublik gefährden« auf der anderen Seite einzurichten.[170] Ursprünglich umfaßte das Trennungsgebot sowohl die strikte Trennung polizeilicher und geheimdienstlicher Befugnisse, ihrer Aufgabenfelder, sowie eine räumliche Trennung, d. h. daß Polizei und Geheimdienste nicht in einer Behörde untergebracht sein durften. In der neueren Entwicklung ist allerdings auf vielen Ebenen eine Durchlöcherung oder sogar eine teilweise Aufhebung dieser Trennung zu beobachten. So macht z. B. ein Befugnisvergleich deutlich, daß die datenschutzrechtlichen Novellen einiger Landespolizeigesetze die Trennung polizeilicher und nachrichtendienstlicher Mittel nicht mehr vornehmen. Der Polizei wird im präventiven Bereich zunehmend der Gebrauch von ursprünglich ausschließlich nachrichtendienstlichen Methoden erlaubt, wie zum Beispiel die Anwendung technischer Mittel für Bild- und Tonaufnahme oder der Einsatz verdeckter ErmittlerInnen.[171] Die Lockerung des Legalitätsprinzips für die verdeckt operierenden PolizistInnen, um ihnen »milieubedingtes Verhalten«, also Gesetzesbrüche, zu gestatten, berührt dabei den Kern des Unterschiedes zwischen Geheimdiensten und Polizei. Eine PolizistIn, die geheim operiert und nicht an das Legalitätsprinzip gebunden ist, ist nichts anderes als eine GeheimagentIn, die zusätzlich mit polizeilichen Zwangsbefugnissen wie Verhaftung, Durchsuchung und Beschlagnahmung ausgestattet ist.

Die geheimdienstlichen und polizeilichen Organisationen des Nationalsozialismus gehörten zu den zentralen Instrumenten der Willkür, Unterdrückung und Allgegenwart des Staates. Kaum eine andere Institution brauchte deshalb bei der Gründung der Bundesrepublik dringender eine demokratische Legitimation für ihr Fortbestehen als die neuen oder aus nationalsozialistischen Zeiten übernommenen Geheimdienste. Lieferte der Alliierte Polizeibrief das besatzungsrechtliche Plazet für ihre Errichtung, so gab es auch von deutscher Seite aus bei der Konzeptionierung des Grundgesetzes grundsätzliche Überlegungen, die das Bestehen von Geheimdiensten in einem demokratischen Staatssystem rechtfertigten oder sogar notwendig zu machen schienen. Einer der Kernbegriffe in dieser Debatte ist der Beriff der »streitbaren Demokratie«.

Er wurde 1937 angesichts der nationalsozialistischen und faschistischen Entwicklungen in Europa von dem deutsch-amerikanischen Politikwissenschaftler Karl Loewenstern geprägt[172] und fand nach dem zweiten Weltkrieg Eingang in die Beratungen zum Grundgesetz.[173] Hintergrund war die rückwirkende Betrachtung der Weimarer Reichsverfassung, die »die demokratischste Demokratie der Welt«[174] gewährleisten wollte, in ihrer Ausprägung dann aber als »neutral bis zum Selbstmord«[175] angesehen wurde.[176] »Als Reaktion darauf wollte der Parlamentarische Rat 1948/49 dieser ›Selbstzerstörung der Demokratie‹ einen Riegel vorschieben, indem er das Grundgesetz mit verfassungsschützenden Elementen zur *wertgebundenen* Verfassung[177] anreicherte und zu einer *streitbaren Demokratie* ausgestaltete.«[178] Der Schutz der Verfassung und ihrer freiheitlich demokratischen Grundordnung ist damit oberster Wert, der im Zweifelsfalle demokratische Freiheitsrechte oder sogar die Volkssouveränität überwiegt.[179] Dies legitimierte sowohl die Arbeit des BfV, wie auch die eventuelle Inlandstätigkeit des BND. Der »Streitbarkeit« liegt die Ansicht zugrunde, daß eine Demokratie das Recht habe, sich selbst nach innen und außen zu schützen. Dieser »streitbare« Schutz der Demokratie, vor allem nach außen, ist die Legitimationsgrundlage des BND. Die liberale Kritik an diesen Überlegungen besteht darin, daß es zu einer »präventiven Vorverlagerung« der Grenze von Demokratie und Diktatur »in die demokratische Mitte«[180] kommen könnte.

»(...) wenn die Streitbarkeit übersteigert und zum alles beherrschenden Grundwert hochstilisiert wird, [nehmen] die demokratischen Freiheiten selbst Schaden (...). (...) Das Schutzgut selbst [wird] zugunsten der Schutzmechanismen geopfert.«[181] Dies gilt für den BND überall dort, wo er auf der Grundlage, die freiheitlich-demokratische Grundordnung zu schützen, so massiv in die Grundrechte eingreift, daß sie praktisch aufgehoben werden, sei es das Recht auf Brief-, Post- und Fernmeldegeheimnis oder das Recht auf »informationelle Selbstbestimmung« (Datenschutz), das sich aus der Würde des Menschen und der freien Entfaltung der Persönlichkeit ableitet.[182] Da sich die Grundrechte auf *alle* Menschen erstrecken, gilt dies auch für eine Auslandstätigkeit des BND.[183] Neben der Verletzung der Grundrechte steht die BND-Tätigkeit im Ausland auch im Widerspruch zu liberalen Grundsätzen des Grundgesetzes wie der unmittelbaren Geltung des Völkerrechtes: »Art. 25 GG: [Völkerrecht Bestandteil des Bundesrechts] Die allgemeinen Regeln des Völkerrechts sind Bestandteil des Bundesrechtes. Sie gehen den Gesetzen vor und erzeugen Rechte und Pflichten unmittelbar für die Bewohner.« Denn der BND verletzt die Gebietshoheit[184] des Zielstaates und dieser dürfte mit seiner Auskundschaftung kaum einverstanden sein. Eine völkerrechtliche Legitimation für Geheimdiensttätigkeit in Friedenszeiten gibt es nicht.[185] Bislang wurde dieser Widerspruch nicht einmal für gravierend genug erachtet, um die Auslandstätigkeit des BND auf eine gesetzlich Grundlage zu stellen, geschweige denn, sie zu unterbinden. Auch die Ermächtigungen für Inlandstätigkeiten des BND folgen eher dem Prinzip, die zum Schutz der »freiheitlich-demokratischen Grundordnung« ermächtigte Behörde zu stärken als die Grundrechte der BürgerInnen zu schützen.

Der BND hat in der Bundesrepublik 35 Jahre ohne eine juristische Existenzgrundlage gearbeitet. Dies verdeutlicht der Versuch des Juristen Brenner von 1990, ihn aus allgemeinen Verfassungsgrundsätzen herzuleiten, wie, daß der Bund die alleinige Gesetzgebungskompetenz über die Zusammenarbeit des Bundes und der Länder »zum Schutze der freiheitlich demokratischen Grundordnung, des Bestandes und der Sicherheit des Bundes oder eines Landes (Verfassungsschutz)« habe.[186] Diesen eindeutig auf die Ämter für Verfassungsschutz (ÄfV) zugeschnittene Bestimmung deutet er als allgemeinen »Willen des Gesetzgebers, eine wehrhafte Demokratie zu schaffen.«[187] Die Sicherheit des Bundes und der Länder müsse aber nicht nur nach innen, sondern auch nach außen geschützt werden. Der BND sei das Instrument des äußeren Verfassungsschutzes.[188] Trotzdem kommt auch Brenner zu dem Ergebnis, daß »Die Errichtung des BND durch *Organisationserlaß* im Jahr 1955/56 (...) aus heutiger Sicht verfassungswidrig [war].«[189] Der BND sei seinem Wesen nach eine »Bundesoberbehörde« (nach Art. 87 Abs. 3 Satz 1 GG) gewesen, für deren Errichtung es eines *Gesetzes* bedurft hätte.[190] Nachdem er den Verfassungsbruch bei der Errichtung des BND akribisch nachgewiesen hat, nimmt er seinem eigenen Argument jedoch jede Schärfe: dieser formale Verfassungsbruch mache nicht 35 Jahre BND-Tätigkeit verfassungswidrig, weil der BND über Jahrzehnte vom Gesetzgeber anerkannt und stillschweigend geduldet worden sei.[191] Seine einzige Forderung war, daß bald eine gesetzliche Grundlage für die Tätigkeit des BND geschaffen werden müsse. Dies wurde im Dezember 1990 mit Verabschiedung des BND-Gesetzes erreicht. Das BND-Gesetz (BNDG) war Teil eines Gesetzespaketes, das außerdem aus dem Bundesdatenschutzgesetz (BDSG), einer Neufassung des Bundesverfassungsschutzgesetzes (BVerfSchG) und einem MAD-Gesetz (MADG) bestand. Diese neuen gesetzlichen Regelungen waren durch das Volkszählungsurteil des Bundesverfassungsgerichtes von 1983 notwendig geworden, das erstmals das Recht auf »informationelle Selbstbestimmung« definierte. Dieses Recht leitete das Gericht aus dem Recht auf freien Entfaltung der Persönlichkeit (Art. 1 Abs. 2 GG) und der Würde des Menschen (Art. 1 Abs. 1 GG) her. Speicherung, Verarbeitung und Weitergabe von Daten wurden als möglicher Grundrechtseingriff gekennzeichnet. Das Gericht leitete daraus die Erfordernis ab, daß für Einzelne erkennbar sein sollte, welche Stellen über welche Daten von ihnen verfügten.[192] Damit war der Zustand der Außergesetzlichkeit für den BND nicht mehr tragbar. Seine Existenz und Tätigkeit mußten auf eine gesetzliche Grundlage gestellt werden. Dies sollte nicht zu einer Einengung seiner Kompetenzen führen, denn der erklärte Zweck des Gesetzespaketes war nach Absicht der Regierungsfraktionen »die gesetzliche Grundlage zu schaffen, die nach der Entwicklung des Rechts auf informationelle Selbstbestimmung in Rechtslehre, Rechtsprechung und Gesetzgebung zur *Fortsetzung dieser Tätigkeiten* notwendig geworden ist.«[193] Diese Absicht spiegelt sich auch im Inhalt des BND-Gesetzes (BNDG). Es sicherte im wesentlichen die bisherige Praxis des Bundesnachrichtendienstes gesetzlich ab, ohne sie genau zu fixieren. Klare Regelungen finden sich ausschließlich in den Bereichen, in denen die Praxis und Organisationsstruktur des BND allgemein bekannt ist. Je umstrittener oder undurchsichtiger sie sind, desto unklarer die gesetzlichen Vorgaben.

Klarheit findet sich in §1 BNDG, der ihn als »Bundesoberbehörde« kennzeichnet und dem »Geschäftsbereich des Chefs des Bundeskanzleramtes« zuschlägt, womit der Ist-Zustand 1990 gesetzlich festgeschrieben wird.[194] Auch das Trennungsgebot wird verankert: »Einer polizeilichen Dienststelle darf er nicht angegliedert werden.«[195] Ergänzend heißt es: »Polizeiliche Befugnisse oder Weisungsbefugnisse stehen dem Bundesnachrichtendienst nicht zu. Er darf die Polizei auch nicht auf dem Wege der Amtshilfe um Maßnahmen ersuchen, zu denen er selbst nicht befugt ist.«[196] Der BND wird also sowohl organisatorisch von der Polizei getrennt, als auch von polizeitypischen »Zwangsbefugnissen«, wie z. B. Verhaftung und Durchsuchung, ausgeschlossen. Er darf die Polizei nicht einmal formell darum ersuchen.

Die weiteren Regelungen des BNDG sind allerdings weniger eindeutig. So ist der BND-Auftrag die Sammlung und Auswertung der »erforderlichen Informationen« zur »Gewinnung von Erkenntnissen über das Ausland, die von außen- und sicherheitspolitischer Bedeutung für die Bundesrepublik Deutschland sind.«[197] Klar ist der Auftrag zur integrierten Auswertung, auch die Aufklärungs*richtung* auf das Ausland wird fixiert. Wie ausladend und vielfältig interpretierbar aber das Themenfeld »Erkenntnisse von außen- und sicherheitspolitischer Bedeutung« jedoch ist, sollte in den neunziger Jahren auch die Debatte um die neuen Aufgabenfelder des BND zeigen.

Ausdrücklich gestattet das BNDG das Tätigwerden des BND im Inland[198], gebunden an bestimmte Zwecke[199]: zur Eigensicherung, zur Sicherheitsüberprüfung von MitarbeiterInnen, zur »Überprüfung der für die Aufgabenerfüllung notwendigen Nachrichtenzugänge«[200] und schließlich auch zur Aufklärung von »Vorgänge[n] im Ausland«.[201] Diese Vorgänge müssen aber »von außen- und sicherheitspolitischer Bedeutung« für die BRD sein, die Informationen dürfen »nur auf diese Weise zu erlangen« sein und es darf »für ihre Erhebung keine andere Behörde zuständig« sein.[202] Diese unscharfen Bedingungen dürften eher als ein allgemeiner Appell an den BND verstanden werden, seine Inlandsaktivitäten zu mäßigen, als daß sie sie klar begrenzten. Nachweise für Überschreitungen dieser allgemein gehaltenen Kompetenz dürften sich im Einzelfall als sehr schwierig erweisen. Vor allem der Passus, daß keine andere Behörde für die Erhebung der jeweiligen Informationen zuständig sein dürfe, ist wohl eher geeignet, Konkurrenzen zwischen den Inlandsgeheimdiensten und dem BND zu vermeiden, als daß sich von Maßnahmen des BND Betroffene auf dessen Nichtzuständigkeit (und damit die Zuständigkeit einer anderen Behörde) berufen könnten. Der Nachweis, die gesuchten Informationen seien nur auf diese Weise zu erlangen gewesen, dürfte sich als schwierig erweisen, weil der BND die gesuchten Informationen so definieren kann, daß ihre Gewinnung die ergriffenen Maßnahmen erfordert. Nachzuweisen bräuchte er dann lediglich deren »Erforderlichkeit« zu Erfüllung seiner Aufgaben. Diese Augaben wiederum sind aber sehr ausladend formuliert. Dieser Mangel an Klarheit findet sich im gesamten Gesetzestext, der sich mit der Gewinnung, Verarbeitung und Übermittlung von Daten beschäftigt.[203] Dort treffen konkrete Verfahrensvorschriften (Dateianordnung, Überprüfungsfristen, Sperrung und Löschung von Daten) auf Kriterien wie »Zweckbindung« der Daten, »Verhältnismäßigkeit« der eingesetzen Mittel oder »Erforderlichkeit« der Informationen zur Erfüllung der Aufgaben. Diese Kriterien werden im Gesetzestext nicht weiter konkretisiert und es bleibt daher letztlich den GeheimdienstlerInnen überlassen, die Abwägungen zu treffen.

So wird der Bundesnachrichendienst zum Einsatz nachrichtendienstlicher Mittel - genauer: »heimlichen Beschaffung von Informationen« - befugt. Einige dieser Mittel werden auch genannt, das Gesetz läßt der Regierung aber bewußt den Freiraum, auch weitere durch eine geheime Dienstanweisung zu ergänzen.[204] Unscharfe Einschränkungen und klare Ermächtigungen kennzeichnen auch die umfangreichen Datenübermittlungsbefugnisse, die die Trennung von Polizei und Geheimdiensten durchbrechen.[205] Hier werden Staatsanwaltschaften, Polizeien und Zoll ausdrücklich verpflichtet, »von sich aus« dem BND alle Informationen zu übermitteln, die dieser zu seiner Eigensicherung brauchen könnte.[206] Alle anderen Bundesbehörden werden dazu immerhin befugt.[207] Weiterhin werden die Strafverfolgungsbehörden befugt, dem BND alle Erkenntnisse aus ihren Brief-, Post- und Fernmeldeüberwachungsmaßnahmen zu übermitteln, die eine individuelle Überwachung durch die Geheimdienste rechtfertigen würden. Nach dem Stand von 1994 sind das Hinweise auf Hochverrat, Friedensverrat, Gefährdung des demokratischen Rechtsstaates, Landesverrat, Gefährdung der äußeren Sicherheit, Straftaten gegen die Landesverteidigung, Straftaten gegen die Sicherheit der NATO-Streitkräfte in der BRD, die Unterstützung einer terroristischen Vereinigung (§129a StGB), die Geheimhaltung einer vorwiegend aus Ausländern bestehenden Gruppe, um ihr Verbot abzuwenden (§92 Abs. 1 Nr. 7 des Ausländergesetzes) oder Mitgliedschaft in einer Gruppe, die Straftaten gegen die freiheitlich-demokratische Grundordnung oder die Sicherheit des Bundes oder eines Landes bezweckt.[208] Der BND darf jede Behörde um Informationen ersuchen, die er zur Erfüllung seiner Aufgaben benötigt und in bestimmten Fällen sogar direkt in amtliche Register einsehen.[209] Der BND wird befugt, Daten an inländische Behörden[210], die Stationierungskräfte der NATO, sowie an ausländische öffentliche Stellen weiterzugeben. (Damit sind auch die Partnerdienste des BND gemeint. »Öffentlich« bedeutet hier eher »staatlich« als das Gegenteil von »geheim«.) Er ist verpflichtet, die Strafverfolgungsbehörden auf Staatsschutzdelikte hinzuweisen.[211] Lediglich die Übermittlung an sonstige (d. h. auch private) Stellen wird an konkrete Kriterien geknüpft, vor allem die Zustimmung des Chefs des Bundeskanzleramtes.[212]

Zwei Bereiche werden im BNDG überhaupt nicht geregelt: die Tätigkeit des BND im Ausland und der Bereich der verdeckten Operationen. Da der BND ein Auslandsgeheimdienst ist, ist damit seine wichtigste und seine politisch heikelste Funktion auch weiter ohne gesetzliche Grundlage. Dies verdeutlicht noch einmal, daß es beim BND-Gesetz nur um eine Regelung *eines Teils* seiner Tätigkeit ging, als reine Reaktion auf das Volkszählungsurteil. Alles in allem: Der BND wurde 1990 erstmals legal errichtet und seine Tätigkeit wurde auf eine – teilweise – schwammige gesetzliche Grundlage gestellt. Vor allem der Datenaustausch mit anderen Behörden, einschließlich der Strafverfolgungsbehörden, wurde legalisiert. Das BND-Gesetz wird keine großen Veränderungen in Pullach hervorgerufen haben.

Der innere Aufbau des BND
Unter Reinhard Gehlen hatte die Org und später der BND nach anfänglicher Improvisation nach kurzer Zeit die Form eines wirtschaftlichen Großunternehmens angenommen, das hierarchisch nach »Generaldirektion«, »Generalvertretungen«, »Bezirksvertretungen«, »Filialen« usw. gegliedert war.[213] Die Zentrale war in ein Labyrinth von Abteilungen, Gruppen und Referate unterteilt, »das

den Begriff Organisation kaum noch verdiente«.[214] Nach mehreren Neuordnungen, vor allem unter Gehlens Nachfolger Gerhard Wessel, verfügt der BND nun seit 1984 über sechs Abteilungen:
1 Operative Aufklärung
2 Technische Aufklärung
3 Auswertung
4 Verwaltung
5 Sicherheit und Abwehrlage
6 Zentrale Aufgaben[215]

»Unterhalb der Abteilungen existieren Unterabteilungen, die sich z. B. in der Abteilung 1 mit unterschiedlichen Regionen (Sowjetblock, Westliche und übrige Welt, Mittelmeerraum) oder in der Abteilung 3 mit unterschiedlichen Bereichen (Militär, Politik, Wirtschaft) befassen. Die wesentlichste Arbeitseinheit ist das Referat mit 50 bis 100 Beschäftigten, das sowohl regionale Zuständigkeiten haben kann (z. B. 13 F Afrika) wie sachbezogene (z. B. 35 D Wehrtechnik, Elektronik).«[216] Einzelne Referate, die sich mit der Aufklärung der DDR oder der Sowjetunion beschäftigten, wurden nach 1990 umorganisiert oder aufgelöst. Neue Referate, wie z. B. das Referat 32Y für »Proliferationsfragen«, wurden im Zuge der Neuorientierung eingerichtet.[217] Die einzelnen Regionen der Abteilung 1 (Operative Aufklärung) unterliegen einem unterschiedlichen Aufklärungsinteresse. Bis zum Ende der achtziger Jahre galt für die DDR und für die Sowjetunion jeweils höchste Aufklärungspriorität[218], wie auch für den Warschauer Pakt insgesamt. Die Nachfolgestaaten der Sowjetunion liegen wegen ihres Konfliktpotentials durch Nationalitätenspannungen und aufgrund ihrer Relevanz für deutsches Regierungshandeln auch nach Auflösung des Warschauer Paktes weiterhin im Mittelpunkt des BND-Interesses; Informationen über andere osteuropäische Länder sind hingegen mittlerweile weniger relevant geworden.

An der Spitze des BND steht der Präsident, seit Juni 1996 ist das Hans-Jörg Geiger. Bei seiner Amtseinführung meinte der Chef des Bundeskanzleramtes, Bohl, dieses Amt gehöre »zu den schwierigsten, die die Bundesrepublik Deutschland zur Zeit zu vergeben hat«.[219] Das liegt nicht zuletzt an dem politischen Personalpoker, der mit Posten im Sicherheitsbereich betrieben wird. Die staatstragenden Parteien CDU, CSU, SPD und FDP achten genau auf ihre Repräsentation in den Spitzenpositionen von Geheimdiensten und Polizei. Hans-Jörg Geiger gilt als Mann der CSU, sein glückloser Vorgänger Porzner war SPD-Mitglied, der erste Parlamentarier auf dem BND-Präsidentenstuhl. Als Porzner gehen mußte, weil es ihm in sechs Jahren nicht gelungen war, den BND auf die Erfordernisse der neuen Weltordnung einzustellen, drehte sich das Proporzkarrussel und am Ende erhielt Peter Frisch, SPDler des rechten Flügels, das Bundesamt für Verfassungsschutz. Der SPD wird außerdem der Chef des

Bundeskriminalamtes (BKA), Ulrich Kerner, zugerechnet, Generalbundesanwalt Kay Nehm der FDP.[220] Dem Präsidenten des BND unterstanden bis Anfang der Neunziger ungefähr 7000 Beschäftigte, von denen der überwiegende Teil (etwa 4.500) in der Zentrale arbeitete.[221] Auch innerhalb des BND gibt es nach Parteien organisierte Seilschaften. Die CSU war dort aufgrund der Lage Pullachs in der Nähe von München und dem rechts-konservativen Gepräge der Gehlen-Organisation immer sehr stark. Ihre AnhängerInnen sind jedoch seit Strauß' Tod in zwei Gruppen zerfallen, die miteinander konkurrieren, wovon der Flügel der SPDler und Parteilosen unter Konteradmiral Güllich profitierte. Daneben gibt es noch den traditionellen Militärflügel um Personen wie Volker Foertsch aus der Familie des ehemaligen Generalinspekteurs der Bundeswehr, Friedrich Foertsch.[222]

Die Personalstruktur trägt immer noch die Handschrift Reinhard Gehlens, der seinerzeit eine Vielzahl von ehemaligen FHO- und Wehrmachtsangehörigen, darunter viele Generalstäbler rekrutiert hatte. Diese holten oft ihre Verwandten und Bekannten in den Dienst. Auch heute noch arbeiten ca. 900 Militärs beim Bundesnachrichtendienst und sie stellen 50% der Referats- und Sachgebietsleiter.[223] Durch Gehlens Rekrutierung aus dem Offizierskorps Hitlers, in dem in der Tradition der deutschen Generalstäbe viele preußisch geprägte Offiziere waren, gelangten überdurchschnittlich viele Adelige zum BND und holten über Verwandtenrekrutierung weitere nach, was auch heute noch im Klarnamenverzeichnis des BND abzulesen ist. Dort finden sich die Fugger-Babenhausen, die von Buttlar, die von Weitershausen u.a.[224] Bis zum Rang B4 (Leitender Ministerialrat) arbeiten auch deshalb alle MitarbeiterInnen unter Decknamen[225], um eine Einordnung ihrer Person oder Herkunft zu verhindern.

Der Frauenanteil bei den hauptamtlichen MitarbeiterInnen ist unbekannt. Sie stellen zwar die Mehrheit in den unteren Lohngruppen, wie Verwaltungs- und Schreibkräfte, oberhalb der Referatsleiterebene trat jedoch - mit Ausnahme der MfS-Spionin Gabriele Gast - nie eine Frau in Erscheinung.[226] Vielleicht resultiert die Unterrepräsentation von Frauen immer noch aus der alten Befürchtung in Geheimdienstkreisen, daß Frauen »ihre sachlichen Aufträge von Emotionen und erotischen Empfindungen« nicht trennen können und daher »Erfolg und Mißerfolg ihrer Mission mehr oder weniger von ihrem gefühlsbedingten Allgemeinzustand ab[hängt], der bekanntlich oft wechselt«, wie es der »Abwehr«-Veteran Gert Buchheit 1969 formulierte.[227]

Die Politische Leitung des BND

Obwohl die Zuständigkeiten für den Bundesnachrichtendienst juristisch klar geregelt sind, ist es in der Praxis recht schwer, die Verantwortlichkeiten in diesem Bereich eindeutig festzumachen - was der politischen Leitung eines Geheimdienstes recht sein dürfte. Seit der BND 1955 in den Bundesdienst übernommen und an das Bundeskanzleramt angegliedert wurde[228], gab es nur geringfügige Zuordnungsänderungen. Die Dienst- und die Fachaufsicht lagen bis 1984 beim Chef des Bundeskanzleramtes, der wiederum direkt dem Bundeskanzler unterstellt ist. Dienstaufsicht bezeichnet die personalpolitische Verantwortung, z. B die Ernennung von BND-BeamtInnen. Fachaufsicht bezeichnet alle weiteren Steuerungs- und Leitungsbefugnisse, sowie die Verantwortung über politische Entscheidungsfragen. Von 1984 bis 1989 entzog der Bundeskanzler dem Chef des Bundeskanzleramtes die Fachaufsicht über den BND und übergab sie in den Verantwortungsbereich des »Staatssekretärs beim Bundeskanzler und Beauftragten für die Nachrichtendienste«.[229] Während dieser Zeit lagen also ausnahmsweise Dienst- und Fachaufsicht in getrennten Händen.

1989 gab es dann einen neuen Organisationserlaß, mit dem der BND (wieder) vollständig dem Chef des Bundeskanzleramtes unterstellt wurde. Dies entspricht auch dem BND-Gesetz, wonach der Dienst eine »Bundesoberbehörde im Geschäftsbereich des Chefs des Bundeskanzleramtes« ist. Ihm arbeitet die Abteilung 6 des Bundeskanzleramtes zu, die für den Bundesnachrichtendienst verantwortlich ist. Davon unabhängig ist der »Staatsminister im Geschäftsbereich des Bundeskanzleramtes« gleichzeitig der »Beauftragte für die Nachrichtendienste«. Er ist verantwortlich für ressortübergreifende Aufgaben der Koordination und Zusammenarbeitsintensivierung und arbeitet mit der Gruppe 2 der Abteilung 6 (»Koordinierung der Nachrichtendienste des Bundes«) zusammen.[230] Der BND untersteht keinem Fachressort, da Adenauer sich den direkten Zugriff auf diesen Geheimdienst sichern wollte. Heute wird dies damit begründet, daß die Leitung des BND in einem engen Zusammenhang mit der Richtlinienkompetenz des Bundeskanzlers und dessen Leitung der Regierung stünde. Die Unterstellung unter ein Fachressort wird auch mit dem Argument zurückgewiesen, daß der BND die gesamte Bundesregierung, d. h. Bundeskanzler wie auch die BundesministerInnen und die Bundesministerien mit Nachrichten versorgt.[231]

In der Praxis ist die Abgrenzung der politischen Verantwortlichkeit und der Kompetenzen zwischen dem Chef des Bundeskanzleramtes und dem »Beauftragten für die Nachrichtendienste« (»Geheimdienstkoordinator«) allerdings kaum zu durchschauen. Dies wurde u.a. während der »Plutonium-Affäre« im April 1995 deutlich, in der Bernd Schmidbauer als politisch Hauptverantwortlicher angesehen wurde und im Mittelpunkt der Berichterstattung stand. Kanzleramtschef Friedrich Bohl wurde hingegen nicht zur Verantwortung gezogen, obwohl er de jure die Fachaufsicht und damit die politische Aufsicht über den BND führte. Dieser Widerspruch zwischen der Rechtslage und der Praxis und die daraus resultierende Unklarheit spiegelt sich in Presseberichten wider, in denen die Zuständigkeiten von mal zu mal unterschiedlich dargestellt werden. Die »FAZ« schrieb im August 1991, Stavenhagen (damals »Beauftragter für die

Nachrichtendienste«) habe dem BND (in bezug auf Schalck-Golodkowski) *angewiesen* »Befragung ja, weitergehende Betreuung nein.«[232] In einem Artikel der »Zeit« werden Stavenhagen, der »Staatsminister im Bundeskanzleramt«, und das Bundeskanzleramt, hier Abteilungsleiter Jung, immer abwechselnd genannt. Stavenhagen wird zugeschrieben, er »kontrolliere« (anstatt »koordiniere«) die Geheimdienste des Bundes.[233] In einem Artikel des »Spiegels« vom September 1991 wird Stavenhagen wiederum als »Aufseher im Kanzleramt« bezeichnet, gleichzeitig wird aber auch der Kanzleramtsminister als Verantwortlicher genannt. Abteilungsleiter Jung vom Bundeskanzleramt wird hier zu »Stavenhagens BND-Spezialist«.[234] Auch die »FR« setzte Stavenhagen und das Bundeskanzleramt gleich: »das Bundeskanzleramt (also Stavenhagen)«.[235] Besonders dem »Beauftragten für die Nachrichtendienste« Bernd Schmidbauer wird nachgesagt, er verstehe sein Amt falsch: »Schmidbauer sei (...) Geheimdienstkoordinator. Doch der Gymnasialdirektor verstehe sich fälschlicherweise als ›oberster Agent der Republik‹.«[236] Eine Erklärung für diese Verwirrung bietet ein Bericht des Hamburger Abendblattes an: Bohl habe dem Geheimdienstkoordinator schriftlich die Leitung des Tagesgeschäftes übergeben.

»Warum es diese Konstruktion gibt, erklärt ein hochrangiger Innenpolitiker mit einem Bild aus dem Schachspiel. Dort werde der König zum Zwecke seines Schutzes immer von mehreren Figuren gedeckt. Schmidbauer ist in diesem Bild der Turm, Bohl die Dame, Kohl der König.«[237]

Stellung des BND unter den Sicherheitsbehörden

Die Grafik auf Seite 76 soll die Stellung des BND zu den anderen beiden Geheimdiensten, BfV und MAD, und zu den Organen der Strafverfolgung verdeutlichen, d.h. den Landespolizeien, insbesondere den Landeskriminalämtern (LKA), dem Bundeskriminalamt (BKA) und dem Bundesgrenzschutz (BGS) sowie dem Zollkriminalamt (ZKA)[238].

Das Amt für Nachrichtenwesen der Bundeswehr (ANBw) und die Bundesbehörde für die Sicherheit in der Informationstechnik (BSI) nehmen neben den Geheimdiensten und den Strafverfolgungsbehörden eine Sonderstellung ein. Das Amt für Nachrichtenwesen der Bundeswehr erstellt kontinuierlich umfassende militärische Lagebilder für die Bundeswehrführung. Dabei stützt es sich sowohl auf seine eigene funkelektronische Aufklärung,[239] als auch auf offene Quellen oder Informationen, die vom BND übermittelt wurden,[240] ist aber nicht zum Einsatz von V-Leuten o. ä. berechtigt. Nach der eingangs formulierten Definition ist das ANBw das, was einem »Nachrichtendienst« am nächsten käme. Die Bundesbehörde zur Sicherheit in der Informationstechnik war ursprünglich eine Abteilung des BND – damals noch Zentralstelle für Sicherheit in der Informationstechnik –, die ausgegliedert und in den Geschäftsbereich des Innenministers unterstellt wurde. Hier wird sich systematisch mit den Sicherungstechniken neuer Informations- und Kommunikationssysteme befaßt. Diese Entwicklung orientiert sich an den USA, die in der NSA (National Security Agency) einen Geheimdienst haben, der ebenfalls auf dieses Feld spezialisiert ist. Die Auslagerung der ehemaligen BND-Abteilung in die Kontrolle des Innenministeriums eine noch intensivere Zusammenarbeit der Geheimdienste und Polizeien in diesem Bereich erwarten, insbesondere mit BKA, BfV und BGS.[241]

Informationsgewinnung
Bei der Informationsgewinnung von Geheimdiensten wird unterschieden zwischen »Sammlung« offen zugänglicher und »Beschaffung« nicht frei verfügbarer Informationen.

Im Gegensatz zu dem Bild, das die meisten Menschen von Geheimdienstarbeit haben, überwiegen auch beim BND Informationen aus sogenannten »offenen Quellen«, d. h. aus veröffentlichtem Material, das mehr oder weniger frei zugänglich ist. Das können Berichte in militärischen oder wirtschaftlichen Fachzeitschriften sein, Stadtpläne, Ergebnisse von Forschungsinstituten oder in der Öffentlichkeit geäußerte Meinungen. Der Anteil der aus offenen Quellen gewonnenen Informationen liegt bei etwa 80% des Gesamtaufkommens.[242] KritikerInnen, die die Auflösung des BND forderten, argumentierten deshalb oftmals, daß der Großteil der BND-Arbeit von politologischen Forschungsinstituten oder vom Auswärtigen Amt erledigt werden könne. Dies würde bei gleicher Zielsetzung - Informationen als Entscheidungshilfen für die Regierung zu liefern - mehr Transparenz ermöglichen. Dort, wo sich die offenen Quellen ausschweigen, greift der BND auf den Einsatz »nachrichtendienstlicher Mittel« zurück, um an schwer zugängliche oder geheime Informationen zu gelangen. Juristisch ist es bisher ungeklärt, »was eigentlich nachrichtendienstliche Mittel sind, unter welchen Voraussetzungen der Einsatz zulässig ist, [und] welche Grenzen dem Einsatz gezogen sind.«[243] Der Jurist Gröpl definiert nachrichtendienstliche Mittel als »Methoden oder Tarnhilfen, die eine Aufgabenerfüllung unbemerkt vom Betroffenen und von außenstehenden Dritten, d. h. vor allem die heimliche Informationsbeschaffung ermöglichen sollen.«[244]

In der Frage, inwieweit »nachrichtendienstliche Mittel« gesetzlich fixiert werden sollten, stehen sich zwei Positionen gegenüber. Eine argumentiert, daß aufgrund des Rechtsstaatsprinzips der Gesetzmäßigkeit der Verwaltung jedes staatliche Handeln von Gesetzen gedeckt sein müsse. Diese Seite verlangt darum die gesetzliche Festschreibung aller »nachrichtendienstlichen Mittel«, die die Geheimdienste einsetzen dürfen. Die Gegenposition argumentiert, eine solche Festschreibung sei hinderlich für die Dienste, weil sie die technische Fortentwicklung hemmen und die Methoden der Dienste aufdecken würde.[245] In der Dienstanweisung des BND von 1968 ist dementsprechend auch nur von »nachrichtendienstliche[r] Auslandsaufklärung durch Beschaffung und Auswertung von Informationen«[246] die Rede, ohne daß der Begriff »nachrichtendienstlich« weiter definiert wurde. Im BND-Gesetz von 1990 wurde vom Bundesrat ein Kompromißvorschlag durchgesetzt.[247] Laut Gesetz darf der BND nun ausdrücklich »den Einsatz von Vertrauensleuten und Gewährspersonen, Observationen, Bild- und Tonaufzeichnungen, Tarnpapiere und Tarnkennzeichen anwenden.«[248] Er darf aber auch weitere Mittel anwenden, die lediglich in einer geheimen Dienstvorschrift zu nennen sind.[249] Ausgenommen von solchen Erweiterungen wären allerdings Eingriffe in das Brief- , Post- und Fernmeldegeheimnis, da das BND-Gesetz keine Einschränkung dieses Grundrechtes erwähnt.[250]

Spekulationen darüber, welche Methoden es außer den oben erwähnten noch geben könnte und vor allem welche technischen Errungenschaften in diesem Sektor Einzug gehalten haben könnten, sollen hier ausgespart werden, denn Walde urteilte schon vor einem Vierteljahrhundert: »Es ist jedoch müßig, einen kompletten Quellenkatalog darstellen zu wollen, weil das einen von vornherein verlorenen Wettlauf gegen die Phantasie bedeuten würde.«[251]

Legale Brief-, Post- und Telefonüberwachung: das G 10

Das G 10 heißt mit vollem Namen »Gesetz zur Beschränkung des Brief-, Post- und Fernmeldegeheimnisses (Gesetz zu Artikel 10 Grundgesetz)«. Es wurde 1968 im Rahmen der Notstandsgesetze erlassen.[252] Die Bestimmungen dieses Gesetzes regeln alle Telefon- oder Postüberwachungsmaßnahmen von Geheimdiensten in der BRD. Die Abhörmaßnahmen der Strafverfolgungsbehörden (v.a. der Polizei) richten sich hingegen nach § 100 a der Strafprozeßordnung, der gleichzeitig mit dem G 10 beschlossen wurde.[253] Der Unterschied zwischen beiden Gesetzen liegt im wesentlichen darin, daß die Überwachungsermächtigungen der Strafprozeßordnung nur bei konkreten Ermittlungen zu bestimmten Straftaten greifen. Sie müssen außerdem von einer RichterIn genehmigt werden. Die Anbindung der Strafverfolgungsbehörden an das Legalitätsprinzip ist also verhältnismäßig eng. Das G 10 ist hingegen ausdrücklich für die Geheimdienste geschaffen worden. Es gab sogar Überlegungen, es als ein »Geheimgesetz« ohne öffentliche Beratung und Verkündung zu beschließen.[254] Die Antragsberechtigten für solche Abhörmaßnahmen sind das BfV, die LfV, das Amt für Sicherheit der Bundeswehr (MAD), sowie der BND. Die Anbindung von individuellen Überwachungsmaßnahmen an konkrete Straftaten ist lockerer als im §100a StPO.[255] Über die Zulässigkeit von G 10-Maßnahmen entscheidet keine RichterIn, sondern die G 10-Kommission, ein vom Bundestag bestimmtes Gremium.

Dem BND gewährte das G 10 zu den individuellen Überwachungsmaßnahmen noch ein einmaliges Privileg, nämlich die Ermächtigung zu einer verdachtslosen, massenhaften Post- und Telefonüberwachung zwischen der BRD und bestimmten, anderen Ländern. Die sogenannte »strategische Kontrolle« (nach § 3 des G 10) befugte ihn »zur Sammlung von Nachrichten über Sachverhalte, deren Kenntnis notwendig ist, um die Gefahr eines bewaffneten Angriffs auf die Bundesrepublik rechtzeitig zu erkennen und einer solchen Gefahr zu begegnen«. In der Praxis führte dieser Paragraph bis 1990 zu einer Überwachung sämtlicher Post- und Fernmeldeverbindungen in die Staaten der Warschauer Vertragsorganisation (WVO). Noch 1990 wurden in den sieben BND-Postkontrollstellen werktäglich ca. 70.000 Briefsendungen aus und in die DDR und andere WVO-Staaten »stichprobenartig« kontrolliert, jährlich also mehr als 2,1 Mio.[256] Diese Überwachung mußte rein rechtlich anonym erfolgen. Der BND durfte sich formal also weder für Absender noch für Adressaten, sondern nur für Inhalte interessieren. Denn das Überwachungsobjekt (des § 3 G 10) waren nicht »individuelle Telephon und Fernschreibanschlüsse«, sondern allgemeine Verbindungen, zum Beispiel Postwagons oder Überseekabel. Außerdem waren Sperrklauseln eingebaut, die auf das Gebot der Trennung von Polizei und Geheimdiensten zurückgehen. So durften die erlangten Erkenntnisse »nicht zum Nachteil von Personen verwendet werden«.[257] Genau diese Bestimmungen, wurden jedoch in den neunziger Jahren abgeändert.

Die strategische Kontrolle hat in der Vergangenheit noch nie ihren eigentlichen Zweck erfüllt, nämlich Erkenntnisse über einen bevorstehenden bewaffneten Angriff auf das Bundesgebiet zu erbringen. Claus Arndt (langjähriger Vorsitzender der G 10-Kommission) weist aber darauf hin, daß die strategische Kontrolle »in einer ganzen Reihe von konkreten Fällen« Erkenntnisse erbracht habe, daß »Ereignisse und Vorgänge« in überwachten Gebieten *nicht* gegen die BRD gerichtet gewesen seien, was es der BRD ermöglicht habe, auf »eigene Vorsorge- und Sicherheitsmaßnahmen« zu verzichten und so einer »internationalen Krise« vorzubeugen.[258]

Die Bestimmungen des G 10 wurden bis 1990 nur zweimal geändert.[259] Die einschneidendere Änderung war das Poststrukturgesetz von 1989.[260] Hier wurde die Ermächtigung der Geheimdienste auf die neuen Telekommunikationsmöglichkeiten, d. h. Bildschirmtext (Btx), Telex, Telefax und Elektronische Briefkästen (Mailboxen) ausgeweitet.[261] Die Datenschutzbeauftragten kritisierten damals, daß damit auch »Abrechnungs-, Verbindungs-, und Nutzungsdaten sowie im Rahmen elektronischer Dienste gespeicherte Inhaltsdaten (z. B. bei Mailboxen, Btx , usw.) kontrolliert werden«[262] dürften. Die gleiche Änderung gestattete künftig auch den Einsatz digitaler Techniken bei der Überwachung und Aufzeichnung. Dies legalisierte den Einsatz von Stichwort-Techniken, die dazu dienten, daß z. B. ein Telefongespräch oder der Inhalt einer Mailbox, die ein solches Wort enthielten, automatisch in einer Computerdatei abgelegt wurden.[263] Bis dahin war es den Geheimdiensten nur gestattet gewesen, »mitzulesen ... abzuhören und auf Tonträger aufzuzeichnen«.[264] Mit den neuen Techniken wurde massenhafte Erfassung zumindest technisch machbar.

Diese Erweiterungen waren trotzdem vergleichsweise geringfügig gegenüber den Änderungen in den neunziger Jahren, die dem G 10 den Charakter eines Ausnahmerechtes völlig genommen haben. Von 1990-1994 wurde das G 10 *siebenmal* geändert, dabei wurden die Eingriffsbefugnisse in das Post- und Fernmeldegeheimnis nur einmal eingeschränkt.

Massenvernehmungen in Lagern

»In der Entwicklungsgeschichte des BND war die Auswertung von Masseninformationen in der sogenannten strategischen Aufklärung über lange Zeit dominierend.«[265] Die Tradition der BND-Massenbefragungen findet ihren Ursprung in den Verhören und Folterungen sowjetischer Kriegsgefangener während des Zweiten Weltkrieges. Seit dem Überfall auf die Sowjetunion hatten Angehörige der Ic-Dienste Ost der Wehrmacht, die der BND-Vorläuferorganisation »Fremde Heere Ost« (FHO) unterstellt waren, systematisch Verhöre in den Kriegsgefangenenlagern durchgeführt, um Informationen über die militärische Lage der »Ostfront« zu erhalten.

Massenvernehmungen in Lagern wurden in der Nachkriegszeit von der Organisation Gehlen und später vom BND weiterhin durchgeführt. In Auffangs- und Flüchtlingslagern wurden alle Flüchtlinge und Rückkehrer aus sowjetischer Kriegsgefangenschaft von MitarbeiterInnen der »Hauptstelle für Befragungswesen« (HfB), einer BND-Tarnorganisation[266], intensiv vernommen.[267] Später wurden diese Befragungen auch bei sogenannten Aus- und ÜbersiedlerInnen durchgeführt, sowie zunehmend bei AsylbewerberInnen und Kriegsflüchtlingen. Die Bundesregierung erläuterte hierzu: »Die Hauptstelle für Befragungswesen hat die Aufgabe, Personen zu befragen, die in die Bundesrepublik Deutschland einreisen, um sich hier zeitweilig aufzuhalten (Kriegsflüchtlinge), oder die sich als Aussiedler bzw. Asylbewerber niederlassen wollen. Aufgrund ihrer Herkunft, ihres Berufes und der ausgeübten Funktion wird dabei in Einzelfällen davon ausgegangen, daß diese Personen über Wissen verfügen, das einer öffentlichen Berichterstattung allgemein und umfassend nicht zu entnehmen ist. Die Gespräche mit diesen Personen beschränken sich auf Themen, die für die Bundesregierung von *außen- und sicherheitspolitischem Interesse* sind. Befragt werden Aussiedler aus osteuropäischen Ländern sowie Flüchtlinge und Asylbewerber aus Kriegsgebieten, (...), Krisenregionen und Staaten, denen z. B. aufgrund ihrer Verwicklung in internationale Aktivitäten wie *Terrorismus, Drogenhandel, Technologietransfer und Waffenhandel* besondere Bedeutung zukommt.«[268] Die hervorgehobenen Passagen verdeutlichen, daß die Aufgaben, die die

Bundesregierung der Hauptstelle für Befragungswesen zuordnet sich exakt mit denen des BND in den Neunziger Jahren überschneiden.

In den siebziger Jahren wurden von einer Hamburger Befragungsstelle Vorladungsschreiben an AussiedlerInnen aus Polen verschickt, um durch »Informationen über die DDR und andere kommunistische Länder ein zutreffendes Bild der dortigen politischen, wirtschaftlichen, psychologischen und kulturellen Lage«[269] zu gewinnen. Solche Vorladungsschreiben wurden verschickt, wenn aufgrund der Erstvernehmung eine vertiefende Befragung erfolgversprechend schien.[270] Die Bundesregierung betonte, daß die »rechtliche Grundlage« dieser Befragungen »ausschließlich die freiwillige Bereitschaft« der vernommenen Personen sei.[271] Schmidt-Eenboom zitiert hingegen BND-Insider, die behaupten, »daß diesen Vorladungen durchschnittlich mindestens zwei Drittel der Angeschriebenen Folge leisteten, weil bewußt *nicht* darauf hingewiesen wird, daß das Erscheinen freiwillig ist.«[272] Dies verstößt eindeutig gegen das BND-Gesetz. Da der BND keine Zwangsbefugnisse hat, heißt es dort über offene Befragungen: »Der Betroffene ist auf die Freiwilligkeit seiner Angaben (...) hinzuweisen.«[273] Von den auf diese Weise erlangten Daten und Informationen profitieren auch die BND-Partnerdienste. Die in den Auffanglagern ausgestellten Registrierscheine für Aus- und ÜbersiedlerInnen wurden regelmäßig kopiert und an die Partnerdienste weitergeleitet, die sich dann an der Nachbefragung der neuen BundesbürgerInnen beteiligten. Vielerorts arbeiteten britische, französische und US-amerikanische BefragerInnen parallel zu den bundesdeutschen Geheimdiensten direkt in den Auffanglagern.[274] Die Weitergabe kopierter Formulare mit persönlichen Daten wurde später durch EDV-Übertragung ersetzt. Nach dem drastischen Anstieg der Zahl der ÜbersiedlerInnen aus der DDR waren die Befragungsstellen 1989 voll ausgelastet. Kurz darauf wurde bekannt, daß die Daten der befragten Aus- und ÜbersiedlerInnen, inklusive Herkunftsadresse, Adresse des früheren Arbeitgebers und auch ihre neue Anschrift in der BRD, in der zentralen Aussiedlerdatei »Ados« des Bundesamtes für Verfassungsschutz gespeichert wurden. Der damalige hessische Landtagsabgeordnete (heute Justizminister) Rupert von Plottnitz (DIE GRÜNEN) erklärte dazu in Wiesbaden, daß »die Praxis der Geheimdienstorganisationen Verfassungsschutz und BND (...) jeder Rechtsgrundlage [entbehre].«[275]

Auch AsylbewerberInnen wurden von den Hauptstellen für Befragungswesen (HfB) vernommen. Auf die Kleine Anfrage der Abgeordneten Ingrid Köppe und der Gruppe BÜNDNIS 90/DIE GRÜNEN, in welcher Weise die HfB an den Asylverfahren und den Aufnahmeverfahren für Flüchtlinge beteiligt war bzw. ist, antwortete die Bundesregierung am 29. 9. 1992: »Die Bereitschaft eines Asylbewerbers, sich für eine Befragung der Hauptstelle für Befragungswesen zur Verfügung zu stellen, hat keinen Einfluß auf das Asylverfahren.«[276] Dem widersprach eine Stellungnahme der Düsseldorfer Landesregierung. Diese bestätigte den Verdacht aus Anwaltskreisen und des GRÜNEN-Landtagsabgeordneten Roland Appel, wonach Flüchtlinge, die gegenüber der HfB auskunftswillig sind »ungewöhnlich gute Chancen auf Anerkennung im Asylverfahren haben.«[277] Der Düsseldorfer Justizminister Rolf Krumsieck, stritt diese generelle Vermutung zwar erst ab, räumte dann aber ein, daß die Aussagebereitschaft gegenüber der HfB von Verwaltungsgerichten als »asylrechtlich beachtlicher Nachfolgegrund« gewertet worden war. Die Gerichte waren der Auffassung, daß »den Klägern bei einer Rückkehr in ihre Heimatländer wegen ihrer dort bekannt gewordenen Zusammenarbeit mit der HfB politische Verfolgung gedroht hätte.«[278] In solchen Fällen verzichtet das Bundesamt für die Anerkennung von Flüchtlingen darauf, Rechtsmittel gegen einen positiven Gerichtsentscheid einzulegen. Normalerweise legt dieses Amt automatisch Widerspruch ein, wenn eine AsylbewerberIn gerichtlich anerkannt wurde. Fälle von AsylbewerberInnen, »die trotz ihrer Kooperation mit der HfB nicht als asylberechtigt anerkannt wurden, sind der Düsseldorfer Landesregierung im übrigen ›nicht bekannt‹.«[279] Auf Anfrage der GRÜNEN erklärte die Bundesregierung, daß die 260 MitarbeiterInnen der HfB in den Jahren 1985-1991 durchschnittlich etwa 3.000 Befragungen durchgeführt hätten.[280] 1991 war der Weiterbestand der HfB durch Kürzungen im BND-Etat kurzfristig bedroht, die MitarbeiterInnen verteidigten sich jedoch mit dem Argument: »Fragen ist billiger«[281] als Spionage. Unter dem Blickwinkel der »Kontinuität« zeigen diese Massenbefragungen besonders deutlich, daß es in einigen Bereichen des deutschen Auslandsgeheimdienstes niemals einen Bruch gegeben hat. Sowohl die systematischen Verhöre der sowjetischen Kriegsgefangenen durch die FHO, als auch die massenhaften Vernehmungen von Flüchtlingen oder Rückkehrern aus Kriegsgefangenschaft durch die Org oder den BND, als auch die »ausschließlich auf Freiwilligkeit« basierenden Befragungen von AsylbewerberInnen waren zu jeder Zeit ein wichtiges Mittel der Informationsgewinnung.

All diese Befragungen haben einen gemeinsamen Nenner: Die Befragten lebten in Lagern, sie waren weitgehend rechtlos oder wurden über ihre Rechte im Unklaren gelassen, und der jeweilige deutsche Auslandsgeheimdienst nutzte diesen mehr oder weniger rechtsfreien Raum in dem Maße, in dem das politische System ihm Handlungsfreiheit gewährte.

Informationssteuerung durch den BND

Mit »Informationssteuerung« sind zwei Abläufe der nachrichtendienstlichen Tätigkeit gemeint: die Verarbeitung und die Weitergabe. An dieser Stelle sollen die für den BND typischen Merkmale dieser Informationsverarbeitung geschildert werden.

Der BND gilt, selbst verglichen mit anderen Geheimdiensten, als recht geheimnistuerisch. Der BND veröffentlicht nicht regelmäßig Berichte wie die

Ämter für Verfassungsschutz, seine MitarbeiterInnen haben bislang auch kaum öffentlich aktuelle Entwicklungen kommentiert, wie dies VerfassungsschützerInnen der BRD von Zeit zu Zeit tun. Ein internes Prinzip, das auf Gehlen zurückgeht, ist das sogenannte »Schottenprinzip«. Es ist heute ein allgemeines Arbeitsprinzip von Geheimdiensten, war jedoch insbesondere unter Gehlen ungewöhnlich stark ausgeprägt. »Jede Arbeitseinheit wird ausschließlich mit Dingen befaßt, deren Kenntnis für ihre eigene Arbeit zwingend erforderlich ist. Totale Transparenz stellt sich nicht einmal bei den regelmäßigen Abteilungsleiterbesprechungen ein, weil vor allem Details aus dem operativen Bereich auch hier nicht offengelegt werden.«[282] Dieses Prinzip bedeutet, daß Informationen die zuständige Abteilung so wenig wie möglich verlassen, ob horizontal (zu anderen Abteilungen) oder vertikal (zu Untergebenen oder Vorgesetzten).[283] Es liegt auf der Hand, daß dieses Prinzip bei Übersteigerung auch zu Störungen im Funktionsablauf führen kann. Vor allem die Abschottung gegenüber den eigenen Vorgesetzten dürfte Verselbständigungstendenzen fördern. Trotzdem wurde es bis zum 1996 ausgeschiedenen BND-Chef Porzner mit großer Strenge praktiziert.[284] Der neue BND-Chef Geiger hat allerdings angekündigt, eine neue »Flexibilität und Kreativität« von den MitarbeiterInnen einzufordern.[285] Dies wäre mit einem strengen Schottenprinzip schwer zu vereinbaren. Auch das Prinzip der Integrierten Auswertung geht auf die Reform der FHO durch Reinhard Gehlen zurück.[286] Es wurde später von der Organisation Gehlen - sogar den US-amerikanischen Auftraggebern gegenüber[287] - aufrechterhalten und ist heute noch das Arbeitsprinzip des BND. Integrierte Auswertung bedeutet, daß der Geheimdienst selbst die von ihm zusammengetragenen Rohinformationen sortiert, bewertet, und verknüpft und sie schließlich zu Dateien, Berichten, Grafiken, Karten usw. zusammenfaßt. Er braucht so keine Rohinformationen nach außen zu geben. Die Alternative wäre eine Auswertung durch eine übergeordnete Stelle, z. B. in der Ministerialbürokratie. Die integrierte Auswertung gilt als effizienter.

Offiziell verstehen sich die Geheimdienste als Hilfsorgane der Regierung, z. B. als Zuträger von »Entscheidungshilfen«. Die Berichte des BND gehen in erster Linie an das Bundeskanzleramt, das Auswärtige Amt, das Bundesministerium der Verteidigung, aber zu Einzelfragen auch an andere Ressorts der Bundesregierung.[288] »Das Informationsaufkommen des BND betrug zum Ende der achziger Jahre pro Jahr knapp 100.000 Einzelinformationen - 80 Prozent davon stammten aus offenen Quellen wie Zeitungsartikeln oder Stadtplänen, und ein Fünftel war Geheimmaterial wie Abhörprotokolle, Agentenmeldungen oder Testberichte sowjetischen Wehrmaterials. Mehr als die Hälfte dieses Materials ging in die Militärauswertung, etwa ein Drittel betraf Politik, ein Sechstel umfaßte allgemeine Wirtschaftsinformationen, und nur ca. 10 Prozent der gewonnenen Informationen - aber immerhin noch 10.000 Meldungen - gelangten in den Bereich Technik und Wissenschaft.«[289] Unter Gehlen wurde der BND von der politischen Führung – insbesondere von Globke – sehr an der »langen Leine« gehalten. Dies ging so weit, daß es der Führung des BND überlassen wurde, über welche Aufklärungsziele Berichte angefertigt wurden und an wen die einzelnen Berichte des BND gehen sollten. Diesen Spielraum nutzte Gehlen auch zur Information des Oppositionsführers. Unter der sozialliberalen Koalition wurden die Vorgaben der politischen Führung dann strenger.[290] Die Information des Oppositionsführers zu bestimmten Fragen ist aber nach wie vor Praxis.[291] Walde nannte an BND-Berichten Monats-, Wochen-, Tages-, Länder- und Organisationsberichte mit unterschiedlichem Verteiler. Die »Crème« dieser Berichte, die »nachrichtendienstliche Führungsorientierung« mit einer Auflage von nur 30 Exemplaren und handverlesenem Verteiler, halte aber nicht, was der exklusive Zugang verspreche: »Das Erkenntnisniveau dieses als so kostbar deklarierten Produkts ist beschränkt.«[292] Niveaulosigkeit ist heute der häufigste Vorwurf gegen BND-Berichte. So vermochte Kanzleramtschef Bohl (CDU) Konrad Porzner (SPD) nach sechs Jahren BND-Präsidentschaft nur das lauwarme Lob zu geben, »daß der Bundesnachrichtendienst unter ihrer Leitung eine Fülle wertvoller Arbeitsergebnisse erzielt hat.«[293] »BND-Tagesberichte für Bonn - so wird vielfach gespottet - übersteigen selten das Niveau der Neuen Zürcher Zeitung.«[294] Die Weitergabe von Informationen betreibt der BND nicht nur über die Verteilung seiner Berichte. »Über die Frage, ob Journalismus und Geheimdienst sich nicht gegenseitig ausschließen, darüber dachte weder damals noch heute jemand wirklich nach. (...) Wer darf, so sei hier gefragt, eigentlich alles die großen Presse-Archive auswerten?«[295]

Der BND und die Massenmedien stehen sich nicht so antagonistisch gegenüber, wie es vielleicht zu erwarten wäre. Der BND hatte in den letzten Jahren zwar teilweise keine gute Presse, er hat sich in der Vergangenheit aber immer sehr intensiv um gute Kontakte zu JournalistInnen gekümmert. Für den BND geht es dabei nicht unbedingt darum, sein Eigenbild in der Presse zu verbessern, sondern darum, bestimmte Informationen zu lancieren, die er gern gedruckt sehen möchte. Außerdem sind JournalistInnen hilfreich, weil sie, so ein BNDler vor einem Untersuchungsausschuß, »an viele Persönlichkeiten verschiedenster Machtbereiche«[296] herankommen, sowohl aus Regierungskreisen, wie auch aus der Opposition oder sogar aus dem Untergrund, genauso wie an Fachleute aus Wirtschaft und Militär. Aus demselben Grunde geben sich BND-MitarbeiterInnen auch gerne als FachjournalistInnen aus. Die JournalistInnen ihrerseits hoffen bei Kontakten mit GeheimdienstlerInnen auf Insiderinformationen, die sie auch nicht selten bekommen. Das Interesse an solchen Verbindungen ist beidseitig.

Öffentlich bekannt wurde die Verzahnung des BND mit den Medien erstmalig durch die »Spiegel-Affäre« 1963. Der »Spiegel« veröffentlichte damals die Titelstory »Bedingt einsatzbereit« über den Bundeswehr-Generalinspektor Foertsch, und legte darin u. a. die antiamerikanische Militärpolitik des damaligen Verteidigungsministers Strauß offen. Vor der Veröffentlichung ließ der damalige stellvertretende Chefredakteur Conrad Ahlers, »einige militärische Passagen seines Artikels vom BND daraufhin überprüfen (...), ob sie geheimhaltungsbedürftig seien.«[297] Der BND überprüfte die kritischen Passagen und gab dann grünes Licht. Kurz nach Erscheinen des Artikels wurde jedoch trotz dieser Absicherung wegen des Verdachts des Landesverrats gegen die »Spiegel«-Redaktion ermittelt und die Räume des Hamburger Pressehauses durchsucht. Der BND-Verbindungsmann hatte zwar »die Redaktion vor der Nacht- und Nebelaktion gewarnt und ihr die Möglichkeit gegeben, das landesverräterische Material verschwinden zu lassen«[298], es wurden bei der Durchsuchung jedoch jene Gesprächsnotizen gefunden, die die Zusammenarbeit mit dem BND belegten. Daraufhin geriet auch Gehlen in die direkte Schußlinie. Es heißt, daß das Vertrauensverhältnis zwischen Adenauer und Gehlen danach zerrüttet war.[299] Letztendlich überstand der BND diese Affäre jedoch relativ unbeschadet und Strauß mußte wegen Falschaussage vor dem Parlament als Verteidigungsminister zurücktreten.

Dies war nicht der erste Kontakt von »Spiegel«-Redakteuren zum BND. Schon Anfang der fünfziger Jahre hatte der Leiter der Hamburger BND-Außenstelle, Hans-Heinrich Worgitzky, Kontakte zum »Spiegel« aufgenommen. Resultat war unter anderem die daraufhin erscheinende Titelgeschichte »Des Kanzlers lieber General« über die Organisation Gehlen, wobei Gehlen »zur Bedingung (machte), ein ›Spiegel‹-Verantwortlicher oberster Charge müsse die Story bearbeiten.«[300] Dem »Spiegel« schienen die hier genannten Kontakte in keiner Weise fragwürdig. Die genannten Zitate und Sachverhalte stammen allesamt vom Hamburger Nachrichtenmagazin selbst, aus der Serie »Pullach Intern«, die 1971 im Spiegel veröffentlicht wurde und kurz darauf als Buch erschien. Diese Kontakte wurden vielmehr als besonders wertvolle Quellen gehandelt und scheinen eine Einschätzung Bissingers zu bestätigen: »In den fünfziger und sechziger Jahren gehörte es zur Ehre eines jeden Chefredakteurs, von dem ›legendären‹ Reinhard Gehlen empfangen worden zu sein. (...) Bei Gehlen eingeladen, das war so etwas wie ein Adelsprädikat im Nachkriegsjournalismus.«[301]

Deutliche Worte zur Zusammenarbeit des BND mit JournalistInnen fielen kurz darauf bei Vernehmungen im Guillaume-Untersuchungsausschuß 1975. Dort erklärte ein hoher BND-Insider, »es sei eine Selbstverständlichkeit, daß mit der Presse zusammengearbeitet würde«[302] und Gehlen selbst ergänzte, daß es gelungen sei, »Journalisten aller Schattierungen zu Public-Relation-Zwecken für den BND einzuschalten.«[303] Gehlens Nachfolger Wessel äußerte vor dem Untersuchungsausschuß die Ansicht, »er halte es für eine ehrenvolle und legitime Mitarbeit von Journalisten, wenn sie dem BND Erkenntnisse vermittelten, (...), die sie zumindest in dieser Form in ihren Presseorganen, aus welchen Gründen auch immer, nicht veröffentlichen könnten«.[304] Ein weiterer BND-Mitarbeiter bedauerte, daß es »Mißstände insoweit gegeben [habe], als journalistische Mitarbeiter des BND ihre Tätigkeit zum Doppelverdienst nutzten, indem sie zunächst eine Meldung an den BND gaben und einige Zeit später in ihrer Zeitung berichteten, ›wie man aus gut unterrichteter Quelle des BND wisse, ...‹«[305] Es ist kaum anzunehmen, daß sich an dieser Praxis bis heute etwas geändert hat. Manfred Bissinger bekam Anfang der achtziger Jahre bei Recherchen Einblick in eine Liste des BND über seine »gelegentlichen Mitarbeiter«: »Es waren so gut wie alle, die Rang und Namen hatten im bürgerlichen Journalismus, fein säuberlich alphabetisch geordnet zu finden.«[306] Die Möglichkeiten der Zusammenarbeit sind vielfältig. Teils hat der Dienst AuslandskorrespondentInnen fest unter Vertrag und zahlt ihnen monatliche Gehälter für ihre Berichte. Teilweise findet die Zusammenarbeit nur sporadisch statt, wobei der BND die ReporterInnen über Tarnfirmen zu Auslandsreisen einlädt, »von denen dann eben nicht nur für das eigene Blatt, sondern auch für den BND berichtet [wird].«[307] Nach Bissingers überprüften Schätzungen »arbeiten gut fünf Prozent aller Redakteure für irgendeinen der Dienste, sei es der BND, sei es der Verfassungsschutz oder gar irgendein ausländischer Verein.«[308] Diese Kontakte haben auch Kontinuität. Beim »Spiegel« arbeitete in der Nachkriegszeit der der ehemalige SS-Haupsturmführer Dr. Horst Mahnke, der im im Reichssicherheitshauptamt als Sachbearbeiter des SD für Marxismus beschäftigt war. Ab 1952 war er »Spiegel«-Ressortchef für Internationales. Sein Doktorvater und ehemaliger Vorgesetzter beim SD kam Mahnke des öfteren in der »Spiegel«-Redaktion besuchen. Es war Franz Alfred Six, der mittlerweile eine Beschäftigung in der »Organisation Gehlen« gefunden hatten.[309]

BND und covert action
Nachdem der Umgang mit Informationen durch den BND umrissen wurde, soll hier der Bereich der verdeckten Operationen angeschnitten werden, diejenigen Tätigkeiten, die seine Bezeichnung als »Nachrichtendienst« unzureichend erscheinen lassen.

Die gesetzliche Lage in Bezug auf »covert action« im engeren Sinne bedarf keiner langen Schilderung: es gibt keine Gesetze, die den Einsatz »verdeckter Operationen«[310] durch den BND regeln. Im BND-Gesetz tauchen sie nicht auf. Der Hannoveraner Politikwissenschaftler Jürgen Seifert ist darum der Ansicht, dem BND seien durch dieses Gesetz »(...) Fesseln angelegt: Er dürfe keine Revolutionen anzetteln und keine Morde begehen, und ihm sei etwa als Gegenleistung für eine erhoffte Information auch nicht erlaubt, Kriegswaffen zu liefern.«[311] Tatsächlich beschreibt das BND-Gesetz den Organisationszweck des BND ausschließlich als Aufklärung.[312] Hier muß aber die Entstehungsgeschichte des BNDG mitgedacht werden. Sein wesentlicher Zweck war es, eine gesetzliche Grundlage die für inländische Gewinnung, Verarbeitung und Weitergabe von Daten zu schaffen.[313] Schon während des Gesetzgebungsverfahrens protestierten die GRÜNEN im Innenausschuß, aus dem BND-Gesetz selbst sei zu folgern, daß der BND »im Ausland nicht an die in der BRD geltenden Gesetze gebunden sei.«[314] Die *Nichterwähnung* von verdeckten Aktionen bedeutet daher nicht ihren Ausschluß. Tatsächlich wurde der Einsatz »verdeckter Aktionen« (»covert actions«) durch den BND im Ausland nie offiziell abgestritten. In der Dienstanweisung vom 4. 12. 1968[315] ist auch von der Erledigung »sonstiger nachrichtendienstlicher Aufträge« der Bundesregierung im Ausland die Rede. Selbst der vorsichtige Jurist Brenner räumt ein, daß hierunter wohl Maßnahmen zu verstehen seien, »die unmittelbar oder mittelbar zu einer Erweiterung der außenpolitischen Machtpositionen der Bundesrepublik führen können.«[316] Die Dienstanweisung beauftrage den BND daher zu »Sabotage, Unterstützung oppositioneller Gruppen, Subversion, nicht aber z. B. Entführungen wegen des Ausschlusses von Zwangsmitteln.«[317] Was diese Einschränkung betrifft, stellt Rieger fest: »Die Tatsache, daß der BND im Ausland mit Druckmitteln operiert, wird nicht explizit bestritten (...). Freilich läßt sich hier kein Nachweis führen, daß oder wie der BND mit Zwangsmitteln operiert.«[318]

Der BND selbst definierte »Aktion« 1974 folgendermaßen: »Operation eines Geheimdienstes mit dem Ziel, die Willensbildung fremder Mächte oder ihre aktuellen politischen, militärischen und wirtschaftlichen Verhältnisse durch unterstützende oder durch störende Maßnahmen zu beeinflussen. (...) Aktionen in Form von störenden Maßnahmen sind insbesondere die Desinformation, die Sabotage und die Zersetzung.«[319] Drastischere Mittel sind Waffenschmuggel, Unterstützung von Guerillaorganisationen oder Putschbestrebungen. Der bislang spektakulärste Fall von Waffenschmuggel durch den BND waren die als »Land- und Forstwirtschaftliche Maschinen« ausgewiesenen NVA-Panzer für Israel, die Ende 1991 im Hamburger Hafen entdeckt wurden. Und spätestens seit der Plutonium-Affäre April 1995 ist es auch in das Bewußtsein der breiten Öffentlichkeit gedrungen, daß der BND sich nicht auf das »Sammeln, Beschaffen und Auswerten von Nachrichten« beschränkt.

Im Bereich der verdeckten Aktionen gibt es auch Kontinuitäten zur Praxis der FHO, antikommunistische PartisanInnen- und Bürgerkriegsformationen zu unterstützen. In den Sechziger Jahren lieferte der BND Waffen nach Indonesien um den Sturz des linksgerichteten Präsidenten Sukarno zu fördern.[320] Es gibt eine Reihe von Hinweisen, daß die rechtsgerichtete RENAMO in Mosambik, die einen blutigen Bürgerkrieg gegen die marxistische Regierung, die FRELIMO, geführt hat, seit den Siebzigern massiv vom BND unterstützt wurde.[321] In Afghanistan war der BND seit den Zeiten der FHO aktiv und unterstützte im Krieg 1980-1989 die Mudschaheddin.[322] Einer der jüngsten Vorwürfe ist die Einmischung des BND in den Krieg in Ex-Jugoslawien, vor allem durch verdeckte Waffenlieferungen an Kroatien und die Ausbildung des kroatischen Geheimdienstes. Insbesondere hier knüpfte der BND an alte Kontakte zu Ustascha-Faschisten an.[323] Die Größenordnung, in der der BND verdeckte Aktionen durchführt, ist schwer abzuschätzen. Die CIA beziffert den Anteil verdeckter Aktionen im Ausland an ihren Gesamtaktionen auf 3%.[324] Dies liegt beim BND in ähnlicher Größenordnung.[325] Trotz dieses numerisch geringen Umfangs ist es genau diese Funktion, die für einen Geheimdienst, insbesondere für einen Auslandgeheimdienst, charakteristisch ist. Keine andere Behörde kann Aufträge erfüllen, »bei denen sich die Bundesregierung eines verdeckt arbeitenden Apparates bedienen will, um im außenpolitischen Bereich und in anderen Ländern tätig zu werden, ohne daß ihre Unterschrift deutlich wird.«[326] In den nachrichtendienstlichen Begriffsbestimmungen des BND heißt es darum auch: »Durch die Aktion wird ein Auftrag ausgeführt, dessen Erfüllung der eigenen Regierung *mit anderen Mitteln nicht möglich oder opportun* erscheint.«[327] Solange die Bundesregierung auf das Instrumentarium der »operativen Außenpolitik«[328] nicht verzichten will, braucht sie einen Auslandsgeheimdienst.

Ein beziehungsreiches Beispiel: GLADIO

Auch im Inland hat sich der BND nicht auf das Sammeln und Auswerten von Nachrichten beschränkt. Der europaweite Skandal um GLADIO, aus dem in Deutschland kein Skandal wurde, birgt eine Kontinuitätslinie ganz besonderer Art. Aus dem Buch »Heute gehört uns die Straße. Der Inside-Report aus der Neonazi-Szene« von Michael Schmidt: »Ich frage den Verfassungsschützer: ›Sagen Sie, können wir kurz über Gladio reden?‹ (...) Kurze Stille. Dann antwortet der Verfasungsschützer: ›Ja, also das hat mit Rechtsextremismus nun überhaupt nichts zu tun!‹ ›Finden Sie?!‹ Wieder ist es für einen Augenblick peinlich still. Dann ist seine Stimme deutlich verärgert: ›Äh, natürlich hat das irgendwie..‹«[329]

Im Oktober 1990 mußte der italienische Minsterpräsident Andreotti in einer spektakulären Erklärung vor dem Parlament zugeben, daß es in Italien eine bewaffnete Untergrundformation mit dem Namen GLADIO gebe. Diese Formation sei der italienische Zweig einer in nahezu allen Staaten des westlichen Bündnisses aufgebauten Organisation. Ihr Zweck sei es gewesen, sich im Falle eines Angriffs der WVO-Staaten überrollen zu lassen und dann im Hinterland mit Waffen aus geheimen Verstecken Anschläge, Sabotage und Spionage zu betreiben.[330] Andreotti gab die Existenz von 136 Erddepots mit vergrabenen Waffen zu.[331] Dieser Regierungserklärung folgten im gesamten kapitalistischen Europa parlamentarische Nachfragen und in einer Reihe von Staaten, unter anderem den NATO-Ländern Dänemark, Niederlande, Belgien, Spanien, Türkei, Griechenland und Frankreich, sowie die »neutralen« Staaten Schweden, Finnland, Schweiz und Österreich, mußte die Regierung schließlich zugeben, daß

GLADIO auch dort existiert hatte.[332] Darunter war auch die Bundesrepublik Deutschland. Hier stand das Programm unter der Kontrolle des BND.[333] Während es in anderen Staaten wie der Schweiz, Italien und Belgien zur Einleitung intensiver, auch parlamentarischer Untersuchungen kam,[334] wurde die Angelegenheit in der Bundesrepublik äußerst rasch und diskret abgehandelt. Die Bundesregierung versicherte, GLADIO habe in Deutschland keine besondere Bedeutung gehabt, sei schon seit Jahren stetig reduziert worden und werde jetzt rasch aufgelöst.[335] Die Bundestagsabgeordneten von CDU/CSU, FDP und SPD zeigten sich damit zufrieden und stimmten sogar den Antrag auf eine Debatte nieder.[336]

Die Bezeichnung für den bundesdeutschen GLADIO-Ableger war »Stay-Behind-Organisation« (SBO). Die öffentliche Version der Bundesregierung war: »Die Mitarbeiter der Stay-Behind-Organisation sollten nur für den Fall, daß das Bundesgebiet (...) im Laufe von Kriegshandlungen besetzt werden würde, zu Zwecken der Informationsgewinnung und -übermittlung in bzw. aus dem besetzten Gebiet heraus tätig werden.«[337] Die »Nachrichtendienstlichen Begriffsbestimmungen« des BND von 1974 nennen als Zweck der SBO allerdings auch »geheimdienstliche Aktionen durchzuführen«[338], also z. B. Sabotageakte. Der entscheidende Unterschied: für letzteres brauchte die SBO Waffen und Sprengstoff in ihren geheimen Depots.[339] Die Brisanz liegt darin, daß es zahlreiche Anzeichen gibt, daß in Deutschland - ebenso wie in Italien - in erheblichem Umfang militante Faschisten für GLADIO rekrutiert wurden. Dies geht auf die Ursprünge der Organisation zurück.

Wann genau der Aufbau von GLADIO in Deutschland begann, ist unklar. Die europaweit federführende Funktion der CIA beim Aufbau von GLADIO ist unbestritten.[340] Der Spiegel schreibt jedoch: »In der Bundesrepublik gründete Ex-General Reinhard Gehlen, erster Chef des BND, den antikommunistischen Stoßtrupp.«[341] In einem Interview der Zeitschrift »Searchlight« nennt ein Ex-Geheimdienstler Gehlen den »geistige[n] Vater des ›Stay Behind‹ in Deutschland«[342]. Diese Angaben brauchen sich nicht zu widersprechen, denn für 1947-1955 lassen sich CIA und Organisation Gehlen kaum sauber trennen, sehr wahrscheinlich arbeiteten Org und US-Geheimdienste auch hier zusammen.[343] Dies birgt aber den interessanten Aspekt, daß Gehlen als ehemaliger FHO-Chef auch der »geistige Vater« des »Werwolf«-Konzeptes war. Es ist bereits darauf hingewiesen worden, daß dieses Programm bis ins Detail mit den späteren GLADIO-Planungen übereinstimmte: Ausbildung geheimer Kommandozellen, Anlage von Erddepots mit Waffen, die Front über sich hinwegziehen lassen und anschließend Untergrund-Kriegführung im feindlichen Hinterland. Gehlen hatte nicht mehr an eine kriegsentscheidende Wirkung der «Werwölfe« geglaubt, aber er hatte die Lage der Erddepots aufgezeichnet, die vor allem in Ostdeutschland angelegt worden waren, also im späteren Polen, der

DDR und der UdSSR. Es liegt nahe, daß Gehlen dieses bereits bestehende Potential nutzte, als die CIA mit dem Aufbau von GLADIO begann.[344] Es gibt auch Anzeichen dafür, daß das alte SS-Personal benutzt wurde. So berichtete der CIC-Veteran Erhard Dabringhaus, Oberst Günther Bernau, ein CIC-Agent und »mit Sicherheit ein überzeugter Nazi«, habe sich 1948 ihm gegenüber gebrüstet, er könne mit einem einzigen Telefonanruf 200 ehemalige SS-Führer zu Hilfe rufen.[345] Dabringhaus weiter: »Ich erinnere mich, daß er mich zu einer bestimmten Stelle brachte, die wir freilegten und aushoben, und dort waren Gewehre, Handfeuerwaffen, Granaten, alle hübsch in *cosmolene* verpackt, und er sagte: »Wir haben *Tausende davon im ganzen Land.*« (...) Ich erstattete Bericht und sie sagten: ›Nun, wir wissen das. Sie arbeiten alle für uns, für den Fall, daß die Kommunisten über den Eisernen Vorhang kommen.‹» [346]

1952 flog eine Untergrundorganisation von 1.000 bis 2.000 ehemaligen Wehrmachtsoffizieren und Nazis auf, die im Falle eines sowjetischen Angriffs »Widerstand« leisten sollte. Die Gruppe nannte sich »Technischer Dienst« und bestand aus Mitgliedern des neofaschistischen »Bundes deutscher Jugend« (BDJ). Sie wurden von der CIA finanziert und erhielten Gehälter zwischen 500 und 1000 Mark im Monat.[347] Diese Organisation führte Wehrsportübungen durch und hatte sogenannte »Proskriptionslisten« angelegt. Auf diesen fanden sich die Namen zahlreicher kommunistischer und sozialdemokratischer PolitikerInnen, die im Falle eines sowjetischen Angriffs »beseitigt« werden sollten. Darunter waren Herbert Wehner (SPD), der Oberbürgermeister von Bremen, Wilhelm Kaisen (SPD), und das Mitglied des internationalen Buchenwaldkomitees Emil Carlebach (KPD).[348] Der US-Hochkommissar hielt es für angebracht, sich dafür zu entschuldigen, die US-Finanziers hätten über die »innenpolitische Tendenz dieser Organisation« nicht Bescheid gewußt.[349] Der BDJ hatte auch gute Verbindungen zum Vizepräsidenten des Bundesamtes für Verfassungsschutz in Köln, Radke.[350] Dieser Veteran des OKW Amt Ausland/Abwehr hatte nach dem Krieg in der Org gearbeitet und war von Gehlen 1950 in einer »personalpolitische[n] Meisterleistung« gezielt als »Gehlens Mann in Köln« im Bundesamt für Verfassungsschutz plaziert worden.[351] Über Radke hatte der BDJ hatte also eine Doppelbindung an die US-amerikanischen Geheimdienste und die Org - wie die deutsche GLADIO-Organisation insgesamt.

Mit den Enthüllungen um den BDJ reißen die Verbindungen zwischen GLADIO und Rechtsterrorismus jedoch nicht ab. Im Oktober 1981 entdeckten Waldarbeiter »33 zusammengehörige Erddepots, gefüllt mit Ausrüstungsgegenständen, Waffen und Kampfmitteln. Man behauptet, die aufgefundenen Waffen seien von dem Rechtsextremisten Lembke angelegt worden. Diese Erklärung hatte jedoch einen Schönheitsfehler. In diesen Depots befanden sich neben automatischen Waffen, chemischen Kampfmitteln und annähernd 14.000 Schuß Munition auch 509 Panzerabwehrrohre, 156 kg Sprengstoff sowie 230

Sprengköpfe und 258 Handgranaten.«[352] Der Umfang des Fundes veranlaßte den niedersächsischen Innenminister Möcklinghoff zu der Feststellung, »die Waffen könnten nicht nur aus Diebstählen bei der Bundeswehr stammen, sondern müßten regelrecht angeliefert worden sein.«[353] Das würde auf ein GLADIO-Depot deuten, auch wenn dies von der Regierung stets dementiert wurde. Lembke konnte dazu nicht mehr befragt werden, denn er beging kurz nach seiner Verhaftung unter bis heute nicht geklärten Umständen Selbstmord.[354]

Es ist daran zu erinnern, daß nur ein Jahr vor diesem Waffenfund in Westeuropa drei Bombenanschläge mit rechtsextremistischem Hintergrund verübt worden waren, auf den Bahnhof von Bologna, auf eine Synagoge in Paris und auf das Münchner Oktoberfest, bei denen insgesamt über 100 Menschen starben und mehr als 400 verletzt wurden. Ein viertes Attentat auf den Karneval der schwarzen Bevölkerung in London konnte verhindert werden. Diese Anschläge wurden auch in der Öffentlichkeit miteinander in Verbindung gebracht. Zumindest für das Attentat in Bologna sind zahlreiche Indizien zutage getreten, die eine Verbindung zu GLADIO nahelegen.[355] Im Mai 1992 meldete die Bundesregierung auf Anfrage der PDS die Auflösung der deutschen Stay-Behind-Organisation.[356] Von unabhängiger Seite wurde dies zum Teil bezweifelt.[357] Im August 1995 übergab der Neonazi Naumann der Polizei vor laufenden Fernsehkameras 13 Waffenpepots, in denen - nach seinen Angaben - 200kg Plastiksrprengstoff, TNT, Zündmittel und verschiedene Waffen gelagert waren. Die Bundesanwaltschaft ging davon aus, daß Naumann diese Lager von Lembke übernommen hatte.[358] Zur gleichen Zeit begannen faschistische Gruppen verstärkt, bewaffnete, klandestine Zellen aufzubauen und eine Terroroffensive gegen ihre politischen Gegner vorzubereiten. Für diese Organisationsform wählten Sie einen beziehungsreichen Namen: »Werwölfe«.[359]

Kontrollgremien

Die zwei gegensätzlichen Ansichten über die Kontrolle des BND lassen sich aus einem Interview der Süddeutschen Zeitung mit dem damaligen BND-Chef Porzner vom 10. 7. 1993 ablesen: »SZ: Dem BND wird auch vorgeworfen, er werde nirgendwo kontrolliert. Porzner: Der Vorwurf ist falsch. Der BND wird kontrolliert wie kaum eine andere Behörde: Durch die Dienstaufsicht des Kanzleramtes, durch die Parlamentarische Kontrollkommission, das Haushaltsgremium sowie das G 10-Gremium des Bundestages, außerdem durch den Bundesrechnungshof und durch den Bundesbeauftragten für den Datenschutz. Alle haben volle Kontrollrechte und üben sie auch aus.«[360] In der Tat gibt es eine Reihe von offiziellen Gremien, die damit befaßt sind, den BND von außen zu kontrollieren. Diese haben bestimmte Rechte und üben sie auch aus. Ob diese als »volle Kontrollrechte« zu bezeichnen sind und ob die Kontrolle des BND tatsächlich lückenloser ist als bei offen operierenden Behörden, wäre zu erörtern. Wenn in diesem Abschnitt von Kontrolle des BND die Rede ist, ist damit aber nicht die Leitung des BND durch die Dienstaufsicht des Kanzleramtes gemeint.

Vier Tage nachdem das Bundeskabinett am 11. Juli 1955 geheim die Übernahme der Organisation Gehlen in den Bundesdienst beschlossen hatte, wurde im Bundestag eine Kleine Anfrage gestellt, ob es »Pläne« in dieser Richtung gäbe. Die Bundesregierung dementierte. Seitdem wurde die Kontrolle des BND durch das Parlament verbessert. So wurde im Februar 1956 das sogenannte »Parlamentarische Vertrauensmännergremium« (PVMG) eingerichtet, dem die Fraktionsvorsitzenden von CDU/CSU, SPD und FDP angehörten. Dieses informelle Gesprächsgremium ohne Selbstversammlungsrecht trat auf Einladung des Bundeskanzlers zusammen, hatte keine Informationsrechte und war streng vertraulich. Die Errichtung des PVMG wurde ohne formellen Beschluß des Bundestages durchgeführt. Ab 1968 war dieses Gremium auch für Angelegenheiten von MAD und BfV zuständig.[361] Trotz gewisser Reformen in der 6. Legislaturperiode erwies sich das PVMG als untauglich.[362] 1978 wurde darum das »Gesetz über die parlamentarische Kontrolle nachrichtendienstlicher Tätigkeit des Bundes«[363] erlassen, das die »Parlamentarische Kontrollkommission« (PKK) errichtete. Die Befugnisse der PKK umfaßten nach diesem Gesetz vor allem das Recht, von der Regierung regelmäßig »umfassend über die allgemeine Tätigkeit«, sowie über »Vorgänge von besonderer Bedeutung« informiert zu werden. Weiterhin durfte die PKK Unterrichtung auch einfordern. Vor allem die regelmäßige Unterrichtung war jedoch stark von den Opportunitätserwägungen der Bundesregierung abhängig: »Unter Berücksichtigung der ihr in § 2 Abs. 2 KontrollG eingeräumten Freiheit kann die Bundesregierung (...) viel oder wenig mitteilen, dies jetzt oder später tun, nur eine teilweise oder vollständige Unterrichtung vornehmen.«[364] Dazu kommt, daß die Mitteilungen der Bundesregierungen an die Mitglieder der PKK geheim waren. Sie durften nicht einmal den anderen Abgeordneten mitgeteilt werden. Auch sonst hatte die PKK keinerlei Sanktionsmöglichkeiten. Die PKK ist kein Ausschuß des Bundestages, obwohl ihre Mitglieder dem Deutschen Bundestag angehören müssen. Das Gesetz enthält darum auch einen Passus, daß die Kontrollrechte des Bundestages durch die Existenz der PKK nicht beschnitten würden. Dies bedeutet, daß einzelne Abgeordnete des Plenums weiterhin Anfragen an die Bundesregierung richten dürfen, die die Geheimdienste betreffen, und daß der Bundestag sich das Recht auf Einrichtung von Untersuchungsausschüssen vorbehält.[365]

Was die PKK von Bundestagsausschüssen unterscheidet, ist vor allem das Wahlverfahren. Jedes einzelne Mitglied muß die Mehrheit der Stimmen des Bundestages auf sich vereinen.[366] Dieses Wahlverfahren ermöglicht es der Bundestagsmehrheit, einzelne Fraktionen - theoretisch die gesamte Opposition - aus der PKK herauszuhalten. In der politischen Praxis wurden die Verhältnisse in der PKK den Mehrheitsverhältnissen im Plenum angepaßt - mit zwei wesentlichen Ausnahmen. Die GRÜNEN wurden bis Januar 1995 aus der PKK auszuschließen, die PDS bis heute.[367] Auch die Gelder für den Auslandsgeheimdienst werden nicht öffentlich beschlossen oder nachkontrolliert. Bis 1983 wurden die Mittel für den BND in einem vertraulich tagenden »Unterausschuß des Haushaltsausschusses«[368] bewilligt. Seit 1984 (ein Jahr nachdem die geheimdienstkritischen GRÜNEN in den Deutschen Bundestag einzogen) wird dies von einem rechtlich der PKK ähnlichen »Ausschuß nach § 5 Abs. 9 HaushaltsG 1984« - dem sogenannten »Vertrauensgremium«- vorgenommen.[369] Der entscheidende Unterschied: Hier brauchen nicht alle Fraktionen vertreten zu sein. Weil es auch hier verfassungsrechtlich bedenklich wäre, die Budgetrechte des Parlaments einem solchen Nichtverfassungsorgan zu übertragen, beschließt der Bundestag seitdem einen Globalhaushalt, den er diesem Gremium zur Prüfung vorlegt. Bis zur Prüfung durch das »Vertrauensgremium« bleiben 75% der bewilligten Mittel gesperrt.[370] Die Rechnungsprüfung für den BND obliegt dem Präsidenten des Bundesrechnungshofes und ist ebenfalls geheim.[371] G 10-Gremium und -Kommission haben die Aufgabe, die Maßnahmen der Geheimdienste zu genehmigen und zu überwachen. Sie sind ebenfalls keine Bundestagsausschüsse im strengen Sinne. Sie wurden 1968 mit dem »Gesetz zur Beschränkung des Brief-, Post- und Fernmeldegeheimnisses«[372] eingerichtet. Das G 10-Gremium bestand zunächst aus fünf »vom Bundestag bestimmten Abgeordneten«, seit 1995 sind es neun[373]. Diese wählen die dreiköpfige G 10-Kommission, die keine Abgeordneten sein müssen. Der Vorsitzende der G 10-Kommission muß aber die »Befähigung zum Richteramt besitzen«.[374] Die G 10-Kommission ist die entscheidende Stelle, bei der alle Telefon-, Post- und Fernmeldeüberwachungsmaßnahmen, die die Geheimdienste durchführen, genehmigt werden müssen. Ein gerichtliches Verfahren gibt es nicht.[375] Das Abgeordnetengremium hat hauptsächlich Kontrollfunktionen. Seit 1994 muß es darüberhinaus bestimmten, massenhaften Eingriffen des BND in den internationalen Fernmeldeverkehr zustimmen. Es wird mindestens alle sechs Monate über die Durchführung des Gesetzes unterrichtet.[376]

Für den »Bundesbeauftragten für den Datenschutz« ist im BND-Gesetz nur eine Kompetenz verankert: die Kontrolle des Auskunftsrechtes Betroffener.[377] Dieses Auskunftsrecht ist mit vielen Einschränkungen versehen, die sowohl die Auskunftserteilung selbst betreffen als auch die Verpflichtung des BND, die Verweigerung der Auskunftserteilung zu begründen. Der »Bundesbeauftragte für den Datenschutz« hat auf Antrag der Betroffenen das Recht, zu prüfen, ob eine Auskunftsverweigerung oder die Verweigerung, diese zu begründen, rechtmäßig war.

Der BND: Regierungsinstrument oder »Staat im Staate«?
Wie eingangs angemerkt, wird Geheimdiensten eine Tendenz zur Verselbständigung nachgesagt. In Teil III wurde versucht, für die Kriegs- und Nachkriegszeit

den Nachweis zu führen, daß es einen engen Zusammenhang zwischen der öffentlichen Politik, insbesondere der nationalen Souveränität, und der Geheimdienstorganisation gab. Dies beantwortet jedoch nicht unmittelbar die Frage, wie eng die Anbindung des BND an die Vorgaben der Regierung ist. Das oben erläuterte Schottenprinzip, das eine Abschottung den eigenen Vorgesetzten gegenüber begünstigt, scheint eine Verselbständigung ebenso zu fördern wie das vom BND praktizierte Prinzip der Integrierten Auswertung. Der BND sucht die Informationen gezielt aus, die er weitergibt - einschließlich derer, die er an seine politische Leitung weitergibt. Zum Teil wurde ihm sogar die Befugnis zuerkannt, die Adressaten selbst auszusuchen. Entscheidend ist hierbei allerdings, daß diese Befugnis dem BND von den christdemokratischen Kanzleramtschefs Globke, Westrick und Carstens *zuerkannt* wurde. Es war eine gewollte Befugniserweiterung von oben, der BND hat sich diese Befugnisse nicht etwa *angeeignet*. Vom sozialdemokratischen Kanzleramtschef Ehmke wurde die Anbindung des BND an die politische Leitung dann wieder wesentlich strenger gefaßt. Der »lange Zügel« an dem der BND zeitweise geführt wurde, war also *Teil* der politischen Leitung.[378]

Erich Schmidt-Eenboom unterscheidet die Formen der Führung eines Geheimdienstes folgendermaßen[379]: Zum einen gibt es die direkte Anweisung. Diese kann nach dem Prinzip der »deniability« zwar auch abgestritten werden, aber bei dieser Führungsform besteht die direkte formale Rückkopplung zwischen Geheimdienst und Regierung. Zum anderen werden einem Geheimdienst aber auch Freiräume zugestanden, in denen die direkte Anweisung der Regierung durch ihr stillschweigendes Einverständnis ersetzt wird. Globke brachte das gegenüber Gehlen folgendermaßen auf den Punkt: »(...) machen Sie es auf eigene Verantwortung; wenn aber etwas passiert (...), kann ich Sie nicht decken.«[380] Derartige Freiräume werden unter anderem zugestanden, weil bekannt ist, daß Geheimdienste oft in alle Richtungen operieren müssen, um langfristig erfolgreich arbeiten zu können. In einem Bürgerkrieg beispielsweise wird ein Geheimdienst idealerweise beide Bürgerkriegsparteien infiltrieren, um später auf jeden Fall mit auf der Gewinnerseite zu stehen.[381] Die Voraussetzung dafür, daß sich die Regierung eine lockere Führungsform leisten kann, ist, daß sie davon ausgehen können muß, daß das Handeln des Geheimdienstes auch ohne strenge Anbindung den Interessen und der Politik der Regierung folgt. Dies war z. B. unter Adenauer der Fall.

Gehlen und Adenauer verband in erster Linie ihre antikommunistische Einstellung und beide waren sich einig, daß den WVO-Staaten oberste Aufklärungspriorität zukommen mußte. Eine derartige Übereinstimmung bestand unter der sozialliberale Regierung dann nicht mehr. Es hatte bis dahin im BND starke politische Abneigung gegen die Sozialdemokratie gegeben, und rechtskonservative Seilschaften hatten es verstanden, die Einsetzung von

SPD-Leuten in der Führung des BND zu verhindern.[382] Als die BRD unter Brandts Regierung eine Wende in der Ostpolitik vollzog, konnte der BND, der noch immer von der »Ideologie des Rußlandfeldzuges«[383] getragen war, für diese Politik nicht einfach »laufen gelassen« werden. Dies war der Grund, warum Ehmke als erster sozialdemokratischer Kanzleramtschef den BND wieder eng an die politische Führung band. Daß diese Einflußnahme auf lange Sicht gelang, zeigt sich unter anderem darin, daß mit Porzner sechs Jahre lang ein Sozialdemokrat an der Spitze des BND stand und es noch heute einen SPD-nahen Flügel im BND gibt.[384]

Distanz zur politischen Leitung allein muß noch keine wirkliche Verselbständigung des BND bedeuten. Von einem »Staat im Staate« wäre erst zu sprechen, wenn diese Distanz von der politischen Leitung nicht mehr gewollt wäre, der BND begänne, politische Anweisungen zu ignorieren, oder bewußt Politik gegen die Interessen der Bundesregierung zu betreiben.

Die »Panzeraffäre« - ein Fall von Verselbständigung?

Ein Fall, in dem dieser Vorwurf erhoben wurde, war die sogenannte »Panzeraffäre« im Oktober 1991. Der BND hatte versucht, geheim Panzer und einige andere Waffen aus NVA-Beständen nach Israel zu transportieren. Diese wurden vom Zoll im Hamburger Hafen entdeckt. Bei dieser Gelegenheit wurden einmal mehr Rufe laut, der BND habe sich verselbständigt. Der »Spiegel« schrieb einen Artikel mit dem Titel: »Der Apparat macht, was er will.«[385] Tatsächlich ließ sich für diese Behauptung ein gewichtiges Argument anführen. Der BND hatte nicht nur gegen geltendes Recht verstoßen, sondern auch gegen einen ausdrücklichen Beschluß des Bundessicherheitsrates. Dieses Gremium der Exekutive hatte im Februar 1991 die Lieferung eben solcher Waffensysteme an Israel abgelehnt.[386] Der BND hatte also eindeutig gegen Weisungen aus der politischen Führung gehandelt. Bei einer genaueren Betrachtung des Sachverhalts und auch der Reaktionen aus der politischen Führung relativiert sich dieses Bild allerdings. Tatsächlich waren die entdeckten Waffen Teil einer groß angelegten Rüstungskooperation zwischen der israelischen und der bundesdeutschen Regierung. Der »Spiegel« listete eine ganze Reihe von Waffengeschäften auf, die der BND am Parlament vorbei, aber mit Billigung der Regierung getätigt habe, vor allem seit dem Zweiten Golfkrieg, wo die Bundesregierung trotz klarer gesetzlicher Normen geheime Zusagen für Kriegsmaterial im Werte von 1 Mrd. DM an Israel gemacht habe.[387] Rüstungskooperation dieser Art war im Regierungsapparat seit 1979 durch eine Rahmenvereinbarung zwischen Kanzleramt und Bundesministerium der Verteidigung institutionalisiert. Seit 1986 arbeitete ein Bundeswehr/BND-Ausschuß »Wehrmaterial fremder Staaten«.[388] Der *Spiegel* konstatierte: »Schon immer (...) operieren die Geheimdienste und speziell der BND - mit einem Wort des ehemaligen Innenministers Höcherl - ›etwas außerhalb der

Legalität‹. Oft war es den Politikern recht. Sie machten sich das konspirative Denken der Pullacher Schlapphüte gelegentlich gern zu nutze.«[389] Vor diesem Hintergrund erscheint das Veto des Bundessicherheitsrates gegen bestimmte Waffentypen als eine sehr spezielle Einschränkung, die die BNDler möglicherweise einfach übersehen oder vor dem Hintergrund der geheimen Kooperation für deklaratorisch und belanglos erachtet haben. Die Lieferung von Waffen an Israel war aber nicht eine eigenmächtige politische Initiative. Tatsächlich gingen die Äußerungen von Vertretern der Regierungskoalition im Bundestag in die Richtung, der BND habe einen Formfehler begangen. Die Waffenlieferungen hätten ordnungsgemäß beantragt werden sollen, dann wären sie auch bewilligt worden.[390] Von Beunruhigung über einen zunehmenden Kontollverlust war wenig zu spüren. In einem Artikel der »Zeit« wird darum auch die These aufgestellt, die Kontrolle des BND habe »systematisch« versagt, also absichtlich. »Panzer nach Israel, falscher Paß für Schalck - macht der Geheimdienst, was er will? Oder will die Regierung, daß er macht, was er kann?«[391] Die Verfasserin entscheidet sich für das letztere: »Der Dienst war zumindest Teilen der Regierung zu Diensten - wenn nicht mit deren Wissen, so doch mit deren absichtsvollen Nichtwissen.«[392] Staatsminister, Lutz Stavenhagen, zog denn auch nur ein mildes Resümee: »Die Frage, wie man Nachrichtendienste, die ja etwas andere Behörden sind, richtig kontrolliert, ist eine Frage, die mich schon lange bewegt, nicht aus der Motivation des Mißtrauens gegen die Dienste heraus, sondern aus der Motivation heraus, wie man sicherstellt, daß politische Meinungs- und Willensbildung in das Tun, bzw. Lassen von solchen Diensten einfließt.«[393] Diese Anbindung kann für den BND, selbst in der Panzeraffäre, als geglückt angesehen werden.

Zusammenfassung und Fragen für die neunziger Jahre

Der BND trug bis in die achtziger Jahre noch immer einige Prägungen, die aus der Zeit seiner nationalsozialistischen Vorläuferorganisation FHO stammen: so zum Beispiel der hohe Anteil an Militärs in den Führungsspitzen des BND, die ausgeprägte Verwendung des Schottenprinzips und der integrierten Auswertung oder die massenhaften Befragungen in Flüchtlings- und Auffanglagern. Auch die Unterstützung antikommunistischer bewaffneter Formationen begann mit der »Politischen Kriegführung« durch die FHO.

Natürlich hat es auch klare Brüche gegeben: der massenhaften Befragungen folgt nicht mehr die massenhafte Ermordung der Befragten. Der Bundesnachrichtendienst hat (im Inland) keinerlei Zwangsbefugnisse und ist von der Polizei organisatorisch getrennt worden. Dieses Trennungsgebot wurde bis 1990 zwar oft eingeschränkt, aber nie grundlegend in Frage gestellt.

Für die neunziger Jahre stellt sich daher die Frage, ob das Erbe der FHO fünfzig Jahre nach Kriegsende überwunden wurde oder ob es sich mit der Wiedererlangung der Nationalstaatlichkeit verstärkt.Seit der Übernahme des BND in den Bundesdienst ist die Zahl der ihn kontrollierenden parlamentarischen Ausschüsse, Unterausschüsse und Kommissionen zwar ständig gestiegen, doch nicht die *Anzahl* der »Kontroll«gremien ist ausschlaggebend für ihre Effektivität, sondern die Befugnisse, die ihnen zugestanden werden. In den neunziger Jahren sind hier einige Reformanstrengungen gemacht worden. Die Frage lautet daher, ob die Kontrolle des BND auch qualitativ verbessert wurde. Die Notwendigkeit des BND wurde bislang vor allem mit einem konkreten feindlichen Gegenüber begründet. Seit die Warschauer Vertragsorganisation aufgelöst wurde, hat sich wiederholt die Frage gestellt, ob die Geheimdienste im allgemeinen, vor allem aber der Auslandsgeheimdienst BND, mit diesem Zerfall seines Hauptaufgabengebietes nicht überflüssig geworden ist. Die Frage, wie sich Geheimdiensttätigkeit in der neuen Weltordnung legitimieren könnte, zieht sich durch die gesamte Debatte der neunziger Jahre.

Dies betrifft auch die Innenpolitik der BRD. In der politischen Tradition der Bundesrepublik hat sich bisher stets die Tendenz durchgesetzt, die »Wehrhaftigkeit« der Demokratie gegenüber ihren möglichen KritikerInnen auszubauen, wobei die Geheimdienste ein wichtiges Instrumentarium waren. Es stellt sich daher die Frage, ob mit dem Zerfall des äußeren Antagonisten dazu übergegangen wurde, die Grundrechte der BürgerInnen zu stärken anstatt die mit dem Schutz der »freiheitlich-demokratischen Grundordnung« betrauten Behörden.

Stellung des BND unter den deutschen Sicherheitsbehörden

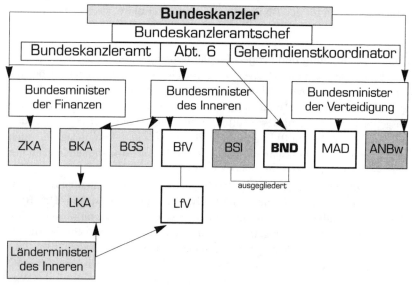

Der BND in den neunziger Jahren:
Kontinuität, Neuorientierung oder Rückbesinnung?

Die neunziger Jahre brachten die Auflösung des bipolaren Weltsystems durch den Zusammenbruch der staatssozialistischen Systeme in Osteuropa, die Demokratiebewegungen in diesen Ländern, und die folgende weltweite Durchsetzung marktwirtschaftlicher Wirschaftsformen. Der Westen trug den Sieg im Kalten Krieg davon. Für die westlichen Geheimdienste setzte mit diesem Sieg allerdings ein großes Problem ein: Mit der Auflösung des feindlichen Lagers verloren insbesondere die Auslandsgeheimdienste ihr wichtigstes Aufgabenfeld und damit ihre bisherige Existenzberechtigung. Es begann eine Suche nach neuer Legitmation und neuen Aufgabenfeldern. »Im BND (...) trauert niemand dem Ende des Ost-West-Konfliktes nach. (...) Der BND (...) braucht kein Feindbild. Wer dennoch ein Feindbild unterstellt, der hat den BND als Feindbild.«[394] (BND-Chef Porzner 1992) »Mit dem Gesetzentwurf (...) sollen Konsequenzen aus der grundlegenden Veränderung der innen- und außenpolitischen Situation gezogen werden (...) Der Antrag (...) soll die Bundesregierung zur Auflösung der Geheimdienste auffordern.«[395] (Zum Antrag der Gruppe Bündnis 90/ DIE GRÜNEN auf Auflösung der Geheimdienste 1993)

Die oben angeführten Zitate verdeutlichen die gegensätzlichen Positionen in der daraufhin einsetzenden Debatte: GeheimdienstkritikerInnen nahmen die Auflösung der WVO zum Anlaß, noch einmal die Abschaffung des BND zu fordern. BefürworterInnen sahen gerade durch diesen Umbruch einen verstärkten Aufklärungsbedarf und damit eine neue Legitimierung für den BND. Die engültige Auflösung des bipolaren Weltsystems führte zu einem grundlegendem Paradigmenwechsel in der Sicherheitspolitik, den Christopher Daase folgendermaßen umreißt: »Wurde ehemals Sicherheit mit dem Begriff der Bedrohung bestimmt und Sicherheitspolitik als die Abwehr dieser Bedrohung, so wird heute Sicherheit tendenziell über den Begriff des Risikos definiert und Sicherheitspolitik als Risikovorbeugung verstanden.«[396] Dies wirkte sich damals wie heute auch auf die Aufgabengebiete des BND aus. So lag der Politik der Nachkriegszeit (insbesondere der ersten beiden Dekaden) die Konzeption der »Sicherheit vor Bedrohung« zugrunde. Es gab zwei stabile Blöcke, die ihre territoriale Integrität durch das militärische Potential des jeweiligen Gegners bedroht sahen. Es bedurfte demnach dreierlei, um sich bedroht zu fühlen: »1. Eines anderen (...) Bündnisses als Gegner, d. h. eines *Akteurs*; 2. eines gegnerischen Angriffs oder einer Intention dazu, das heißt einer *Aktion*; und 3. einer gewissen Wahrscheinlichkeit, daß dieser Gegner nenneswerten Schaden anrichten kann, das heißt eines *militärischen Potentials.*«[397] Für den BND bedeutete dieses Sicherheitsparadigma jahrzehntelang eine kaum veränderte Auftragslage: Gegnerischer *Akteur* war die WVO, allen voran die Sowjetunion und die DDR. Dies steckte die Aufklärungs*richtung* fest. Die Intention eines gegnerischen Angriffs wurde mit der als offensiv interpretierten kommunistischen Ideologie begründet. Dies stabilisierte die *antikommunistische Grundhaltung* innerhalb des BND. Das *militärische Potential* bestand in den Streitkräften der WVO. Aufklärungs*ziel* waren daher Militärinformationen.

Diese jahrzehntealte Standardsituation hat sich nun auch für den BND geändert. Dem ersten BND-Präsidenten nach dem Ende des Kalten Krieges, Porzner (1990-1996), ging es daher nicht mehr »nur um die militärische *Bedrohung* im engeren Sinne, sondern auch um die *Risiken*, die im weiteren Umfeld entstehen«.[398] Das umfasse sowohl den »Drang nach Massenvernichtungswaffen in verschiedenen Staaten«[399] als auch die »organisierte Kriminalität.«[400] Risiken stellen insofern eine »relativ unkalkulierbare, deshalb angstbesetzte Gefährdung« dar, als daß »die eigene Disposition nicht mit der potentiellen Gefährdung ursächlich in Beziehung« zu stehen scheint. Sicherheitskonzepte, die über »Risiko« hergeleitet werden, sind daher offensiver als bei der »Bedrohung«: »Während man auf eine Bedrohung wartet, um sie abzuwehren, (...) geht man auf Risiken zu, um ihnen zu begegnen. (...) Risiken muß vorgebeugt werden.«[401]

Dieser Paradigmenwechsel, sowie der offensivere Charakter neuerer Sicherheitskonzeptionen, spiegelt sich in verschiedenen Stellungnahmen der CDU/CSU-Fraktion zum BND wider. Danach seien »durch den Wegfall des Ost-West-Konfliktes neue Aufgabenfelder entstanden«[402], und die Notwendigkeit der Geheimdienste sei mit den Risiken gewachsen. Da die »Weltlage komplexer und differenzierter« geworden sei, seien »die Informationen des BND unverzichtbar: über die *schwer kalkulierbare Entwicklung* in den osteuropäischen Staaten, über die *krisengeschüttelten* Regionen in Nah- und Mittelost mit ihren besorgniserregenden *Aufrüstungsbestrebungen* und ihrem *wachsenden islamischen Fundamentalismus*, über den *internationalen Terrorismus* (...) und über den *illegalen Technologietransfer.*«[403] In dieser Stellungnahme sind reichhaltige Bezüge zur Neuorientierung des BND enthalten und es werden regionale Aufklärungsziele genannt: Osteuropa und der Nahe Osten. Dabei wird Osteuropa nicht mehr unter dem Aspekt der Bedrohung, sondern unter dem Aspekt des Risikos betrachtet. Für den Nahen Osten wird auch von Krisen, also Risiken, gesprochen, zudem wird in Gestalt des islamischen Fundamentalismus auch ein klares Feindbild angeboten. Außerdem werden thematische Aufklärungsgebiete festgesteckt: »internationaler Terrorismus« und »illegaler Technologietransfer«.

Auch Wolfgang Zeitlmann (MdB, CSU) sieht nach Auflösung der WVO angesichts der »allgemeinen Sicherheitslage« eine Legitimation für den BND: »Die Aufklärung war bei einem großem monolitischen Block - Warschauer Pakt - wahrscheinlich sogar etwas leichter als (...) bei sechzig Nachfolgestaaten, die ein buntes Gemisch an eigenartigen Systemen und postkommunistischen Regimen (...) darstellen. So gesehen kann ich mir vorstellen, daß nicht mehr *ein* Kristallisationspunkt - Aufklärung Moskau - notwendig ist, sondern von mir aus *dreißig*. Daraus wird deutlich, daß das ein mehr an Aufgaben bedeuten kann.«[404] Der Zusammenbruch seines ehemaligen Hauptaufklärungsfeldes hat letztendlich nicht dazu geführt, daß das Weiterbestehen des BND ernsthaft in Frage gestellt wurde. Der Verweis auf die Risiken der »komplexeren und differenzierteren Weltlage« nach dem Ende des Ost-West-Konfliktes hat die geheime Informationsbeschaffung weiterhin abgesichert. Mit diesem neuen »sicherheitspolitischen Auftrag« wurde die gesetzliche Ausweitung seiner Befugnisse 1992/94 begründet.

Die parlamentarischen Auseinandersetzungen um den BND haben zwei Ebenen: zum einen die Auseinandersetzungen der verschiedenen Fraktionen, die - besonders in Plenarsitzungen - oft sehr grundsätzlich wird, zum zweiten den konkreten Gesetzgebungsprozeß. Im folgenden soll es um beide Elemente gehen, zumal die Gesetzesneuerungen der neunziger Jahre sich kaum erklären lassen, ohne die positive Grundhaltung der Regierungsfraktionen gegenüber den Geheimdiensten einzubeziehen.

Das BND-Gesetz (BNDG) war von 1990 nur ein Teil eines Gesetzespakets, das außerdem noch ein neues Bundesdatenschutzgesetz (BDSG), ein Bundesverfassungsschutzgesetz (BVerfSchG) und ein Gesetz über den Militärischen Abschirmdienst (MADG) enthielt.[405] Die Geheimdienstartikel wurden in den Beratungen eher marginal behandelt, wenn überhaupt wurde der Verfassungsschutz erwähnt.[406] In den Beratungen um das Gesetzespaket gab es einen Einwurf, der ein zentrales Problem für die Rechtsstaatlichkeit eines Auslandsgeheimdienst berührt. Die GRÜNEN kritisierten, daß aus dem BND-Gesetz zu folgern sei, daß der BND »im Ausland nicht an die in der BRD geltenden Gesetze gebunden sei. Dies sei untragbar.«[407] Diese Bedenken wurden von der SPD geteilt.[408] Tatsächlich ist im BNDG die Rede vom »Geltungsbereich dieses Gesetzes«. Die Folgerung, die Regelungen des BNDG gälten nur für die Bundesrepublik, liegt sehr nahe und entspräche auch der Praxis des BND, der im Ausland auch ohne gesetzliche Grundlage massenhaft in das Menschenrecht auf Fernmeldegeheimnis eingegriffen hat.[409] Damit wird das rechtsstaatliche Prinzip der Gesetzmäßigkeit der Verwaltung auf das staatliche Handeln in der Bundesrepublik reduziert. Für das Handeln der Bundesbehörde BND im Ausland gäbe es keinerlei gesetzliche Schranken. Die Bundesregierung sah dafür offenkundig auch keinen Bedarf.[410]

Fragen wie diese wurden im Bundestag kaum diskutiert, die Beratung des BND-Gesetzes als Teil des Gesetzespaketes kam insgesamt zu kurz. Am 30. Mai 1990, kurz vor der letzten Lesung im Bundestag, beantragte die SPD-Fraktion deshalb, das BND-Gesetz von den weiteren Beratungen auszunehmen, da »eine sachlich angemessene Beratung unter Einbeziehung von Sachverständigen nicht stattgefunden hat.«[411] Dieser Antrag wurde jedoch von der Regierungsmehrheit abgelehnt. In der Schlußberatung des Gesetzes am 31. Mai 1990 wurde zum ersten Mal indirekt auf die Legitimationskrise Bezug genommen, die der Zusammenbruch der DDR für die Geheimdienste aufgeworfen hatte: »Es stellt sich die Frage, in welcher Weise der Umfang der Dienste den veränderten Bedingungen anzupassen ist. Alles das ändert aber nichts daran, daß die Aufgaben der Dienste, so wie sie in den geltenden Gesetzen umschrieben sind, auch in Zukunft weiterbestehen. Auch in Zukunft müssen nicht öffentlich zugängliche Informationen über das Ausland gesammelt und ausgewertet werden, um ein sachgerechtes Urteil über außen- und sicherheitspolitische Fragen zu ermöglichen.«[412] Diese Vorwärtsverteidigung der Geheimdienste durch die CDU/CSU richtete sich auch gegen Kritiker, wie den GRÜNEN Manfred Such. Nachdem dieser mehrfach durch Zwischenrufe auf die Durchlöcherung des Trennungsgebotes in den Gesetzesvorlagen hingewiesen hatte, sagte Dr. Blens (CDU/CSU), es sei »die Aufgabe der Sicherheitsdienste der Bundesrepublik (...), Rechtsstaat und Demokratie vor Gefährdung oder sogar Zerstörung durch ihre Feinde zu schützen. (Such (GRÜNE): Wer sind denn die Feinde der Demokratie? - Pfeffermann (CDU/CSU): Die hört man doch im Moment ganz laut!)«[413] Diesen Ton griff auch Bundesinnenminister Schäuble auf: »Den grundsätzlichen Unterschied [zwischen dem MfS der DDR und den bundesdeutschen Geheimdiensten, Anm.d.Verf.] zu verwischen, wie sie, Herr Kollege Such, es absichtlich, absichtsvoll getan haben, ist eine Infamie, die ich im Interesse unserer Freiheitsordnung nachdrücklich zurückweise. Das haben unsere Nachrichtendienste und ihre Mitarbeiter, die auch demokratisch und rechtsstaatlich gesinnte Bürger sind, nicht verdient. Sie haben vielmehr Anspruch darauf, daß wir sie mit Entschiedenheit in Schutz nehmen.«[414]

Die Regierungsfraktion nahm den Zusammenbruch der DDR nicht zum Anlaß, die »Streitbarkeit« der Demokratie zu überdenken, den Abbau geheimdienstlicher Mittel, die Verringerung von Grundrechtseingriffen und die

Stärkung von Bürgerrechten auch nur zu erwägen. Noch bevor die Grundzüge der neuen Weltordnung klar erkennbar waren, wurden Zweifel im Keim erstickt und ein Geheimdienstkritiker als Feind der Demokratie bezeichnet. Die »rechtsstaatlich gesinnten Bürger«, die der Bundesinnenminister mit Verve verteidigte, waren hingegen keine BürgerrechtlerInnen, sondern die GeheimdienstlerInnen der BRD. Die Debatte um das BND-Gesetz setzte größtenteils Diskussionsstränge aus der alten Bundesrepublik fort, sei es die Debatte um die Durchbrechung des Trennungsgebotes oder Konflikte um Datenschutz und Rechtsstaatlichkeit von Geheimdiensten. Ein neues Element war der Verweis auf eine notwendige Umstellung in den Aufgabenfeldern der Geheimdiensten, die begleitet war von einem äußerst scharfen Ton. Neu war auch die gesetzliche Fixierung eines »sicherheitspolitischen« Auftrages für den BND, an dem die Opposition kritisierte, daß er »uferlos weit ist«.[415] Dies ließ für die Zukunft kaum eine Einschränkung geheimdienstlicher Kompetenzen erwarten, sondern eher eine Ausweitung, speziell auch für den BND.

Nachdem der Hamburger Zoll 1991 NVA-Panzer entdeckt hatte, die der BND illegal nach Israel verschicken wollte, gab es einen Reformimpuls im Parlament. Die von der »Panzeraffäre« wieder einmal völlig überraschten Bundestagsabgeordneten in der PKK, insbesondere diejenigen von FDP und SPD, verlangten in scharfer Form eine Verbesserung der parlamentarischen Kontrolle der Geheimdienste. Sie legten einen Forderungskatalog vor und Burkhard Hirsch (FDP) drohte für den Fall des Scheiterns mit der Selbstauflösung der PKK.[416] Die Bundesregierung gab nach und es kam zu einer Reform der Parlamentarischen Kontrollkommission.

Der gemeinsame Reformentwurf der Fraktionen CDU/CSU, FDP und SPD umfaßte folgende Elemente:
• ein Recht auf Akteneinsicht für die PKK-Mitglieder,
• das Recht, »von ihr bestimmte Personen an[zu]hören«,
• die Ermächtigung von GeheimdienstlerInnen, sich direkt an die PKK zu wenden,
• die Erweiterung der Berichtspflicht der Bundesregierung auf »*alle* Vorgänge von besonderer Bedeutung«,
• die Möglichkeit, die Geheimhaltungspflicht der PKK mit einer Mehrheit von zwei Dritteln der anwesenden Mitglieder aufzuheben,
• sowie ein Schutz der Abgeordnetenpost vor Überwachungsmaßnahmen.[417]

Die erheblichen Einschränkungen dieser scheinbar weitreichenden Reform stecken im Detail. Ein zentrales Manko ist, daß Akteneinsicht, Anhörungsrecht und der »kurze Draht« zu den GeheimdienstlerInnen nicht gesetzlich fixiert werden sollten. Sie sollten lediglich die Form einer Erklärung der Bundesregierung gegenüber dem Parlament erhalten. Außerdem behielt sich die Bundesregierung vor, alle drei Maßnahmen aus »zwingenden Sicherheitsgründen« zu verweigern.[418] Das Recht der GeheimdienstlerInnen, sich ohne Einhaltung des Dienstweges an die PKK zu wenden, war ohnehin am stärksten eingeschränkt, denn die Hinweise durften sich nur auf eine »Verbesserung der Aufgabenerfüllung« beziehen.[419] Bei der Verlesung am 12. März 1992 durch Bernd Schmidbauer (Beauftragter für die Nachrichtendienste) wurde das Hinweisrecht zusätzlich noch an die Bedingung geknüpft, daß die »Leitung der Dienste entsprechenden Verbesserungsvorschlägen nicht gefolgt ist«. Die GeheimdienstlerInnen mußten also doch zuvor den Dienstweg beschritten haben. Der Schutz vor dienstrechtlichen Konsequenzen wurde explizit auf »Hinweise im vorstehenden Sinne« beschränkt.[420] Es kann daher kaum verwundern, daß das ehemalige PKK-Mitglied Peter Struck 1995 das Fazit zog, dieses Recht habe in erster Linie dazu geführt, daß sich GeheimdienstlerInnen bei der PKK beschwerten, die sich bei Beförderungen benachteiligt fühlten.[421] Auch die gesetzlich fixierte Recht der PKK auf Unterrichtung durch die Bundesregierung wurde im Verlauf der Beratungen wieder einen Schritt zurückgenommen. Die PKK sollte doch nicht über »*alle*«, sondern nur über »*die* Vorgänge von besonderer Bedeutung« unterrichtet werden.[422] Diese Sprachregelung machte es im Einzelfall schwerer, die Bundesregierung an ihre Berichtspflicht zu binden und verbesserte ihre Möglichkeiten, zu interpretieren, was denn Vorgänge von »besonderer Bedeutung« seien. In der abschließenden Debatte dieser Gesetzesvorlage hoben vor allem Vera Wollenberger (B 90/GRÜNE - heute Lengsfeld, CDU) und Ulla Jelpke (PDS/LL) auf diese Einschränkung ab. Ulla Jelpke zählte einige der Geheimdienstskandale der vorangegangenen Jahre auf und stellte fest, daß das Parlament praktisch noch nie über solche »Vorgänge von besonderer Bedeutung« unterrichtet worden sei.[423]

Daß die Tätigkeit der PKK auch nach der Reform weit von einer strengen Kontrolle der Geheimdienste entfernt sein würde, verdeutlichte der Beitrag des damaligen PKK-Vorsitzenden, Rudolf Krause (CDU/CSU). Er entschuldigte sich geradezu bei den Geheimdiensten für die beschlossenen Kontrollverbesserungen, bedankte sich bei »allen Beamten und Mitarbeitern« der bundesdeutschen Geheimdienste für die geleistete Arbeit und versicherte, die Novelle mache »deutlich, daß wir auch in Zukunft auf geheimdienstliche Tätigkeiten nicht werden verzichten können.«[424] Krauses Mißtrauen betraf eher seine KollegInnen im Bundestag, denn er bedauerte ausdrücklich, daß die Gesetzesnovelle die Überwachung von Abgeordnetenpost durch Geheimdienste nun (außer in Ausnahmefällen) untersagte. Hier entstehe, so der Vorsitzende der parlamentarischen Kontrollkommission, ein »Sicherheitsdefizit«.[425] Für die CDU galt von jeher, daß sie die Effizienz der Dienste höher bewertete als die Kontrollrechte des Parlaments. Dies ist der Geist oben wiedergegebenen Debattenbeitrages, und dies wurde vom SPD-Abgeordneten Penner (PKK-Mitglied) noch einmal herausgestrichen.[426] Für die SPD betonte Penner die Notwendigkeit parlamentarischer Kontrolle. Er bejahte also implizit die Existenz von Geheimdiensten, legte den Schwerpunkt aber - dem Anlaß angemessen - auf den Kontrollaspekt: Der »unter bestimmten Umständen belauschbare Bürger muß darauf vertrauen können, daß Kontrolle ausgeübt wird, weil sonst der Bürger in Furcht vor dem Staat die Folge wäre.«[427] Das Wesen der Kontrolle wird hier also in der Außenwirkung gesehen, die Gefahr nicht direkt in den Geheimdiensten, sondern in einer Entfremdung der BürgerInnen. Dafür genügt im Prinzip die öffentlichkeitswirksame Aufrechterhaltung einer Institution, die zu einer gemäßigten Kontrolle imstande ist. Das PKK-Mitglied Burkhard Hirsch (FDP) folgte einer ähnlichen Linie, indem er zum einen das demokratische Öffentlichkeitsprinzip hervorhob, gleichzeitig aber betonte, »daß insbesondere der häufig kritisierte Bundesnachrichtendienst ein wichtiges Instrument ist, um internationale Entwicklungen zu erkennen.«[428] Lediglich die Beiträge von Vera Wollenberger (B 90/GRÜNE) und Ulla Jelpke (PDS/LL), waren von einer grundsätzlichen Skepsis und Ablehnung den Geheimdiensten gegenüber getragen.[429] Diese beiden grundsätzlich geheimdienstkritischen Gruppen waren jedoch aus allen parlamentarischen Kontrollfunktionen ausgeschlossen.

All diese Äußerungen verdeutlichen einen grundsätzlichen Mangel der PKK: Ihre handverlesenen Abgeordneten spiegeln die Mehrheitsverhältnisse im Bundestag wider, wodurch die Regierungskoalition auch eine Mehrheit in der Kontrollkommission hat. Dort wird dann eine Kontrollpolitik praktiziert, die grundsätzlich von der Nähe zur Bundesregierung getragen ist. Dies erscheint besonders problematisch, wenn die betreffenden Parteien sich gegenüber den Geheimdiensten stärker verantwortlich fühlen als gegenüber dem eigenen Kontrollauftrag. Die Reform der parlamentarischen Kontrollkommission war kein qualitativer Sprung in der Kontrolle der Geheimdienste. Die Befugniserweiterungen für die PKK waren durch zahlreiche Einschränkungen geschmälert. Aber auch starke Befugniserweiterungen hätten am politischen Charakter der PKK nichts geändert. Sie ist kein Instrument der konsequenten Kontrolle der Geheimdienste und soll es nach dem Willen der darin vertretenen Parteien, die SPD-Opposition eingeschlossen, auch nicht sein. Parteien, die versucht hätten, sie zu einem solchen Kontrollinstrument zu machen, wurden von der Mitgliedschaft ausgeschlossen.

Im Frühjahr 1995 wurden der Abgeordnete Manfred Such für die GRÜNEN in die Parlamentarische Kontrollkommission gewählt. Auch in die anderen Geheimdienstgremien wurden GRÜNE gewählt. Dies scheint einen Bruch in der bisherigen Praxis darzustellen. Die Bedingung dieser Wahl war allerdings, daß die GRÜNEN das Vertraulichkeitsprinzip dieser Gremien, das sie bis dahin scharf kritisiert hatten, akzeptieren mußten. Seither stehen die dort vertretenen grünen ParlamentarierInnen unter einer besonderen Beobachtung. Da außerdem die PDS aus den entsprechenden Gremien nach wie vor herausgehalten wird, hat die Integration der GRÜNEN eher den Charakter einer Zähmung und einer Erweiterung der Basis für die fortgesetzte Ausgrenzung der PDS. Einen Bruch mit der Praxis, radikale Kritk an Geheimdiensten aus den Kontrollgremien herauszuhalten, stellt diese Entwicklung nicht dar. Am 17.2.1993 stellten die Abgeordnete Ingrid Köppe und die Gruppe BÜNDNIS 90/DIE GRÜNEN den Antrag, alle drei Geheimdienste des Bundes (BfV, BND, MAD) aufzulösen. Die Argumentation des GRÜNEN-Antrages fußte auf der grundsätzlichen Legitimationskrise der Geheimdienste, die der Zusammenbruch der sozialistischen Staaten ausgelöst habe. Weiter habe sich gezeigt, »daß sie ineffektiv im Sinne ihrer Aufgabenstellung sind, sich rechtlichen Bindungen tendenziell stets entziehen (...) und daß sie einer wirksamen parlamentarischen Kontrolle nicht zugänglich sind.«[37] Dieser Antrag wurde abgelehnt. Aufschlußreich ist die Debatte jedoch insofern, als daß die Radikalität des Antrages die Parteien in ungewöhnlich grundsätzlicher Weise zum Thema »Geheimdienste« Stellung beziehen ließ. Die Ablehnung der CDU/CSU spiegelt jenen Paradigmenwechsel in der Sicherheitspolitik wider, von dem zu Beginn dieses Kapitels die Rede war: »(...) fast scheint es, als seien die *Risiken für unsere Sicherheit nicht kleiner, sondern sogar größer, vielfältiger, unübersichtlicher* als in den Jahren vor dem Umbruch geworden. Auch nach dem Zusammenbruch der kommunistischen Systeme sind daher die bewährten Instrumente unserer Sicherheit unverzichtbar.«[431] Für die FDP bejahte Burkhard Hirsch auf sehr grundsätzliche Weise ebenfalls die Notwendigkeit des Bundesnachrichtendienstes: »Es gibt Terrorismus und Spionage, und es gibt Extremisten, die unsere Verfassung beseitigen möchten. (...) Es interessiert uns, welche Waffensysteme andere Länder aufbauen, wann sie in den Besitz sogenannter Massenvernichtungsmittel kommen und ob ihnen deutsche Unternehmen dabei helfen.« Die Übernahme weiterer Aufgaben »im Zusammenhang mit der internationalen Kriminalität« knüpfte er an die Bedingungen, daß »eine klare Abgrenzung zur polizeilichen Tätigkeit möglich ist.«[432]

Die Übernahme solcher »neuen Aufgabenfelder« durch den BND wurde von GRÜNEN und PDS scharf kritisiert. Es gebe für eine Überwachung des Drogen- und Waffenhandels durch den BND keinen Bedarf, weil die Strafverfolgungsbehörden in diesem Bereich bereits tätig seien.[433] Beim Waffenhandel sei der BND darüber hinaus hinaus selbst schon illegal tätig geworden, weshalb er sich als Kontrolleur wahrlich nicht eigne. Das zweite zentrale Argument des Antrags der GRÜNEN, die Geheimdienste seien »ineffektiv im Sinne ihrer Aufgabenstellung«, stellte sich jedoch als problematisch heraus. Die FDP wies im Innenausschuß darauf hin, daß aus einer solchen Argumentation nicht die Auflösung der Geheimdienste folgen könne: »Die Probleme fielen dadurch nicht weg. Wenn die Dienste tatsächlich schlecht seien, dann müsse man sie nicht auflösen, sondern verbessern.« Die GRÜNEN wählten allerdings einen Argumentationstrick. Sie nahmen die Aufgabe des »Verfassungsschutzes« wörtlich und maßen die Erfolge der Geheimdienste an ihrem Beitrag zur Erhaltung einer wahrhaft liberalen Grundordnung. Sie listeten die diversen Überwachungsskandale durch die Geheimdienste auf und kamen zu dem Ergebnis: »Administrativer Verfassungsschutz und andere Geheimdienste gefährden - statt fördern - die Streitbarkeit der Demokratie sowie die öffentliche Auseinandersetzung um unterschiedliche politische Meinungsströmungen.«[434] Solche grundsätzlichen Unterschiede in der Bewertung demokratischer oder rechtsstaatlicher Normen zeigten sich auch in einer Stellungnahme der CDU/CSU zum Vorwurf der GRÜNEN, die Geheimdienste würden »sich rechtlichen Bindungen tendenziell entziehen.«[435] Der Abgeordnete Rolf Olderog (CDU/CSU) glaubte im Gegenteil, »daß die gegenüber den Diensten besonders kritische Sicht (...) der Öffentlichkeit gelegentlich zu einer übertriebenen Zurückhaltung und zu Handlungsverzicht (...) führt (...). Andere Dienste im Ausland haben mehr Selbstsicherheit und können damit erfolgreicher arbeiten.«[436]

Auf den Vorwurf der GRÜNEN, die Geheimdienste entzögen sich der parlamentarischen Kontrolle, bezog sich die SPD im Innenausschuß. Hier nahm sie wieder dieselbe Verknüpfung zwischen Bejahung der Geheimdienste und der Notwendigkeit der parlamentarischen Kontrolle vor, wie bei der Reform der PKK: »Wer die Dienste anerkenne, müsse mit ebenso großer Berechtigung darauf dringen, daß sie nicht sakrosankt behandelt würden, sondern ihre Legitimation nur erfahren könnten, wenn sie ein Höchstmaß politischer demokratischer kontrollierender Begleitung erführen (...).«[437] Am Beginn der SPD-Argumentation steht wiederum die Bejahung der Geheimdienste. Aus dieser folgt die Notwendigkeit, sie zu legitimieren, und um ihnen diese Legitimation zu verschaffen, braucht es die »kontrollierende Begleitung«. Die Kontrolle ist also nicht Selbstzweck, sondern dient dazu, die Geheimdienste mit einer demokratischeren Außenwirkung zu versehen.

Die Debatte um diesen Antrag verdeutlichte die Grundpositionen der einzelnen Parteien: Bei der CDU die Vorrangigkeit der Effektivität der Geheimdienste, auch vor rechtsstaatlichen Normen; bei der FDP, daß sie der CDU inhaltlich folgt, aber rechtsstaatliche Vorbehalte formuliert (wie das Trennungsgebot); bei der SPD ebenfalls die Bejahung der Geheimdienste, aber daraus abgeleitet immer die Notwendigkeit, sie durch Kontrolle zu legitimieren; bei den GRÜNEN eine von liberalen und rechtsstaatlichen Erwägungen getragene Ablehnung der Geheimdienste und bei der PDS eine gesellschaftskritisch begründete Ablehnung der Geheimdienste. So ließ die Vertreterin der PDS im Innenausschuß zu Protokoll geben, der Antrag »entspreche ihrer gesellschaftlichen Utopie«.[438] Die Erwiderungen auf verschiedene Vorwürfe der GRÜNEN zeigen auch die Grenzen und Fallstricke einer liberalen und rechtsstaatlichen Kritik an den Geheimdiensten. Dies zeigt sich an dem Versuch, die Geheimdienste als verfassungsfeindlich, bzw. der »Streitbaren Demokratie« abträglich darzustellen.

Bei einer solchen Argumentation ist das Funktionieren der Gesellschaft und des Staates in der bestehenden Form letztendlich immer die oberste Prämisse. Wenn konservative GeheimdienstbefürworterInnen schlüssig beweisen können, daß die Effizienz der Geheimdienste für eben dieses Funktionieren notwendig ist, fällt eine so begründete Ablehnung der Geheimdienste in sich zusammen.

Die Telefonüberwachung als Normalfall:
die explosionsartige Ausweitung der BND-Kompetenzen seit 1994

In den neunziger Jahren sind die Kompetenzen des BND in der Fernmeldeüberwachung ins Uferlose gewachsen. Diese Entwicklung ist wesentlich weitreichender als der Ausbau der Abhörkompetenzen bei den anderen Geheimdiensten oder der Polizei, weil sie sich auf das Privileg des BND beziehen, *massenhafte* Überwachungsmaßnahmen durchführen zu können. Diese spezielle Überwachung durfte ursprünglich nur dem Zweck dienen, einen »bewaffneten Angriff auf das Bundesgebiet« rechtzeitig zu erkennen und durfte nur sachbezogen erfolgen. Das bedeutet, Personendaten durften im Prinzip nicht aufgenommen werden - eine Regelung, die wohl kaum durchgängig eingehalten worden sein dürfte.[439] Zudem gab es zahlreiche Ausnahmen, bei denen es dem BND die im Rahmen dieser flächendeckenden Überwachungsmaßnahmen gewonnenen personenbezogene Daten (euphemistisch als »Zufallsfunde« bezeichnet) legal den Strafverfolgungsbehörden zuzuleiten. Die im Gesetz von 1968 verankerten Möglichkeiten zielten hauptsächlich auf die Bekämpfung von Spionage und radikaler Opposition ab, die Erweiterungen von 1978 auf bewaffnete Gruppen oder radikale ImmigrantInnenorganisationen.[440] 1992 wurde dieser Rahmen um einen qualitativ völlig neuen Bereich erweitert. Nachdem 1989 die Beteiligung deutscher Firmen an der C-Waffen-Fabrik im libyschen Rabta bekannt geworden war, suchte die Politik nach Regelungen, mit denen eine ähnliche brisante Lieferung an eine gegnerische Regierung in Zukunft verhindert werden könne.[441] Die Wahl der Mittel fiel schließlich auf eine Erweiterung der geheimdienstlichen Kompetenzen, vor allem der Eingriffsrechte des BND in das Brief-, Post- und Fernmeldegeheimnis.[442] Der wichtigste Inhalt der gesetzlichen Neuerung war, daß der BND Erkenntnisse über illegale Rüstungsexporte oder illegalen Technologietransfer, die er im Rahmen der sogenannten »strategischen Kontrolle« gewann, künftig »zum Nachteil von Personen« verwerten durfte, das heißt, er darf die entsprechenden Erkenntnisse an die Strafverfolgungsbehörden weiterleiten.[443]

Damit begann eine gesetzliche Entwicklung, die den Charakter der »strategischen Kontrolle« entscheidend veränderte:
• die Erweiterung der massenhaften Abhörbefugnisse des BND auf Themenfelder, die eigentlich in den Bereich der Strafverfolgung gehören,
• eine zunehmende Aufhebung des Gebots, die Daten zu anonymisieren,

• sowie die Erweiterung der Möglichkeiten, diese Daten an die Strafverfolgungsbehörden weiterzuleiten.

Wie problematisch der Einsatz des BND in einem Bereich wie der Überwachung des Waffenhandels ist, hatte kurz vor der Verabschiedung des Gesetzes die »Panzeraffäre« gezeigt. Der SPD-Abgeordnete Herrmann Bachmeier stellte den Gesetzesbruch durch den BND bei der »Panzeraffäre« deshalb auch in Zusammenhang mit der Weigerung der CDU, schon Vorbereitungshandlungen und Verabredungen zu illegalen Rüstungsexporten unter Strafe zu stellen. Dann nämlich hätte die »Staatsanwaltschaft nach den Regeln des für sie geltenden *Legalitätsprinzips* auch das Recht, in das Post- und Fernmeldegeheimnis einzugreifen und abzuhören. Gerade das paßt Ihnen aber nicht in den Kram. Sie hätten gern eine möglichst unklar definierte und weit gesteckte Ermächtigung, um nach Ihren jeweiligen *Opportunitätserwägungen* Abhöraktionen bei Gericht zu beantragen und durchzuführen oder - weil dies Ihren Absichten in bestimmten Fällen zuwider laufen könnte - auch davon Abstand zu nehmen.«[444] Dieser Aspekt ist nicht zu vernachlässigen. Die Auslagerung bestimmter genuiner Aufgaben der Strafverfolgungsbehörden in den Bereich der Geheimdienste, ermöglicht es der Regierung, Gesetze nach ihren eigenen Opportunitätserwägungen zu umgehen oder durchzusetzen. Der BND könnte illegal Waffen verschieben, wo dies nützlich erscheint, und illegale Waffenexporte unterbinden, wo diese unerwünscht wären. Wohin eine solche Auflösung der Gesetzmäßigkeit der Verwaltung führt, machte der SPD-Abgeordnete Peter Paterna in einem ironischen Anwurf an die Bundesregierung deutlich: »Wie soll das nach Ihrem Gesetzentwurf in Zukunft gehen? Soll das Zollkriminalinstitut den BND und das Verteidigungsministerium abhören, um gegen solche illegalen Maßnahmen tätig zu werden oder wie geht das eigentlich?«[445]

Und bei dem ersten Schritt von 1992 sollte es nicht bleiben. 1993 wurde bekannt, daß der BND seit mehr als fünfzehn Jahren weltweit eine sogenannte »elektronische Fernmeldeaufklärung« betrieben hatte. Dies bedeutet nichts weniger als die Totalerfassung aller nicht-leitungsgebundenen Fernmeldeverkehre, d. h. Funkverkehr, aber auch Telefonate, die über Satellit und Richtfunk abgewickelt wurden, soweit der BND dazu technisch in der Lage war. Das ist ein gigantischer Überwachungsumfang, die »Tageszeitung« spricht von 100.000 Telefonaten täglich.[446] Für diese Überwachung gab es bis 1994 keine gesetzliche Grundlage, sie war von keiner Stelle genehmigt worden.[447] Der BND war auch der Ansicht, er bräuchte für diese Form der Überwachung keine legale Grundlage, weil alle Gespräche in Deutschland oder zwischen Deutschland und dem Ausland sofort vernichtet würden. Eine interne Dienstanweisung des ehemaligen BND-Präsidenten Kinkel, sprach von »nach Art. 10 GG geschützten Personen«. Es ist juristisch aber kaum zu halten, daß es überhaupt Personen, ob sie im Ausland oder Inland wohnen, geben soll, die *nicht* unter den Schutz dieses Menschenrechtes fallen sollen.[448] Der Leiter der Abteilung Technische Auklärung des BND, Reinhard Güllich, behauptete gar in einem Interview: »Diese nicht-leitungsgebundenen Fernmeldeverkehre sind grundsätzlich offen. Jeder, der eine solche Verbindung nutzt, muß wissen, daß er erfaßt werden kann, nicht nur von Geheimdiensten. Daß wir ausländische Fernmeldeverkehre erfassen und auswerten, ist rechtlich auch völlig unbestritten. Problematisch wird es, wenn dabei inländische Teilnehmer erfaßt werden. Daher streben wir ja eine Gesetzesänderung an.«[449]

Konteradmiral Güllich war im Irrtum. Nach Bekanntwerden des BND-«Staubsaugers im Äther«, wurde diese Praxis von namhaften Juristen heftig angegriffen: Das Grundrecht des Art. 10 schütze »jede Art von Fernmeldeverkehr vor (Lausch-)Eingriffen der öffentlichen Gewalt, (...) gleichviel, ob dieser leitungsgebunden oder leitungsungebunden abgewickelt wird.«[450] Auch territorial ließe sich das Fernmeldegeheimnis nicht sinnvoll eingrenzen. »Als Fazit muß daher eine globale und ausnahmslose Grundrechtsbindung der deutschen Staatsgewalt an das Grundrecht aus Art. 10 I GG gefordert werden.«[451] Das Parlament folgte dieser juristischen Ansicht nicht. Es folgte statt dessen den Wünschen, die Güllich geäußert hatte, billigte die Auslandspraxis des BND stillschweigend und fügte ihr durch das sogenannte »Verbrechensbekämpfungsgesetz« noch eine Inlandsermächtigung hinzu. Seitdem darf der BND die elektronische Fernmeldeaufklärung, den »Staubsauger im Äther«, auch gegen Gespräche zwischen Deutschland und dem Ausland einsetzen.[452] Aber die Ermächtigungen des G 10 in der Fassung von 1994 gingen noch weit über diese Erweiterung hinaus. Für den BND traten zwei durchschlagende Veränderungen ein: Erstens wurde das gesamte Spektrum von Aufgaben im Bereich der Überwachung der sogenannten Organisierten Kriminalität jetzt gesetzlich seinen (Überwachungs-) Zuständigkeiten zugeschlagen, und zweitens wurde er per Gesetz verpflichtet, alle Daten über Organisierte Kriminalität, die er aus der elektronischen Fernmeldeaufklärung gewann, an die Strafverfolgungsbehörden weiterzuleiten. Riegel hält diese Veränderungen für so weitreichend, daß »man hinsichtlich der Aufgaben (...) kaum mehr von der Zuständigkeit eines Auslandsnachrichtendienstes sprechen kann.«[453]

Mit Hintertüren, wie dem Begriff der »Zufallsfunde« auf der Suche nach Anzeichen für einen bewaffneten Angriff auf das Bundesgebiet war 1994 Schluß. Statt dessen wurde der Haupteingang sperrangelweit geöffnet.[454] Der BND wurde vom Gesetzgeber befugt, im nicht-leitungsgebundenen Fernmeldeverkehr *gezielt* nach Hinweisen auf die »Begehung internationaler terroristischer Anschläge« in der BRD, illegale Waffenlieferungen, illegalen Technologietransfer, Drogenhandel, Geldfälschungen und Geldwäsche zu suchen.[455] Dies wird mit einer EDV-gestützten Stichworttechnik erreicht. Fallen in einem Gespräch bestimmte Begriffe, sogenannte »hit words«, wird das Gespräch zur Verwertung aufgezeichnet. Das gleiche gilt für Telefaxe, E-Mail, usw., sofern diese nicht leitungsgebunden übermittelt werden. Im Gesetzestext werden die »hit words« als »Suchbegriffe« bezeichnet.[456] Der BND wurde ausdrücklich verpflichtet, personenbezogene Daten zu Strafverfolgungszwecken weiterzuleiten.[457] Mehr noch, er wurde ausdrücklich befugt, nach personenbezogenen Daten zu suchen, sogar Namen und Telefonnummern als »Suchbegriffe« zu verwenden. Die Regierung scheiterte im Vermittlungsausschuß mit ihrem Versuch, dieses Instrument für die Bundesrepublik zu legalisieren.[458] Das Parlament genehmigte diese »gezielte strategische Rasterfahndung« (so der Jurist Riegel) aber gegen Anschlüsse im Ausland, sofern »ausgeschlossen werden kann«, daß Anschlüsse deutscher Staatsangehöriger oder deutscher Unternehmen, »gezielt« erfaßt würden.[459] Diese erweiterten Eingriffsbefugnisse des BND sind um so beunruhigender, da sie auch die »Neuen Medien« betreffen: Der internationale E-Mail-Verkehr im Internet oder die internationalen Foren von Compuserve werden über Satellit übermittelt. Damit sind sie dem personenbezogenen Zugriff des bundesdeutschen Auslandsgeheimdienstes voll geöffnet - eine fast unerschöpfliche Datenquelle. Der Bundesbeauftragte für den Datenschutz schätzte in seinem Tätigkeitsbericht für 1994, daß etwa 1,5 Millionen Telefongespräche gespeichert wurden.[460] Zu Recht spricht Riegel von einem »Quantensprung« in der Geschichte des G 10. Das Verbrechensbekämpfungsgesetz bedeute »bezüglich der Tätigkeit des BND das Ende des Trennungsgebots zwischen Nachrichtendiensten, Polizei- und Strafverfolgungsbehörden, (...). Der BND ist nun deren verlängerter Arm.«[461] Ob er mit seiner Annahme recht hat, die Erweiterungen seien vornehmlich im Interesse der Strafverfolgungsbehördem erfolgt, darf bezweifelt werden. Immerhin hatte der BND jahrelang um diese Aufgabenfelder gerungen und mit dem G 10-Gesetz von 1994 war er endlich am Ziel. Von einer vollständigen Aufhebung des Trennungsgebotes, als einer reinen Hilfsfunktion des BND für die Strafverfolgung zu sprechen, verkennt auch die weitreichenden Auslandsaktivitäten des BND und die Möglichkeiten, die sich für seine eigene Vorgehensweise aus dieser Informationsflut ergeben. Immerhin war er mit dem gleichen Gesetz auch ermächtigt worden, die Daten für eigene Zwecke zu verwerten.[462] Diese massenhafte Individualüberwachung hält Claus Arndt (seit 1968 Mitglied der G 10-Kommission) schlicht für verfassungswidrig.[463] Diese Ansicht teilt auch der Hamburger Rechts-Professor Michael Köhler, der das neue G 10 vor dem Bundesverfassungsgericht anfocht. Im Juli 1995 erzielte er einen ersten Erfolg: das G 10 neuer Fassung wurde durch eine einstweilige Anordnung leicht eingeschränkt.[464]

In Reaktion auf diese Klage behauptete Innenminister Kanther (CDU) in einer Stellungnahme plötzlich, der BND habe bislang gar nicht die technischen Möglichkeiten, Stichworte in mündlichen Telefonaten oder auch Faxen und E-Mails zu erkennen, er besitze mithin nicht die Technik, deren Funktionieren dem Gesetz zugrunde liegt. Es spricht jedoch alles dafür, daß es sich hier um eine Schutzbehauptung handelt, um die Abhörfähigkeiten des BND herunterzuspielen. So sind sogenannte Spracherkennungschips (»Keywordspotter«) für 2.500 DM frei käuflich.[465] IBM warb im Dezember 1996 für ihre »Spracherkennungs-Software VoiceType Simply Speaking« mit dem Slogan:»Passen Sie auf, was Sie sagen. Software schreibt mit.« Kostenpunkt: DM 199.-[466] Professor Michael Köhler hält die Beauftragung eines Geheimdienstes mit diesen flächendeckenden, verdachtslosen Überwachungsmaßnahmen für »unsäglich«. Damit sei das Grundrecht nach Art. 10 GG im internationalen Sektor schlichtweg abgeschafft. »Die flächendeckende Überwachung von unbeteiligten Fernmeldeteilnehmern zur Verfolgung von Kriminalitätsgefahren ist verfassungswidrig.«[467] Trotzdem ist Köhler sich nicht sicher, daß seine Klage den nötigen durchgreifenden Erfolg haben wird. Das liegt weniger an der juristischen Ausgangslage, als am politischen Klima in der Bundesrepublik: »Nach der bisherigen Rechtsprechung ist die Annahme, das G 10 neuer Fassung sei verfassungswidrig, offensichtlich begründet, nach dem öffentlichen Klima - weiß ich nicht. *Das öffentliche Klima ist der Freiheit nicht günstig.*« Für eine an »Freiheitsrechtsrechten orientierte Rechtsauffassung« sieht er keine breite politische Vertretung mehr. »Möglicherweise muß der Krug erst zum Brunnen gehen.«[468] Dies geht bekanntlich solange, bis der Krug bricht.

Der BND in der öffentlichen Diskussion
Die Berichterstattung über den BND in Tageszeitungen und Magazinen folgte in den Neunzigern im wesentlichen drei Strängen, zum einen der »Vergangenheitsbewältigung« in Bezug auf die DDR und die MitarbeiterInnen des Ministeriums für Staatssicherheit, zum zweiten den Berichten über Skandale, und zum dritten den Berichten über die Reformbestrebungen und Gesetzesneuerungen bei den Geheimdiensten. Konkrete Auswirkungen auf den BND hatten vor allem die letzten beiden Stränge.

Wie schon erwähnt war die Reform der parlamentarischen Kontrollkommission eine direkte Folge des Skandals um den Versuch des BND, illegal NVA-Panzer nach Israel zu transportieren. Der Plutonium-Schmuggel, der im April 1995 zur BND-Affäre wurde, hat bis heute noch keine direkten Auswirkungen auf den BND. Es ist aber zu vermerken, daß über den BND in den neunziger Jahren noch nie so viel berichtet wurde wie angesichts dieses Skandals. Falls der Untersuchungsausschuß des Bundestages zu einem Ergebnis kommen sollte, das den BND stark belastet, ist damit zu rechnen, daß die Umstrukturierungsmaßnahmen (beispielsweise die Entlassung des Personals aus der Zeit des Kalten Krieges) sich radikal beschleunigen werden. Mit den Reformbemühungen um den BND beschäftigten sich schon bedeutend weniger Artikel. Die meisten bewegten sich dicht an den Auseinandersetzungen im Deutschen Bundestag. Eine auffällige Ausnahme ist dabei die Auseinandersetzung um die Kompetenzen des BND im Bereich der elektronischen Fernmeldeaufklärung, die schließlich zu dem gewaltigen Ausbau seiner Überwachungsbefugnisse durch das »Verbrechensbekämpfungsgesetz« 1994 geführt hat. »Wir verdanken sie primär einer ineressengebundenen Öffentlichkeitsarbeit des BND, die darauf zielt, die Kompetenzen des BND zu erweitern.«[469] Einer der Auslöser war das »Spiegel«-Interview des Leiters der Abteilung Technische Aufklärung des BND, Reinhard Güllich.[470] Bald darauf meldete sich BND-Präsident Porzner, sonst sehr zurückhaltend, in einem Interview in der »Süddeutschen Zeitung« zu Wort.[471] Ingrid Köppe (B90/GRÜNE) wies im März 1993 darauf hin, daß leitende Mitarbeiter des BND »in den Bundestagsausschüssen und auf *Tagungen von Wirtschaftsverbänden* neue Aufgaben und Befugnisse«[472] forderten. Der sich stets wiederholende Grundtenor: Der BND wolle gerne gegen die Organisierte Kriminalität vorgehen, sei aber durch die absurde Gesetzeslage ständig gehindert, sein Wissen einzusetzen. Güllich: »(...) als Staatsbürger und Steuerzahler will es mir nicht einleuchten, daß der BND Fernmeldeerkenntnisse über geplante Drogen- und Waffengeschäfte vernichten muß.«[473] Dieser Tonfall wurde von Politik und Medien in einer Unzahl von Äußerungen und Artikeln aufgenommen: am einprägsamsten im Titel eines Artikels der »Hamburger Abendblattes«: »Die Spione wollen reden.«[474] Die Spione bekamen ihren Willen, das G 10 wurde radikal erweitert, von Etatkürzungen - bis dahin ein wiederkehrendes Thema - war keine Rede mehr.[475] In dieser Beziehung gilt die Feststellung, die Thomas Walde 1971 machte, trotz wiederkehrender Skandale: »Der BND hat (...) gewöhnlich eine gute Presse.«[476]

Die wissenschaftliche Diskussion spielt sich in erster Linie im juristischen Bereich ab. Hier ist zwar eine Handvoll von Experten zu finden, die Diskussion hat aber ein wesentliches Defizit: Sie wird von der Politik und von den Geheimdiensten nur in Einzelfällen zur Kenntnis genommen. Schon in der Debatte um das BND-Gesetz hatten die Sachverständigen einhellig Kritik am Gesetzentwurf geübt, seine mangelnde Konkretheit und Lückenhaftigkeit beklagt, ohne daß diese Einwände entscheidende Wirkung zeigten. Das gleiche betraf die G 10-Erweiterungen von 1992, wo sich Koalition und SPD darüber stritten, wessen Entwurf von den Sachverständigen am schärfsten abgelehnt worden war, und zuletzt das »Verbrechensbekämpfungsgesetz« von 1994, das sogar der langjährige Vorsitzende der G 10-Kommission für verfassungswidrig hält.[477] Seit 1990 werden zunehmend äußerst weitreichende Eingriffe in Grundrechte nach dem Bedarf der Tagespolitik zurechtgeschneidert. Michael Köhler nennt das die »kurzfristige Instrumentalisierung des Rechts«.[478]

Auf den Geheimdiensttag haben die feinsinnigen juristischen Debatten, wie zum Beispiel um die globale Geltung des Grundrechts auf Brief-, Post-

und Fernmeldegeheimnis, noch weniger Einfluß als auf die Abgeordneten. Die Weisungen der politischen Führung, die Effizienz in der Aufgabenerfüllung und das Opportunitätsprinzip haben stets Priorität in der Arbeit der Geheimdienste gehabt. Wo schon die von der Politk konsultierten Fachleute einen schweren Stand haben, können sich politische Basisinitiativen noch schwieriger Gehör verschaffen. Im Vorwort seines Buches über den BND schreibt Erich Schmidt-Eenboom: »In der anstehenden Debatte eine demokratische Gegenmacht mit mehr Wissen um den Verhandlungsgegenstand zu rüsten, ist Kernanliegen dieses Buches.«[479] Diese »demokratische Gegenmacht« ist leider, wie das »Wissen um den Verhandlungsgegenstand«, nicht sehr weit verbreitet. Der Bereich der geheimdienstkritischen Gruppen zeichnet sich durch ein kleines Publikum und große interne Sachkenntnis aus. Es sind vornehmlich Gruppen wie die »Humanistische Union« oder das »Komitee für Grundrechte und Demokratie«. Als Zeitschriften wären beispielsweise »Bürgerrechte und Polizei« (CILIP) und »Geheim« zu nennen. Die Diskussion folgt im wesentlichen den Linien der juristischen und legislativen Debatte. Sie hat politischen Charakter und eine geheimdienstkritische Zielsetzung, daher wird auch konkret den legalen und illegalen Aktivitäten der Geheimdienste nachgegangen. Mit Ausnahme der »Geheim«, die im linken Spektrum einzuordnen ist, ist die Kritik liberal und rechtsstaatlich ausgerichtet. Die konkrete Wirkung ist jedoch gering, was sich auch an den Gesetzesentwicklungen der neunziger Jahre ablesen läßt. Ein Großteil ihrer Arbeit besteht daher in Aufklärung und Information.[480]

Neue Aufgaben für den BND

Die politisch wichtigste Auseinandersetzung um den BND, die Auseinandersetzung, die die Grundlage für den Ausbau seiner Kompetenzen legte, war die Eröffnung neuer, zum Teil geheimdienstuntypischer Aufgabengebiete. Nach dem Zusammenbruch seiner wichtigsten Zielländer solche neuen Aufgaben zu erhalten war eine Existenzfrage für den BND. Er erhielt sie - auf der Grundlage seines »sicherheitspolitischen« Auftrages, so die Überwachung des internationalen Drogenhandels, des illegalen Waffenhandels und Technologietransfers. Neuerdings wird auch sein Einsatz im Bereich der militärischen Aufklärung und der Wirtschaftsspionage offen gefordert. Nicht wenige dieser Aufgaben waren ursprünglich allein den Strafverfolgungsbehörden vorbehalten, vor allem die Bekämpfung der sogenannten Organisierten Kriminalität. Es soll hier für die einzelnen Aufgaben erörtert werden, was es bedeutet, einen Geheimdienst wie den BND in diesem Bereich einzusetzen.

Organisierte Kriminalität wurde 1990 von einer Arbeitsgruppe Justiz/Polizei definiert als eine
»von Gewinn- und Machtstreben bestimmte planmäßige Begehung von Straftaten, die einzeln oder in ihrer Gesamtheit von erheblicher Bedeutung sind, wenn

mehr als zwei Beteiligte auf längere oder unbestimmte Dauer arbeitsteilig
- unter Verwendung gewerblicher oder geschäftsähnlicher Strukturen,
- unter Anwendung von Gewalt oder anderer zur Einschüchterung geeigneter Mittel oder
- unter Einflußnahme auf Politik, Medien, öffentliche Verwaltung, Justiz oder Wirtschaft zusammenwirken.«[481]

Kennzeichnend für die sogenannte Organisierte Kriminalität ist demnach ein arbeitsteiliges, bei Bedarf gewalttätiges Vorgehen, abgesichert durch gewerbliche Strukturen (tatsächliche oder »Scheinfirmen«), das auf eine Einflußnahme breiter gesellschaftlicher Bereiche zielt. Die klassischen Felder der sogenannten Organisierten Kriminalität umfassen: Drogenhandel, illegalen konventionellen Waffenhandel, Nuklearwaffenhandel (Proliferation), Verschieben von radioaktivem Material und Giftmüll, illegalen (Rüstungs-) Technologietransfer, »Geldwäsche«, sowie auch Menschenhandel und die Organisation illegaler Grenzüberquerungen gegen Bezahlung (sogenannte »Schleusungen«).[482] Daß die Überwachung dieser Delikte nun auch den bundesdeutschen Geheimdiensten, neben dem BND ist auch das BfV in der Diskussion, zugeschrieben wird, ist eine neue Entwicklung.[483] Kriminalitätsbekämpfung war ursprünglich eine genuin polizeiliche Aufgabe und das »Wildern« der Geheimdienste in diesem Bereich wird z. B. vom BKA auch nicht gern gesehen, das lieber selbst zum verstärkten Einsatz verdeckter ErmittlerInnen berechtigt werden würde.[484] Drogen- und Waffenhandel sind keine neuen Erscheinungen. Und auch wenn sie in den vergangenen Jahren zugenommen haben, erklärt sich der Einsatz der Geheimdienste in diesem Bereich eher aus der Situation der Geheimdienste nach dem Kalten Krieg als aus wirklich neuen Entwicklungen.

Zwar obliegt dem BND eigentlich nur die Beschaffung von Informationen, die von »außen- und sicherheitspolitischer Bedeutung für die Bundesrepublik« (§1 Abs. 2 BNDG) sind, doch seit kurzem wird »der Begriff ›Sicherheitspolitische Bedeutung‹ nach Auffassung von Bundesregierung und Rechtsausschuß nicht auf ›militärische Sicherheit‹ beschränkt, sondern soll auch Drogenkriminalität, Rauschgifthandel, internationalen Terrorismus und spezifische Formen des Waffenhandels umfassen, wenn dadurch die Sicherheit der Bundesrepublik bedroht ist«[485]. Das »Verbrechensbekämpfungsgesetz« sichert diese Interpretation gesetzlich ab, da es dem BND neben der Vorsorge gegen den »bewaffneten Angriff« erstmals auch bei OK-typischen Delikten, wie die Verbreitung von Kriegswaffen, Verbringung von Betäubungsmitteln oder Geldwäsche, Eingriffe in das Post- und Fernmeldegeheimnis gestattet.[486]

Die Übertragung der Kontrolle der sogenannten internationalen Organisierten Kriminalität auf den BND ist auch eine geheimdienstliche Ausprägung des schon angesprochenen Paradigmenwechsels in der Sicherheitspolitik. Solange sich »Sicherheit« über »Bedrohung« herleiten ließ, umfaßte die

»sicherheitspolitische Bedeutung« der gesammelten BND-Informationen hauptsächlich militärische Aufklärungsgebiete. Nachdem nun im multipolareren Weltsystem »Sicherheit vor Risiko« im Vordergrund steht, wurde die »sicherheitspolitische Bedeutung« auch auf weniger berechenbarere Risikofaktoren wie die sogenannte Organisierte Kriminalität ausgeweitet. An der Aufgaben*bezeichnung* des BND hat sich nichts geändert, aber sie wurde mit neuen Inhalten gefüllt.

Überwachung der »Organisierten Kriminalität« als Trittbrett für die Überwindung des Trennungsgebotes?

Eine Frage wäre, inwieweit die Einbeziehung der sogenannten Organisierten Kriminalität, deren Bekämpfung ja eigentlich Aufgabe der Polizei ist, mit dem Gebot der Trennung von Polizei und Geheimdiensten zu vereinbaren ist. So sieht Mark Holzberger, als allgemeine Tendenz einen »Umgruppierungsprozeß innerhalb der Geheimdienste als solche und in ihrem Verhältnis zur Polizei«, wobei gerade »das Stichwort OK von zentraler Bedeutung ist, weil es in ihm zu einer Überschneidung (der Aufgabenfelder) kommt«, was auf eine zunehmende »Durchlöcherung« des Trennungsgebotes hinauslaufe.[487] Ein Geheimdienstler, der das Trennungsgebot besonders deutlich in Frage gestellt hat, ist Helmut Albert, der Leiter des saarländischen LfV. Er behauptet in einem Aufsatz von 1995 das »sog. ›Trennungsgebot‹« untersage lediglich die organisatorische Zusammenfassung von Polizei und Geheimdiensten in einer Behörde, sowie »Geheimdiensten zu ihren Methoden der nachrichtendienstlichen Informationsgewinnung auch den Zugriff auf polizeiliche Zwangsbefugnisse zu eröffnen.«[488] Er hält ebenso wie der damalige Chef des BfV, Eckart Werthebach, eine Überschneidung der Aufgabenfelder »entgegen einer weitverbreiteten Fehlvorstellung« für zulässig.[489]

Albert spricht dem Trennungsgebot den Verfassungsrang ab und stellt es in den folgenden Ausführungen generell zur Disposition. So sei die »Bündelung nachrichtendienstlicher Methoden und polizeilicher Zwangsbefugnisse unbestreitbar effektiv und erhöht die Erfolgsaussichten«, was ihm angesichts der »Bedrohung durch die Organisierte Kriminalität« durchaus diskussionswürdig erscheint. Ein Vergleich mit der entsprechenden Gesetzeslage in anderen demokratischen Rechtsstaaten zeige zudem, daß »die Verbindung von nachrichtendienstlichen und polizeilichen Eingriffsbefugnissen die Regel und nicht die Ausnahme [ist], so daß auch nicht behauptet werden kann, eine derartige Trennung sei für eine Demokratie funktionsnotwendig.« Die »heraufbeschworene (...) Gefahr einer neuen geheimen Staatspolizei würde durch eine derartige Befugniserweiterung (...) zwar näherrücken, (...) das föderalistische Prinzip (...) (und) die Kontrollmechanismen der Gerichte, der politischen Instanzen, der Medien und der Öffentlichkeit [dürften] eine Verselbständigung einer derartigen relativ starken Sicherheitsbehörde dennoch verhindern.«[490] In der Diskussion um die sogenannte Organisierte Kriminalität wird die »mangelnde Effektivität« zunehmend häufiger angeführt, um das Trennungsgebot, bisher eine weitgehend »unumstrittene rechtsstaatliche Errungenschaft« (Albert), in Frage zu stellen. Auch für politische Entscheidungsträger, wie CSU-Bundestagsmitglied Wolfgang Zeitlmann, »gilt die nüchterne Überprüfung, (...) ob es noch zeitgemäß ist«. Der historische Bezug zur Trennung ist für ihn »nicht mehr so entscheidend«. Wenn beispielsweise ein »BND-Rauschgiftbeamter« in Kolumbien von einer »Drogenverbringung nach Europa« erführe, »dann wird man doch nicht sagen müssen, (...) er darf nur Informationen geben - er darf also nur sagen ›Hände Hoch‹ - aber er darf ihn dann nicht festnehmen.« Eine solche Regelung sei »Unsinn«, denn gerade im Bereich der sogenannten Organisierten Kriminaltät gebe es »Tatkomplexe, und da muß doch der, der das ermittelt, auch handeln können (...), nicht (...) die Informationen an Dritte weitergeben. Da gibt es doch Reibungsverluste.«[491]

Das Schlagwort der »Organisierten Kriminalität« hat in den letzten Jahren schon mehrfach dazu beigetragen, daß eine Aushöhlung des Trennungsgebotes legitimiert wurde. So wurde sowohl die zunehmende Verwendung nachrichtendienstlicher Methoden durch die Polizei, als auch die verstärkte Zusammenarbeit zwischen Polizei und Geheimdiensten (»Verbrechensbekämpfungsregeln«), immer wieder mit Verweis auf die »innere Sicherheit« begründet[492]. Und die sehen BefürworterInnen dieser Kompetenzausweitungen auch durch die internationale Organisierte Kriminalität bedroht. Mit der Durchlöcherung des Trennungsgebotes droht einer der zentralen institutionellen Riegel zu fallen, die das Wiederentstehen eines übermächtigen Repressionsapparates in Deutschland für alle Zeiten ausschließen sollten. Daß seine *vollständige* Aufhebung auch nach Einschätzung von Unionspolitikern »momentan politisch nicht machbar«[493] ist, bleibt zwar zu hoffen, scheint aber alles andere als gesichert.

Die Überwachung der »Organisierten Kriminalität« – eine Legende für Wirtschaftsspionage?

Neben den organisatorischen Veränderungen, der Nähe zur Polizei, eröffnet die Überwachung der sogenannten Organisierten Kriminalität auch neue Arbeitsfelder. Die wirtschaftliche Konkurrenz und die Interessengegensätze sowohl der kapitalistischen G7-Staaten, als auch weltweit, haben sich in den letzten Jahren verschärft. Um ihre wirtschaftliche Hegemonialstellung zu sichern, wird es für die führenden Mächte zunehmend wichtig, einerseits in innovativen technischen Errungenschaften auf dem neuesten Stand zu bleiben und andererseits die Marktstrategien der Konkurrenzstaaten zu durchschauen. Um das zu gewährleisten, gibt es jeweils zwei Möglichkeiten: Technische Neuheiten können errungen werden, indem Millionen in die Forschung investiert werden oder indem die

Blaupausen des entsprechenden Produkts von einem (ausländischen) Konkurrenzunternehmen entwendet werden (Technologiespionage). Prognosen über Marktstrategien anderer Staaten können über Marktbeobachtung und wirtschaftliche Sondierungsgespräche erfolgen oder, aufschlußreicher, durch geheime Kontrolle der Hauptgeldströme (Wirtschaftsspionage).

Die Geheimdienste in diesem Bereich einzusetzen, ist zumindest in den USA, Frankreich und Rußland offizielle Politik. So wies Bill Clinton die CIA im Juli 1995 an, »die Wirtschaftsspionage bei den Weltmarktkonkurrenten zur ersten Priorität zu machen.«[494] Die französische Direction Génerale de la Sécurite Extérieure (DGSE) richtete eine Abteilung »Großaufträge« ein, und auch der russische Auslandsgeheimdienst SWR hat eine Spezialabteilung für Auslandsaktivitäten im Wirtschaftsbereich. Auch der BND sammelte in der Vergangenheit wirtschaftliche Informationen über fremde Staaten von »sicherheitspolitischer Bedeutung«, bisher waren dies allerdings nur etwa 10-15 % seiner Gesamtinformationen.[495]

Erich Schmidt-Eenboom vermutet, daß das Schlagwort der »Organisierten Kriminalität« nur die offizielle Verlautbarungsebene einer Neuorientierung des BND ist. Hinter dieser »Legende« verbirgt sich seiner Ansicht nach die weitreichende Möglichkeit, Technologie- und vor allem Wirtschaftsspionage zu betreiben. Dies werde vor allem durch die Kontrolle der »Geldwäsche« als ein Bereich der Organisierten Kriminalität ermöglicht, »weil Geldwäscheaufklärung verlangt, daß man *alle* Geldbewegungen kontrolliert. Ich kann ja nicht von vorneherein wissen, was ein illegaler Geldtransfer ist, sondern ich muß in die Gesamtmasse des Geldtransfers reinschauen, um dann zu sehen, was illegal ist. Und wenn ich in die Gesamtmasse des Geldtransfers reingucke, dann erschließen sich mir natürlich auch Transfers zwischen verschiedenen Konzernen: Was bringt General Motors aus den Staaten hierher? Was machen die in Prag? Ich habe für diese Wirtschaftsaufklärung eine wunderbare Legende, wenn ich mich um die Geldwäsche kümmere.«[496] Folgt man dieser Ansicht, wäre die Überwachung der Organisierten Kriminalität als offiziell propagiertes neues Aufgabenfeld des BND demnach in erster Linie eine »wirtschaftsadäquate Generallegende« (Schmidt-Eenboom) für tatsächlich schwerpunktmäßig betriebene Wirtschaftsspionage. Damit wäre die alte Generallegende, die des drohenden Angriffs aus Osteuropa, die jahrzehntelang die Massenüberwachung des Post- und Fernmeldeverkehrs rechtfertigte, flexibler und mit globalem Ausmaß ersetzt worden.

Unstrittig ist, daß der BND zur *Abwehr* von Wirtschaftsspionage beitragen soll. Dafür wollen einige ihm sogar Inlandskompetenzen verleihen, bislang war dies alleinige Aufgabe des BfV.[497] Umstritten ist, ob er sich auf diese Aktivität beschränkt. So behauptete der Geheimdienstkoordinator Schmidbauer in einem Interview 1996: »Wir betreiben keine Wirtschaftsspionage, wir versuchen, uns davor zu schützen.«Wenige Sätze später ergänzte er dann allerdings:»Wenn es bei wichtigen Verhandlungen um Projekte geht, die für uns von außen- und sicherheitspolitischer Bedeutung sind, ist es Aufgabe des Nachrichtendienstes, entsprechende Informationen zu sammeln.«[498] Auch die Einschätzungen und Forderungen in den verschiedenen Parteien gehen auseinander. Peter Struck, parlamentarischer Geschäftsführer der SPD-Bundestagsfraktion und ehemaliges Mitglied der Parlamentarischen Kontrollkommission, sieht als Aufgabe des BND im wirtschaftlichen Sektor nach wie vor,»die wirtschaftliche Entwicklung in einem Staat, (...) mit den sich daraus ergebenen politischen Implikationen« zu beobachten. Zum Schutz vor internationaler Wirtschaftsspionage müsse der BND hauptsächlich»Gegenstrategien« entwickeln und zu ihrer Abwehr»beratend tätig sein«. Hätte der BND beispielsweise Erkenntnisse darüber, daß»Rußland oder Weißrußland (...) versucht, bei bundesdeutschen Firmen zu spionieren, dann müßte er eigentlich - und das passiert auch - nicht nur das BfV, sondern auch die betroffenen Firmen darüber informieren.«»Industriespionage« in offensiver Form betreibe der BND seiner Ansicht nach aber»überhaupt nicht«.[499] Diese Ansicht teilt sein ehemaliger Gremienkollege und zeitweiliger Vorsitzender der PKK, Wolfgang Zeitlmann (MdB, CSU) allerdings nicht. Für ihn ist vielmehr die Frage von Interesse, ob»sich ein Land heute die Butter vom Brot essen läßt und irgendwann wirtschaftlich dadurch ins Hintertreffen gerät oder nicht.« Und da»gerade eine moderne Wirtschaft (...) auch immer ein Interesse daran haben (wird), die Nase vorn zu haben«, bejahe er»vollkommen die Existenz eines Auslandsnachrichtendienstes«.[500]

Daß Technologie- und Wirtschaftsspionage durch die verschärfte internationale Konkurrenz eine Art»nationale Aufgabe« für den BND sein könnte, vermutet Mark Holzberger, Mitarbeiter des Büros Ulla Jelpke (MdB, PDS). Hierbei ginge es nicht um die althergebrachte Einschätzung der wirtschaftlichen Lage eines Staates, sondern vielmehr darum, daß der BND nun »aktiv und aggressiv eingesetzt wird, um in anderen ausländischen Firmen deren Informationen und deren Forschungsergebnisse zu erfahren«. Er würde bei gleichzeitiger»Sicherung von Informationen deutscher Firmen« damit»zur Allokation von Wirtschaftsinformationen oder von technischen Informationen bestimmter Betriebe.«[501]

In der Frage, ob der BND auch *offensiv* eingesetzt werden könnte, um die bundesdeutsche Wirtschaftstellung zu sichern, decken sich hier interessanterweise ausgerechnet die Vermutungen des CSU- und des PDS-Vertreters, auch wenn ihre Beurteilungen des angenommenen Sachverhalts natürlich krass auseinanderliegen. Sicher ist, daß der BND die gesetzlichen Ermächtigungen und technischen Möglichkeiten hat, eine umfassende Wirtschaftsspionage zu betreiben. Das»Verbrechensbekämpfungsgesetz« würde es gestatten, auf der Suche nach Hinweisen auf Geldwäsche sämtliche über Satellit oder Richtfunk übermittelten Telefonate, Fax- und E-Mail-Verkehre im oder mit dem Ausland zu erfassen, in denen Suchbegriffe wie »Scheck«, »Nummernkonto« oder »Überweisung« fallen. Das gilt auch für das EU-Ausland. Verboten ist dem BND nur die *gezielte* Erfassung deutscher StaatsbürgerInnen oder deutscher Unternehmen, z.b. die Verwendung ihrer Telefonnummern oder Namen als Suchbegriffe.[502] Er hat mithin die Kompetenz zur flächendeckenden Überwachung der Wirtschaftskommunikation der Weltmarktkonkurrenz, nur die eigene Wirtschaft ist ausgeklammert - eine perfekte Ermächtigung zur Wirtschaftsspionage.

Eine BND-nahe Einrichtung, die in dem Verdacht steht, Wirtschaftspionage im EDV-Bereich zu betreiben, ist das »Bundesamt für Sicherheit in der Informationstechnik« (BSI). Dabei handelt es sich um die ausgelagerte »Zentrale für Chiffrierwesen« des BND. Das BSI entwickelt unter anderem Sicherungssysteme im EDV-Bereich, die von der Bundesrepublik als europäische Normen durchgesetzt werden sollen. Die Kenntnis der Mängel und Schlupflöcher solcher Sicherungssysteme ermöglicht den »Zugriff ohne offizielle Anfrage« auf die Datenbanken. Angestellte des BSI entwickelten auch eine Technik, die aus Entfernungen von mehreren hundert Metern aus den elektromagnetischen Abstrahlungen von Computern die laufenden Daten herauszufiltern vermag. Die Computer von Geheimdiensten und Rüstungsindustrie sind gegen solche Abstrahlungen gesichert, die meisten im kommerziellen Bereich eingesetzten Geräte nicht.[503]

Von Seiten der Wirtschaft scheint sich die Frage, *ob* der BND Wirtschaftsspionage betreiben sollte, gar nicht zu stellen. Aber es gibt auch harsche Kritik an der Arbeit des BND. BDI-Chef Olaf Henkel: »Das sind Flaschen.«[504] Die »Wirtschaftswoche« urteilte: »Seitdem sich die Geheimdienste auf die Wirtschaft stürzen, beklagen die Wirtschaftspolitiker lautstark, daß die Dienste zwar jede Menge Material heranschaffen. Nur leider sei wenig Brauchbares dabei. Weil die Spione das Büffeln betriebswirtschaftlich wichtiger Grundlagen scheuen und in der naiven Hoffnung, es möge schon etwas Geheimes dabei sein, auch die banalsten technischen Grunddaten einsammeln, sinkt der Informationswert parallel zum steigenden Auswertungsaufwand.« Der »Topmanager eines großen Elektronikunternehmens« soll diese Leistung mit folgenden Worten bewertet haben: »Deutschland hat einen großen Standortnachteil. Er heißt BND.«[505] Auch illegaler Waffenhandel ist ein Bereich der sogenannten Organisierten Kriminalität, den der BND künftig mitüberwachen soll. Dies war bisher eine rein polizeiliche Aufgabe, sowohl im Inland, vom BKA, wie auch international, von Interpol oder in Zusammenarbeit nationaler Polizeien. Der erste Einwand bei der Übertragung dieses Bereiches auf Geheimdienste, ist der, daß Geheimdienste keine Strafverfolgungsbehörden sind. Sie unterliegen damit, im Gegensatz zu den Polizeibehörden, nicht dem Legalitätsprinzip. Demnach ist der BND nicht zur direkten Strafverfolgung verpflichtet, sondern könnte, gemäß dem Opportunitätsprinzip, sich anbahnende Waffendeals sogar forcieren, um beispielsweise neue InformantInnen zu sichern, eigene V-Leute zu schützen oder um noch näher an die Drahtzieher zu gelangen. Diese Spielräume sieht auch Peter Struck als »problematisch«[506].

Desweiteren ist es international nachweislich so, daß Geheimdienste sich selbst an Waffenschiebereien beteiligen, sei es auf staatliche Anweisung oder aus dem Eigeninteresse, schwarze Gelder zur Verfügung zu haben, mit denen dann weitere Aktionen finanziert werden können.»Jeder internationale Waffenhändler sagt Ihnen, Waffenhandel, insbesondere der schwarze, geht ohne Geheimdienste gar nicht. Das sind die Besteller. Jeder Waffentransfer, zum Beispiel von Polen nach China, wird von beiden Geheimdiensten mitgedealt. Die politische Genehmigung wird erteilt und die sorgen für den reibungslosen Ablauf, Transfer und dergleichen. Wenn ich Waffenhandel aufkläre, stoße ich immer auf Dienste.« (Erich Schmidt-Eenboom)[507] Einer dieser Dienste ist der BND selbst, was B 90/DIE GRÜNEN 1993 zum Anlaß nahmen, seine Auflösung zu fordern:»Illegale Waffenlieferungen in Krisengebiete wie die kürzlich bekannt gewordene Verschiebung von NVA-Material an Israel, Uruguay, Finnland etc. wickelte der BND in der Vergangenheit regelmäßig ab (u.a. Fälle Dobbertin/WAH 1968, ›Pamir‹, ›Cerberus‹/›Caligula‹), z.T. unter Einschaltung privater Generalbevollmächtigter (Fall MEREX/Mertins) oder von V-Leuten (so bei Irak- Geschäften der Firmen W.E.T., Pilot Plant u.a.).«[508]

Es stellt sich daher generell die Frage, ob hier nicht der Bock zum Gärtner gemacht wurde. Niemand käme auf die Idee, Cyba Geigi oder Hoechst mit der Überwachung des Gewässerschutzes zu beauftragen, genausowenig scheint der BND durch die eigene Vorbelastung geeignet, eine außenstehende und effektive Kontrolle des Waffenhandels zu garantieren. Doch unabhängig davon, bringt die internationale Verstrickung von Geheimdiensten in den Waffenhandel noch ein anderes Problem mit sich: Der BND würde bei der Aufklärung überwiegend auf Partnerdienste stoßen, die er natürlich nicht ohne weiteres der Strafverfolgung zuführen könnte, ohne dadurch selbst mit Nachteilen rechnen zu müssen. Er könnte ein solches Aufdecken in einem Partnergespräch zwar androhen,»um die gegeneinander gerichtete Kontrolle zu halten«, in diesem Fall hätte der BND aber eine andere Funktion als bei der Aufklärung und Eindämmung des Waffenhandels:»Im Poker unter den G7-Staaten, wer wieviele Waffen exportiert und wer welche Grenzen überschreitet, hat das Bundeskanzleramt dann bessere Karten, wenn es *geheim* weiß, die CIA oder der MI6 war am Waffenhandel beteiligt.«[509] Auch aufgrund dieses geheimdienstlichen Zwiespalts, durch die zu erwartende Verstrickung von Partnerdiensten, erscheint eine effektive Verhinderung und Kontrolle des Waffenhandels durch den BND kaum möglich und vor allem politisch auch nicht gewollt. Der BND handelt nach dem Opportunitätsprinzip und hat, wie oben erläutert, zudem durchaus ein Eigeninteresse daran, eventuell entdeckte Waffenschiebungen nicht der Strafverfolgung zuzuführen. Die illegale Aneignung von Nuklearmaterial wird ebenfalls der sogenannten Organisierten Kriminalität zugerechnet. Der Einsatz des BND in diesem Bereich wirft ähnliche Bedenken auf, wie sein Einsatz im Bereich des Waffenhandels. Die Opportunitätsspielräume der Geheimdienste bergen beim Handel mit atomwaffenfähigem Material noch größere Gefahren als beim Handel mit konventionellen Waffen. Ein Beispiel hierfür ist die Plutonium-Affäre von 1994. Es ist trotz des Parlamentarischen Untersuchungsausschusses noch nicht gelungen, eine vollständige Aufklärung dieser Affäre herbeizuführen. Klar ist, daß im Juni 1994 die beiden V-Leute des BND RAFA (Klarname Rafael Ferreras Fernandez) und ROBERTO (Klarname Peter Moser) in Madrid den Putonuim-Handel mit den später verurteilten Torres, Oroz und Bengoechea anbahnten. Die drei letzteren sollten das Plutonium aus Rußland nach München bringen. Am 10. August 1994 traf es an Bord der Lufthansa-Maschine LH 3369 dort ein, und Torres wurde verhaftet. In einem Koffer hatte er 363,4 Gramm Plutonium 239 und 201 Gramm Lithium 6.[510] Vieles an diesem Geschäft ist unklar, vor allem, wie stark der BND das Geschäft mitangeschoben hatte und welche Rolle das bayerische LKA und das BKA in der Affäre spielten. Sicher ist, daß beide Behörden mit dem BND zusammenarbeiteten. Die Herkunft des Plutoniums aus Rußland wurde von den russischen Behörden mal bestätigt und dann wieder dementiert.[511] Widersprüchlich sind auch die Angaben dazu, inwieweit Bundeskanzler Kohl informiert war.[512]

Gesetzt dem Fall, der Plutonium-Schmuggel war inszeniert, stellt sich die Frage, welche Absicht damit verfolgt wurde. Eine Spekulation war, daß der Skandal im Wahlkampf die Kampagne der CDU gegen die »Organisierte Kriminalität« unterstützen sollte.[513] Für den BND war der »aufgedeckte« Plutonium-Schmuggel ein Beweis für die Notwendigkeit und Richtigkeit des »Verbrechensbekämpfungsgesetzes«. Eine Hypothese, die weit über die Bundesrepublik hinausweist, ist, daß die Atomindustrie der GUS-Staaten desavouiert werden sollte, um ihnen auf internationalen Druck miliardenschwere »sichere« Atomprogramme aus bundesdeutscher Produktion verkaufen zu können.[514] Es sollte jedoch auch nicht vergessen werden, daß es sich um waffenfähiges Material handelte. Atomwaffenpolitik ist für den BND kein fremdes Feld in seiner Entwicklungsgeschichte. Die Beobachtung der Atomwaffenfähigkeit anderer Staaten, besonders von sogenannten »Dritte-Welt-Ländern«, gehörte stets zu den vorrangigen Aufklärungsaufgaben des BND.[515] Er war aber nicht nur beobachtend tätig.

Eine der Bedingungen der Aufhebung des Besatzungsstatuts 1955/56 war, daß die Bundesrepublik Deutschland auch für die Zukunft auf verschiedene Waffensysteme verzichten mußte, vor allem auf Massenvernichtungswaffen, wie A-, B- und C-Waffen,[516] aber auch auf Langstreckenwaffen.[517] Die Versuche, diese Verbote zu überwinden, begannen schon mit Adenauer, und setzten sich bis heute fort[518] - auch auf der Ebene des BND. Das Verbot von Langstreckenwaffen versuchte der BND zu durchbrechen, indem er von 1975 bis Anfang der achtziger Jahre die Firma Orbital Transport und Raketen AG (ORTAG) förderte, die unter anderem in Zaire und Libyen riesige Areale von bis zu 100.000 Quadratmeilen pachtete, um dort Langstreckenraketen testen zu können. Nach internationalen Protesten - unter anderem von der Sowjetunion - wurden die Tests eingestellt.[519] Aber auch vor dem Atomwaffensperrvertrag machten die bundesdeutschen Aktivitäten nicht halt: »Die Staaten – wie Pakistan und Indien, Argentinien und Brasilien, Irak und Iran, Korea und Südafrika –, die als Nichtunterzeichner des Atomwaffensperrvertrages Nuklearwaffen entwickelt haben oder atomare Schwellenmächte sind, verdanken den technologischen Stand ihrer Atomrüstung weitgehend deutschen Exporten.«[520] Schmidt-Eenboom unterstellt nicht unmittelbar eine Lieferung solcher Technologien durch den BND. Tatsächlich ist aber – auch gerade angesichts seiner Aufklärungsprioritäten – schwer vorstellbar, daß diese Lieferungen von ihm unbemerkt vonstatten gingen. In BND-Berichten an das Kanzleramt wurden entsprechende Hinweise auch wiederholt gemacht. Teilweise wurde der BND auch unmittelbar aktiv: »Der BND sprang immer wieder in die Bresche, wenn es in der Entwicklung des südafrikanischen Nuklearprogramms Probleme gab, an Ersatzteile oder Know-How zu kommen.«[521] »Das wirft die Kernfrage auf, ob die Bundesrepublik als Staat, der vom Zugang zu Atomwaffen ausgeschlossen ist, fahrlässig oder vorsätzlich die Aushöhlung dieses Vertrages befördert hat, um ihn letztlich obsolet werden zu lassen.«[522] Eine solche Politik wäre eindeutig völkerrechtswidrig und verfassungswidrig, sie verstieße außerdem gegen bundesdeutsche Gesetze. Und auch darum ist der Einsatz des BND in Bereich der Atomwaffenpolitik äußerst gefährlich. Denn eine solche nach Opportunität gewählte Umgehung der inländischen Gesetze könnte nur von einem Geheimdienst vollzogen werden.

Die Plutonium-Affäre diente von Seiten des BND dazu, zu beweisen, daß es einen frei fluktuierenden Handel mit waffenfähigem Nuklearmaterial gebe. Die Existenz eines solchen Marktes würde den Atomwaffensperrvertrag de facto außer Kraft setzen. Zu überprüfen, ob es eine tragfähige Hypothese ist, die Plutonium-Affäre in diesen Rahmen einzuordnen, kann hier jedoch nicht mehr geleistet werden.

Kontrolle des Internationalen Drogenhandels

»Im gigantischen Drogengeschäft geht es darum, strategische Konzepte zur Markterschließung aufzudecken, ein Frühwarnsystem aufzubauen.«[523]

Ob dieses vom Beauftragten für die Nachrichtendienste, Lutz Stavenhagen, 1991 angestrebte »Frühwarnsystem« unter BND-Aufsicht die erwünschte Wirksamkeit erlangen wird, bleibt fraglich. Denn bei der Überwachung des internationalen illegalen Rauschgift- und Betäubungsmittelmarktes durch den BND stellen sich im Grunde dieselben Probleme, die bereits für den Waffenhandel erläutert wurde. Der internationale Drogenhandel wird gerade in vielen lateinamerikanischen, südostasiatischen und arabischen Staaten, in weiten Teilen von den jeweiligen Geheimdiensten »mitkontrolliert, mitangeschoben oder er dient zu deren Finanzierung«[524]. In den USA hat die CIA nach Zeitungsmeldungen sogar Crack verdealt, um so Geld für die antisandinistischen Contras in Nicaragua zu beschaffen.[525] »Nach Studien der Drug Enforcement Agency (DEA), war zum Beispiel 1989 die Hälfte des Drogenexports aus dem Libanon fest in der Hand des syrischen Geheimdienstes. Und der BND macht zugleich 1989 eine Residentur in Damaskus auf, mit der Begündung, man wollte mit den syrischen Diensten bei der Bekämpfung des Drogenhandels zusammenarbeiten. Das ist Absurdistan hoch drei.«[526]

Vom BND selbst sind noch keine Fälle publik geworden, in denen er selbst direkt Drogengeschäfte angeschoben hätte. Die Verwicklung anderer Dienste, die in vielen Fällen wiederum Partnerdienste sein können, stellt den BND bei der Kontrolle allerdings vor dasselbe Dilemma, das schon in bezug auf den Waffenhandel erläutert wurde. Auch die fehlende Verpflichtung, entdeckte Drogengeschäfte der Strafverfolgung zuzuführen, sei es um den eigenen Handlungsspielraum zu erweitern oder InformantInnen zu schützen, stellt eine effektive Bekämpfung des Drogenhandels in Frage.

Militärische Aufklärung

Militärische Aufklärung in Friedenszeiten, im Sinne von Auskundschaftung des militärischen Potentials und möglicher Logistikverbindungen anderer Staaten, war von jeher Hauptaufgabe des BND. Militärische Aufklärung in Kriegszeiten, im Sinne von Frontaufklärung gehörte seit dem Ende der FHO-Ära nicht mehr zu seinem Repertoire. In einem von dem Rechtskonservativen Kaltenbrunner herausgegebenen Sammelband mit dem Titel »Wozu Geheimdienste?« wird daher die These vertreten, daß der BND in der Öffentlichkeit auch deshalb einen so schlechten Ruf habe, weil er aufgrund der jahrzehntelangen Einsatzbeschränkungen der Bundeswehr, und weil »die Regierungen der Bundesrepublik bis heute der Versuchung [unterliegen], sich (...) extrem friedsüchtig zu zeigen«, seine Fähigkeiten der »verdeckten Kriegführung« nie praktisch unter Beweis stellen konnte.[527] Dies könnte sich nun in naher Zukunft ändern.

Seit der Wiedervereinigung und der Rückerlangung der vollen Souveränität verstärken sich die Stimmen, die aufgrund der »gewachsenen Verantwortung Deutschlands« einen Einsatz der Bundeswehr bei internationalen Militäreinsätzen befürworten. Diese Entwicklung, die mit einer Diskussion um eine deutsche Beteiligung an »friedenserhaltenden ›Blauhelm‹- Missionen« begann, weitete sich bald auf eine Befürwortung von Kampfeinsätzen der UNO, der NA-

TO oder anderer internationaler Allianzen aus, und fand 1996 mit der Stationierung von Bodentruppen der Bundeswehr in Bosnien mit einem NATO-Mandat für Kampfeinsätze ihren vorläufigen Höhepunkt: »Nun werden also bewaffnete deutsche Bodentruppen im ehemaligen Bürgerkriegsgebiet stationiert. Sollten die Kämpfe dort erneut ausbrechen, dann wird der Bundestag erlauben, daß auch deutsche Panzer rollen.« [528]
Derartige Einsätze der Bundeswehr könnten dem BND ein weiteres Betätigungsfeld schaffen und die althergebrachte »Militärische Aufklärung« mit neuen, bzw. ihren ursprünglichen, Inhalten füllen. »Die militärischen Stäbe werden (...) künftig mehr und andere Informationen über bisher verteidigungspolitisch bedeutungslose Regionen und Staaten benötigen, um die logistischen Grundlagen für den erweiterten Aktionsradius der Bundeswehr zu schaffen.« [529] Es ist zu erwarten, daß der BND in Gebieten, in denen ein solcher Bundeswehreinsatz bevorsteht mit der Vorfeldaufklärung, d. h. mit einer Einschätzung der dortigen Frontlage und der damit verbundenen Risiken für die eingesetzten Soldaten beauftragt werden wird. So nannte der Chef des Bundeskanzleramtes in seiner Einführungsrede für den neuen BND-Chef Geiger als einen neuen Aufgabenbereich des BND in den neunziger Jahren die »gestiegene internationale Verantwortung Deutschlands. Die Bundeswehr wird sich zunehmend an internationalen Einsätzen zu regionalen Konfliktbeherrschung beteiligen, beteiligen müssen. Und daraus wächst ein neuer Informationsbedarf über die im Krisengebiet gegebenen militärischen, politischen und gesellschaftlichen Verhältnisse.« [530] Inwieweit sich daraus Konkurrenzen mit dem Amt für Nachrichtenwesen der Bundeswehr (ANBw) ergeben würden, darüber gehen die Meinungen auseinander. Peter Struck sieht trotz der veränderten Einsatzlage der Bundeswehr keinen verstärkten Aufklärungsbedarf durch den BND, da die Militärs ihre eigenen Aufklärungsmöglichkeiten hätten, hauptsächlich durch (US-amerikanische oder europäische) Satelliten, die »jede Flak oder Raketenstellung erkennen« können. Da der BND über derartige technische Möglichkeiten nicht verfüge, würde er auch gar nicht erst versuchen, mit dem ANBw in Konkurrenz zu treten.[531] Dem stimmt Schmidt-Eenboom dahingehend zu, daß er den direkten »Frontaufklärungsbedarf« durch Satelliten und auch durch menschliche Quellen schon weitgehend befriedigt sieht. Trotzdem sieht er eine gewachsene Konkurrenz zwischen dem BND und des ANBw, da sich im weiteren militärischen Sektor ihre Aufgaben verstärkt überschneiden. In einigen Bereichen, wie der funkelektronischen Aufklärung, hat es daher schon Grundsatzvereinbarungen zwischen dem ANBw und dem BND gegeben, um die Zuständigkeiten voneinander abzugrenzen. Diese Grundsatzvereinbarung unterscheidet zwischen der Zuständigkeit des ANBw für den »taktischen Bereich« (bis 150 km) und der des BND für den »strategischen Bereich« (darüber hinaus). Überschneidungen gibt es aber zum Beispiel bei der Erstellung von Länderanalysen, wo sowohl der BND

als auch das ANBw die »Wehrlage fremder Staaten« nach militärischen, politischen und wirtschaftlichen Aspekten untersuchen. Daß sich in diesem Konflikt letztendlich einer von beiden durchsetzen wird, ist nach Ansicht Schmidt-Eenbooms nicht Regierungsinteresse. »Im Regierungsinteresse kann eigentlich nur sein, daß die beiden ihr bestes tun, (...) weil es dann die Möglichkeit gibt, die Dienste untereinander zu vergleichen.«[532] Dem hält Gröpl entgegen, daß eine »derartige Parallelarbeit (...) in Anbetracht der Fülle der aufklärungsbedürftigen Gebiete bei gleichzeitiger Knappheit der personellen und sachlichen Mittel wenig hilfreich«[533] wäre. Er empfielt daher eine strikte »geographische und thematische Aufgabenteilung«[534], wobei »sich das ANBw als rein militärische Einrichtung vor allem auf den militärtaktischen wie -strategischen Informationsbedarf der Bundeswehrführung konzentrier[t], während [sich] der BND als zivile Behörde (...) an allgemeineren außen- und sicherheitspolitischen Belangen orientiert«.[535] Wolfgang Zeitlmann könnte sich hingegen sehr wohl vorstellen, daß der BND durch den erweiterten Auftrag der Bundeswehr und den erhöhten »Vorfeld-Aufklärungsbedarf« grundsätzlich neue Aufgaben im militärischen Bereich zugewiesen bekommt. Für »die Vertretung deutscher Interessen - und die erhöhte Sicherheit unserer Leute, die da fliegen, wäre ja nun ein deutliches Interesse - muß man einen Weg suchen, damit man mögliche Informationen auch gewinnt.«[536] Diese Aufgabe könnte umgehend auf den BND zukommen, (»wenn sie es noch nicht machen, dann müßten sie es bald machen«) falls keine rechtlichen Hinderungsgründe bestünden.[537]

Auch Mark Holzberger hält dies nicht für ausgeschlossen. Weniger, weil er die von Zeitlmann geäußerte »deutsche Interessenlage« unterstützen würde, als vielmehr deshalb, weil es seiner Meinung nach »in der immanenten Logik des BND auch zu seiner Aufgabe [gehört], Destabilisierungstendenzen, die von außen auf den europäischen Block zukommen, zu kontrollieren.«[538] Dies könnte sowohl die verstärkte Überwachung von Kriegs- und Krisengebieten, als auch Abschottungsmaßnahmen vor weltweiten Flüchtlingsströmen beinhalten.

Fest steht jedenfalls, daß der BND im Krieg in Ex-Jugoslawien vor Ort aktiv war. Ein deutscher Söldner, der auf kroatischer Seite kämpfte, erklärte in einem »Focus«-Interview, er würde auch für den BND arbeiten, und auch im Umfeld des UNO-Administrators Hans Koschnick, soll es eine BND-Quelle geben.[539] Das BND-Engagement in Ex-Jugoslawien beschäftigte auch den deutschen Bundestag, weil die »Tageszeitung« berichtete, der BND habe von dem Angriff bosnischer Serben auf die bosnisch-muslimische UNO-Schutzzone Srebrenica gewußt und die Bundesregierung habe nichts unternommen.[540] Eine der mittelbaren Folgen des Srebrenica-Angriffs war der erste deutsche Militäreinsatz seit 1945, die Bombadierung serbischer Stellungen unter Beteiligung bundesdeutscher Tornados.[541] In jedem Fall wird die Militarisierung der deutschen Außenpolitik einen verstärkten Aufklärungsbedarf zur Folge haben und der

BND wird einen Anteil zu dieser militärischen Aufklärung leisten. Der ehemalige BND-Chef Hans-Georg Wieck (1985-90) ging 1996 so weit, die Unterstellung des BND unter das Verteidigungsministerium zu fordern.[542] Dann wäre der Nachfolger des Wehrmachtsgeheimdienstes FHO wirklich zu seinen Wurzeln zurückgekehrt, nämlich strategischer und taktischer Frontaufklärung im Dienst des deutschen Militärs.

Reorganisation des BND

Der BND hat eine Reihe von neuen Aufgaben und Kompetenzen erhalten. Diese Aufgaben zu erfüllen und die neuen Möglichkeiten zu nutzen, erfordert aber auch konkrete Reformen in seiner Organisation. Dabei werden auch auf den BND die neoliberalen Ideen der neunziger Jahre angewendet: Verschlankung, Effektivierung, Deregulierung und Entstaatlichung.

Verschlankung: Sparzwang bei den Geheimdiensten

In der Diskussion um die weitere Legitimation des BND nach dem Ende des Ost-West-Konfliktes wurden immer wieder Stimmen laut, die zwar nicht seine Abschaffung forderten, aber doch auf starke Einsparungen drängten. Nach dem öffentlichen Skandal um die bekanntgewordene Verstrickung des BND in die »Plutonium-Affäre« sprach sich der Fraktionsvorsitzende der FDP-Bundestagsfraktion, Otto Solms, gar für Etatkürzungen bis zu 50% aus.[543] Ebenso räumte Peter Struck ein, »daß angesichts der Finanzknappheit, die wir haben, auch die Schallgrenze für Mittelzuwendungen für den BND erreicht ist«[544]. Er hielt Solms Auffassung aber zugleich entgegen, daß eventuelle finanzielle Einschnitte von den zukünftigen Aufgaben des BND abhängig gemacht werden müßten.[545] Ähnlicher Auffassung ist auch Wolfgang Zeitlmann, der in pauschalen Etatkürzungen »das Pferd falsch aufgezäumt« sieht. Vielmehr müsse am Anfang die Frage stehen »was brauche ich für Nachrichten, wie kann ich die beschaffen, was kostet der Aufwand, wieviel Personal brauche ich. (...) Und dann kann ich vielleicht ein bißchen was reduzieren, aber dann muß mir klar sein, (...) daß das ein weniger an Informationen und vielleicht auch ein weniger an Sicherheit bedeutet.«[546]

Ob, und wenn, in welchem Umfang, Etatkürzungen tatsächlich anstehen, ist schwer abzuschätzen, zumal der überwiegende Teil des BND-Haushalts geheim ist. Nach Expertenschätzung betrug er 1990 eine knappe Milliarde und ist in den Folgejahren leicht reduziert worden.[547] Diese Einsparungen wurden vor allem im Personalwesen gemacht und sollen fortgesetzt werden. Einige Quellen sprechen von einem Abbau von 1100 Stellen zwischen 1990 und 1996, was einer Verkleinerung um 15% entspräche.[548] Gleichzeitig heißt es aus dem Bundestag, der BND-Haushalt sei kaum rückläufig, er stagniere lediglich[549], was für den BND, der stets eine Wachstumsbranche war, schon ein Novum ist. Sicher ist, daß der Sparzwang der Regierung erklärtermaßen auch den Auslandsgeheimdienst erfaßt hat, die Steigerung der Effizienz und Umstrukturierung haben aber Vorrang.[550] Da dem BND eine Reihe neuer Ausgaben zugewiesen wurden, ist eine erneute Erhöhung des Etats für die Zukunft nicht auszuschließen.

Neues Personal: vom »Brieföffner« zum Hacker

Durch die neue Aufgabenstellung ist nun beim BND daher ein anderes Spezialwissen gefordert, als noch vor wenigen Jahren. Bis Ende der achtziger Jahre war »das vordringliche Aufklärungsinteresse der Warschauer Pakt, mit der Folge, daß man sehr viele Mitarbeiter brauchte, die russisch und polnisch und so weiter sprachen. Die braucht man heute nicht mehr in diesem Umfang. Man braucht jetzt eher Leute, die verstärkt Drogenstaaten wie Kolumbien oder auch den sogenannten Halbmond beobachten. Da gibt es jetzt schon Personalprobleme: Einerseits gibt es genügend Personal im BND, andererseits fehlen aber Leute für die eigentlich wichtigen Aufgaben.«[551] Nach Angaben von Schmidt-Eenboom, bereitet es dem BND »selbst eingeräumter Maßen erhebliche Schwierigkeiten«, seine »traditionellen Brieföffner nun für Wirtschaftsfachfragen« einzusetzen. Ebenso wie »diese ganzen Befrager, die in den Interzonenzügen neben den Leuten saßen, um herauszukriegen, wie nun die Kartoffelernte in Schwerin war, die lernen nicht so leicht um auf IBM-Strategien.«[552]

Ein Beispiel für die Schwierigkeiten beim Einsatz des alten Personals ist das Referat 11 A. Es mußte nach der Wende feststellen, daß »nahezu alle seine Spione in der DDR von der Stasi umgedreht worden waren« und soll noch heute zu denen gehören, »die nicht gemerkt haben, daß der Kalte Krieg vorbei ist.« Nun machte es durch seine Verstrickung in die Plutonium-Affäre Schlagzeilen.[553] Entlassungen in größerem Umfang sind daher beim BND in nächster Zeit durchaus denkbar: einerseits, da Etatkürzungen wohl eher durch Personalabbau als durch Mitteleinsparungen ausgeglichen würden, andererseits, da viele altgediente MitarbeiterInnen nicht das Spezialwissen besitzen, das ihnen die neue Aufgabenstellung abverlangt.

Die neuen Aufgaben des BND werden in jedem Fall eine Änderung der Personalstruktur nach sich ziehen. Russische und polnisch-sprachige MitarbeiterInnen könnten durch englisch-, spanisch- und japanisch-sprachige verdrängt werden, einige MilitärexpertInnen durch Wirtschaftsfachkräfte und »Brieföffner« durch Computer-Hacker. Was mit dem freigesetzten Personal passieren könnte, soll im folgenden erörtert werden. Die Vermutung, der BND könne - wie Bahn und Post - privatisiert werden, erscheint auf den ersten Blick etwas skurril. Aber auch bei den Geheimdiensten wird die Struktur eines Unternehmens zunehmend zum Vorbild. Die CIA stellte erst unlängst eine »Geschäftsführerin« ein, die aus dem US-Auslandsgeheimdienste »ein wirtschaftlich geführtes Unternehmen« machen soll, das eine »geordnete Kostenrechnung« und

»Jahrespläne« erstellt. Ein reines »Managementproblem«, so CIA-Chef John Deutch.[554] Schon die zunehmende Aktivität im Bereich der Wirtschaftsspionage legt eine Annäherung an Unternehmensstrukturen nahe. Bernd Schmidbauer (Beauftragter für die Nachrichtendienste) befürwortete es im März 1996, GeheimdienstmitarbeiterInnen künftig in Unternehmen zu schulen und auszubilden: »Eine überlegenswerte Idee, auch für andere Bereiche der Nachrichtendienste. Denken Sie an die Geldwäsche.«[555]

Mark Holzberger (Büro Ulla Jelpke, PDS) hält es auch für möglich, daß großangelegte »Verschlankungen« beim BND dazu führen würden, daß »sich große Wirtschaftsunternehmen (...) vermehrt eine eigene Spionageabteilung halten« und es so zu einer »Privatisierung von Geheimdiensten« kommen könnte. Die freigesetzten BND-Angestellen würden nach seiner Einschätzung von einigen Firmen ohne Zögern als »geschulte Kräfte« aufgekauft werden.[556] Es gibt bereits Fälle, daß entlassene GeheimdienstlerInnen eigene private Sicherheitsdienste aufbauen: »Joint-Ventures pensionierter Nachrichtendienstler aus West und Ost in kommerziellen Sicherheitsunternehmen sind keine Seltenheit mehr.«[557] Denkbar ist sicher auch, daß solche »Veteranen« von Zeit zu Zeit einen Auftrag ihres alten Arbeitgebers erhalten, als geheimdienstliche Sub-Unternehmer gewissermassen. Tatsächlich nimmt im Sicherheitssektor die Beschäftigung von privaten Diensten und Ermittlern zu, wie die spektakuläre Verhaftung des Privatdetektivs Werner Mauss im Dezember 1996 in Kolumbien verdeutlichte. Mauss hatte im Auftrag des BND mit der kolumbianischen Guerrilla verhandelt.[558] Die Durchsetzung der skizzierten Reformen ist der erklärte Auftrag an den neuen Präsidenten Hansjörg Geiger. Er hat in seinen öffentlichen Stellungnahmen wiederholt Flexibilisierung und Effizienzsteigerung zu seinen wichtigsten Zielen erklärt.[559]

Deregulierung und Effizienzsteigerung: das Ende des Trennungsgebotes?

»Es war und ist das erklärte Ziel der Union, den BND und den Verfassungsschutz im Bereich der allgemeinen Kriminalitätsbekämpfung einzusetzen und damit die rechtsstaatliche Grenze zwischen Geheimdienst und Polizei niederzureißen.«[560] Dies schrieb Burkhard Hirsch (FDP) im Mai 1995 in der »Zeit«. In der Regierung nimmt die Tendenz zu, das Gebot der Trennung von Polizei und Geheimdiensten nicht länger als einen Grundpfeiler der Demokratie in der BRD anzusehen, sondern als überholte Regelung, die unter Effizienzgesichtspunkten aufzuheben sei.

Ein sehr weitgehender Vorschlag des damaligen BfV-Präsidenten Boeden zielte 1991 auf die Schaffung eines Amtes für »Innere Sicherheit«, das zur Bekämpfung der »Organisierten Kriminalität« die Ämter für Verfassungsschutz zusammenfassen und mit einem erweiterten Staatssicherheitsauftrag versehen sollte. Boeden hielt die geheimdienstliche Arbeit im Vorfeld strafbarer Handlungen und polizeilicher Eingriffsmöglichkeiten durch den »Aufbau mafioser Strukturen« für gerechtfertigt.[561] Damit reklamierte er genau jene Aufgaben für die Inlandsgeheimdienste, die seit 1992/94 vom BND wahrgenommen werden. Ein »Amt für Innere Sicherheit« würde aber im Inland und stets im genuinen Aufgabenbereich der Polizei operieren. Eine solche Angleichung der Aufgaben könnte – schon aus Nützlichkeitserwägungen – langfristig zu einer organisatorischen Zusammenlegung führen. Der BND ist in seinen (legalen) Inlandsaktivitäten noch verhältnismäßig eingeschränkt. Bedenklich erscheint vor diesem Hintergrund, daß der Bundestagsabgeordnete Schulhoff 1991 die Zusammenlegung der drei Bundesgeheimdienste forderte.[562]

So radikale Maßnahmen wie eine vollständige und offen deklarierte Aufhebung des Trennungsgebotes sind für die nächste Zukunft wohl noch nicht zu erwarten. Die Diskussion hat aber begonnen und sollte aufmerksam verfolgt werden.

Der BND und die Neuorientierung der deutschen Außenpolitik

Geheimdienste und »operative Außenpolitik«
Es gibt einen engen Zusammenhang zwischen geheimer und öffentlicher Politik. So arbeitete das Außenministerium der Bundesrepublik stets mit dem BND zusammen, gab Aufklärungsaufträge, erhielt Informationen und BND-MitarbeiterInnen arbeiteten unter diplomatischer Tarnung. Wiederholt wurde die Unterstellung des BND unter das Außenministerium diskutiert.[563] Beide Ebenen folgen aber dennoch eigenen Gesetzmäßigkeiten und haben eigene charakteristische Merkmale. Schmidt-Eenboom stellt der öffentlichen Ebene eine »operative Außenpolitik« von fünf Feldern gegenüber:
»1. Finanzpolitik und interessegeleitete Entwicklungspolitik;
2. Staatlich gelenkter bzw. beförderter Rüstungsexport;
3. Export militärischen bzw. paramilitärischen und polizeilichen Geräts und Know-hows;
4. Nachrichtendienstliche Aktivitäten und
5. Operativer Streitkräfteeinsatz im Ausland.«[564]

Die Geheimdienste sind eines der zentralen Instrumente der »operativen Außenpolitik«, vor allem in der Durchführung von verdeckten Finanzierungen, Waffengeschäften, der Unterstützung von Bürgerkriegsformationen oder der Vorbereitung eines militärischen Einsatzes. Die Gesamtheit dieser verdeckten Aktionen dient der unmittelbaren Durchsetzung und Erweiterung machtpolitischer Positionen im Ausland. Widersprüche zur öffentlichen Politik sind dabei nicht auszuschließen, wie zum Beispiel in Mosambique, wo die Bundesregierung einerseits Entwicklungshilfe zahlte und der BND die rechtsgerichtete Bürgerkriegsarmee RENAMO gleichzeitig unterstützte, die das Land verwüstete.[565] Bei solchen Widersprüchen liegt es nahe, die geheime Politik als die einzig

»wahre« anzusehen. In einer solchen Einschätzung liegt aber die Gefahr der Überhöhung des Geheimen. Tatsächlich aber sind öffentliche und geheime Politik eng miteinander verknüpft. In der zumeist vernachlässigten Ebene der geheimen Politik dominieren aber machtpolitische Interessen. Zur Analyse politischer Interessen und Konstellationen ist die Analyse der Geheimdienstaktivitäten darum ein wertvolles Instrument.

Erste Tendenz: Renationalisierung und innerkapitalistische Konkurrenz
Das Ministerium für Staatssicherheit der DDR sah 1983 in der Gegnerschaft zum Sozialismus einen der Hauptgründe, daß die westlichen Geheimdienste ihre Konkurrenzen während des Kalten Krieges auf kleiner Flamme hielten:»Koordinierung und Kooperation entspringen objektiven Notwendigkeiten (...) Diese sichtbar zunehmende Tendenz bleibt jedoch eine sehr widersprüchliche. In ihr besteht der Kampf um mehr Einfluß und Macht insbesondere zwischen den Geheimdiensten (...) fort. Nicht selten versuchen die Geheimdienste solcher Staaten, wie der USA, Frankreichs oder der BRD, im Prozeß der Koordinierung und Kooperation zugleich den Interessen ihrer ›Partner‹ entgegenstehende Absichten zu realisieren.«[566] Auch die Düsseldorfer »Wirtschaftswoche« prophezeite nach dem Zusammenbruch der WVO:»So werden sich künftig diejenigen, die früher gemeinsam Jagd auf Kommunisten gemacht haben, jetzt gegenseitig jagen.«[567] Dies betrifft besonders stark den Bereich der Wirtschaftsspionage, berührt aber auch den Bereich der Militär- und Bündnispolitik.

Der BND hat auch vor den neunziger Jahren schon Aktivitäten entfaltet, die nicht in das westliche Bündissystem integriert waren, sondern primär westdeutschen Interessen dienten. Heute versucht Deutschland, sich eigene Einflußzonen aufzubauen, um die deutsche Position auch gegenüber den westlichen NATO-Verbündeten zu verbessern. Das wichtigste Feld dieser Politik ist Osteuropa. Zu vielen osteuropäischen Geheimdiensten hat der BND enge partnerdienstliche Beziehungen geknüpft:»In Minsk, Kiew, Vilnius, Tallin und Riga wuchsen ebenso BND-Dependancen wie in Prag, Bratislava, Budapest, Sofia und Bukarest. Parallel zu der von Verteidigungsminister Rühe geforderten ›Wiedereroberung der osteuropäischen Märkte‹ und der militärischen Zusammenarbeit mit einigen osteuropäischen Staaten hat der BND in Osteuropa in einer Weise Positionen besetzt, die nur mit der Ost-Offensive der CIA nach dem Ende des Kalten Krieges vergleichbar ist, und die sich vom selektiven Vorgehen Frankreichs und Großbritanniens deutlich unterscheidet.«[568]

Das Feld auf dem diese neue deutsche Außenpolitik bislang am offensivsten durchgeführt wurde, ist Ex-Jugoslawien, speziell das deutsche Engagement für Kroatien. Der diplomatische Alleingang Deutschlands in der Anerkennung Kroatiens im Dezember 1991 besiegelte die Spaltung Jugoslawiens. Dieser Parteinahme für die kroatischen Nationalisten folgte auch ein verstärktes geheimdienstliches Engagement in Kroatien. Der BND hatte noch aus den Zeiten des Zweiten Weltkrieges Kontakte zu kroatischen Nationalisten, die aus der Tradition der faschistischen Ustascha-Bewegung herrührten. Diese Kontakte wurden so genutzt, »daß die Geheimdienste des neuen kroatischen Staates nachgerade Pullacher Filialen wurden«[569]. Darüber hinaus erhielt die kroatische Armee reichlich Waffen aus Deutschland, obwohl der UN-Sicherheitsrat im September 1991 ein vollständiges Waffenembargo gegen Jugoslawien verhängt hatte, das auch für Kroatien galt. Kurz vor der Anerkennung durch Deutschland, am 19. Dezember 1991, wurden sechzig Panzer aus Deutschland (wahrscheinlich NVA-Panzer der T-Serie) in Riejeka abgeladen. Im Mai 1992 erhielt Kroatien 1.010 Stinger Bodenluftraketen, 2.000 Armbrust Panzerabwehrraketen, 47.100 vollautomatische AK-47-Sturmgewehre mit jeweils 500 Magazinen, 2.550 tragbare RPG-7-Lafetten für Panzerabwehrraketen und 60 MiG Kampfflugzeugmotoren. Viele Waffen wurden mit Hilfe des BND verschoben. »Der Bundesnachrichtendienst (...) hat, was Kroatien angeht, den größten Anteil an der Aushöhlung der Embargobeschlüsse der UN.«[570] Diese Politik fand zunächst gegen den Willen der westlichen Verbündeten statt, die gerne noch länger am jugoslawischen Einheitsstaat festgehalten hätten.[571] Ein solcher Ausbau deutsch-nationaler Machtpositionen geht mit Konflikten mit den westlichen Verbündeten einher.

Eine Renationalisierung der deutschen Geheimdienstpolitik nach der Rückgewinnung der vollständigen inneren und äußeren Souveränität durch die Vereinigungsverträge schlägt sich auch auf die Beziehungen zu den Partnerdiensten in Deutschland nieder. So verlangte Bonn im Juli 1995, unter Verweis auf die deutsche Souveränität, daß einige der ausländischen GeheimdienstlerInnen das Land verlassen sollten. Daß in diesem Zusammenhang der russische Nachfolgedienst des KGB aufgefordert wurde, seine Kapazitäten in Deutschland zu reduzieren, ist nicht verwunderlich. Aber gleichzeitig wurde der russischen Regierung mitgeteilt: »Den Amerikanern wird es ähnlich ergehen.«[572] Zum ersten Mal seit 1945 wurde von den USA verlangt, daß sie einige SpionInnen aus Deutschland abziehen, nicht gerade zur Freude der US-Geheimdienste. Doch das Kanzleramt ließ Washington wissen: »Ihr habt hier nicht mehr die Rechte wie vor 1989.«[573]

Zweite Tendenz: »partnership in leadership«
– Deutschland als Juniorpartner der Weltmacht USA
Der Begriff der »partnership in leadership« geht auf eine Rede von George Bush zurück, in der er dieses Angebot der »Partnerschaft in der Führung« an Deutschland richtete. Es verbirgt sich dahinter das Konzept, Deutschland unter den westlichen Verbündeten der USA den größten Einfluß einzuräumen und im Rahmen von traditionell US-dominierten Institutionen wie der

NATO eine gemeinsame Hegemonialpolitik zu betreiben. Eine Formation auf Geheimdienstebene, die mit der NATO verknüpft war, war GLADIO.[574] GLADIO wurde von der CIA aufgebaut und finanziert, darum hatte sie stets eine dominante Rolle bei den Versammlungen der nationalen GLADIO-Chefs der NATO-Staaten, dem Allied Clandestine Committee.[575] GLADIO ist in der Bundesrepublik aber - Angaben der Bundesregierung zufolge - aufgelöst.[576] Falls GLADIO aufgelöst wurde, mag das auch damit zusammenhängen, daß es für eine auf stärkere Eigenständigkeit ausgerichtete Orientierung der deutschen Politik nach dem Kalten Krieg nicht mehr taugte.

Spätestens seit 1993 verstärkt sich allerdings auch das Engagement der USA zugunsten Kroatiens. Es gibt Hinweise darauf, daß das US-Militär sich an der Ausbildung kroatischer Einheiten beteiligt hat[577] und US-Flugzeuge sogar am Angriff auf die Krajina beteiligt waren.[578] Dazu kommt, daß es in Ex-Jugoslawien eine enge Kooperation zwischen den USA und Deutschland auf Geheimdienstebene gibt, die über die Kooperation in der NATO hinausgeht. In der »Tageszeitung« wurde im Oktober 1995 ein Bundeswehrgeneral mit der Aussage zitiert: »Die USA gäben ›90 Prozent aller Erkenntnisse‹, die sie in Ex-Jugoslawien durch ihre nationalen Aufklärungsinstrumente gewinnen, an Deutschland weiter. Das sei ›mehr als alle anderen Verbündeten erhalten, einschließlich Frankreich und Großbritannien‹, und ›weit mehr als die Nato erhält‹, erklärte der General. Seine Angaben werden von BND-Mitarbeitern bestätigt.«[579] Unter diesen Bedingungen könnte sich hier eine deutsch-US-amerikanische »Führungs-Partnerschaft« auf Geheimdienstebene entwickeln.

Ansonsten war jedoch eine geheimdienstliche Form des deutschen Bündnisses mit den USA kaum zu finden: »Auch die NATO und die Westeuropäische Union haben keine nachrichtendienstliche Gesamtorganisation, sondern allenfalls Koordinationsgremien für die verschiedenen nachrichtendienstlichen Sektoren.«[580] Es finden sich Gremien institutionalisierter Zusammenarbeit auf bestimmten Feldern, z. B. »Austausch bedeutsamer Informationen als Grundlage militärstrategischer und -taktischer Planungen«[581] und im ganzen Bereich »Innere Sicherheit«.[582] In keinem Fall hat jedoch ein Staat seinen Geheimdienst oder Teile davon einer supranationalen Organisation unterstellt. Es gilt ein striktes Subsidiaritätsprinzip. Die Geheimdienste arbeiten zwar begrenzt zusammen, bestimmen aber selbst Ausmaß und Intensität dieser Zusammenarbeit. Strukturen wie die Treuhandschaft der CIC, bzw. der CIA, über die Organisation Gehlen, oder die Wahrnehmung alliierter Vorbehaltsrechte haben sich mit dem Verschwinden der Nachkriegsordnung und dem Wiederentstehen eines deutschen Nationalstaates endgültig überlebt.

Dritte Tendenz: der Nord-Süd-Konflikt als dominantes Element der bundesdeutschen Außenpolitik

Nach dem Ende des Ost-West-Konfliktes rückt der Nord-Süd-Konflikt stärker in das Blickfeld der Politik und damit auch des Auslandsgeheimdienstes. Zu den Zielländern des BND müssen darum nach Ansicht von CDU/CSU-Vertretern verstärkt die »krisengeschüttelten Regionen in Nah- und Mittelost mit ihren besorgniserregenden Aufrüstungsbestrebungen und ihrem wachsenden islamischen Fundamentalismus« zählen.[583] Auch Peter Struck nennt als Aufklärungspriorität des Bundesnachrichtendienstes die Bestrebungen verschiedener »Dritte-Welt-Staaten« und Schwellenländer, sich Atomwaffen zu beschaffen.[584] Die Ausführungen in den Abschnitten, die sich mit der Beauftragung des BND zur Überwachung des internationalen Waffen- und Nuklearhandels befassen, sollten jedoch verdeutlicht haben, daß die Rolle des BND keineswegs die eines um weltweite Abrüstung bemühten Rüstungskontrolleurs ist. Zum Teil war er in der Vergangenheit aktiv an der Aufrüstung von »Dritte-Welt-Staaten« beteiligt. Das schwächt die Grundannahme, daß sich der Nord-Süd-Konflikt verschärfen wird, nicht ab, denn die gezielte Aufrüstung von Klientelstaaten, die die Interessen des Nordens im Süden vertreten, ist nicht Ausdruck eines gleichberechtigten Bündnisses, sondern war von jeher Bestandteil dieses Konfliktes. Die Frage, wie der BND einem speziellen »Dritte-Welt-Land« gegenüber agiert, orientiert sich an den politischen Opportunitäten. Daß der BND auch in der Lage ist, die Zerstörung eines Landes zu fördern, zeigt sein Engagement in Mozambique.

Mozambique wurde von der marxistischen Befreiungsbewegung FRELIMO regiert und »erhielt als erste afrikanische Befreiungsbewegung seit 1969 Waffenhilfe von der DDR.«[585] Waffen benötigte die Regierung Mozambiques in erster Linie im Kampf gegen die rechtsgerichtete, paramilitärische RENAMO. Welcher Art diese Bürgerkriegsarmee war, wußte auch die Bundesregierung: »»Nach Erkenntnissen der Bundesregierung richten sich die Aktivitäten der RENAMO in erster Linie gegen die Zivilbevölkerung, gegen die sie in besonders brutaler Weise vorgeht. Es gibt überzeugende Hinweise dafür, daß die RENAMO durch ihre Politik der verbrannten Erde für die gegenwärtige schwere Versorgungskrise in weiten Teilen des Landes maßgeblich Verantwortung trägt.«[586] Diese - durchaus zutreffende - Einschätzung der Bundesregierung hinderte sie aber nicht daran, die RENAMO zu unterstützen. »Die deutsche Hilfe für die Terroristen setzte bereits Mitte der siebziger Jahre ein, als Angehörige der RENAMO (...) in einer Polizeischule in Augsburg ausgebildet wurden.«[587]

Dies war aber nur ein bescheidener Anfang. In einem Interview machte der ehemalige Sprecher der RENAMO in Westeuropa, Paolo Oliviera, die Angaben, Wolfgang Richter sei die wichtigste Verbindungsperson des BND zur RENAMO gewesen, er habe die Hilfe organisiert: »Bei einer Sache, von der ich weiß, war etwa eine Million Dollar im Spiel, die vom BND bereitgestellt worden waren, um Waffen zu kaufen. Es handelte sich um Raketen des Typs SAM 7 (...).«[588] In der ZDF-Sendung »Wer ließ Dulce S. ermorden« vom 8. Dezember 1988 wurde berichtet, daß die RENAMO über den Kontaktmann »Herrn R.«, einen Mitarbeiter des BND, insgesamt zehn Mio. DM für Waffenkäufe erhalten hatte. Eine parlamentarische Nachfrage verwies die Bundesregierung in die »zuständigen parlamentarischen Kontrollgremien« ohne diese Meldung zu dementieren.[589] Die Angaben wurden jedoch bald darauf noch einmal bestätigt: »Ein ehemals führendes Mitglied der RENAMO, Changinga Chivaca Joao, bekundete im November 1989 auf einer Pressekonferenz, daß zwar nicht die Bonner Regierung die RENAMO unterstützt, aber daß der Bundesnachrichtendienst ihnen sowohl finanzielle Mittel zur Verfügung stellte, als auch für die Sicherheit des führenden RENAMO-Repräsentanten, der in der Bundesrepublik lebt, verantwortlich zeichnete.«[590] Die Unterstützung der Bundesrepublik, der USA und Südafrikas ermöglichten es der RENAMO, ihr Ziel zu erreichen, das erklärtermaßen in der Zerstörung der Infrastruktur des Landes lag.[591] Heute ist Mozambique das ärmste Land der Welt.

Die Unterstützung des BND für die RENAMO war eng mit der Tatsache verknüpft, daß die Regierung Mozambiques mit der DDR und der Sowjetunion verbündet war. Insofern war auch dieser Krieg ein Teil des Ost-West-Konfliktes. Er zeigt aber auch die generelle Bereitschaft und die logistische Fähigkeit des BND, ein Land, das sich den Strukturen des »freien« Welthandels entziehen will, zu zerstören. »Denn das, was in Mosambik wie in einem Mikrokosmos zu verfolgen ist, ist ein bewußt herbeigeführter Zustand. Ein Zustand, der zeigt, wie ein Land so lange destabilisiert wird, bis es in das Koma verfällt und danach jede Hilfe annimmt, um dem drohenden Tod zu entkommen. Ein Paradebeispiel kühner westlicher Entwicklungspolitik - mit mildtätiger Hilfe von Nachrichtendiensten, Rebellen und wirtschaftlicher Erdrosselung-, das ist Mosambik.«[592]

Vierte Tendenz: verstärkte Integration der Europäischen Union
Es wurde bereits erwähnt, daß das Fehlen gemeinsamer geheimdienstlicher Strukturen nicht nur die NATO, sondern auch die WEU betrifft. So gibt es zwar auf dem polizeilichen Sektor Anstrengungen in Richtung EUROPOL, auf dem geheimdienstlichen Sektor ist etwas vergleichbares aber kaum zu finden.[593] Tatsächlich nehmen die inneren Konkurrenzen unter den westeuropäischen Geheimdiensten zu, auch das G 10-Gesetz in der Fassung von 1994 war ein Schritt in diese Richtung. Dieses kennt trotz zunehmender Bedeutung des EU-Rechts keine Ausnahme für das EU-Ausland. Dem BND wurde mit dem »Verbrechensbekämpfungsgesetz« also die Generalermächtigung erteilt, die Telefone der EU-Partnerländer abzuhören.[594]

Ein den BND betreffendes Projekt, das auf verstärkte Integration ausgelegt zu sein schien, waren die Planungen für einen gemeinsamen Spionage-

satelliten der WEU. Über dieses Projekt sagte Stavenhagen noch 1991:»Ein nationaler Satellit für den Bundesnachrichtendienst hat sowieso keinerlei Chance.«[595] Aber auch in diesem Projekt war die Triebfeder verstärkte Konkurrenz innerhalb der westlichen Bündnisse der Nachkriegszeit.
»SPIEGEL: Wozu eigentlich ein eigener europäischer Satellit? Die Amerikaner haben doch alles unter Kontrolle?
STAVENHAGEN: Wir kriegen von den Amerikanern nur verarbeitete, das heißt interpretierte Daten. Was die Europäer haben wollen, sind Rohdaten, aus denen sie ihre eigenen Schlüsse ziehen können. Die Europäer wollen sich auch hier emanzipieren.«[596] Darüber hinaus wurde schon im Verlauf der Planungen deutlich, daß es am Ende auch kein WEU-, sondern eher ein bi- oder multilaterales Projekt werden würde, von dem primär die Geheimdienste derjenigen Länder profitieren würden, die es finanzierten.»Da weder Spanien noch Italien sich aus Kostengründen am Helios-2 beteiligen werden und ein anderer Partner in der WEU dazu ebenfalls nicht auffindbar sein wird, könnte die unter dem Vorzeichen einer WEU-Kooperation begonnene Emanzipation von dem Monopol der USA letztlich mit einer deutsch-französischen Achse enden.«[597] Es läßt sich daher sagen, daß die EU-Tendenzen bezüglich des BND eher schwach ausgeprägt sind.

Welche Tendenz wird dominieren?
Die »nationalstaatliche Resistenz« von Geheimdiensten

Bei der Betrachtung der vier oben genannten Tendenzen fällt auf, daß nationalstaatliche Elemente eindeutig das größte Gewicht haben. Auf eine organisatorische Verknüpfung ausgerichtete Bündnisstrukturen gibt es auf Geheimdienstebene anscheinend nicht, Zusammenarbeit ist nur zielbezogen. Eine der Ursachen dafür liegt wahrscheinlich in der Natur von geheimen Erkenntnissen: Sie haben ihren Wert hauptsächlich als Wissensmonopol. Eine kollekive Führung eines Geheimdienstes würde sehr schnell an ihre Grenzen stoßen, weil kollektive Führung immer ein gewisses Mindestmaß an Transparenz - sei es auch nur auf der Führungsebene - vorraussetzt. Das gilt in ähnlicher Weise auch für geheime Aktionen. Je mehr Personen von ihnen wissen, desto schwieriger und gefährdeter sind sie. Vor allem aber müssen die unterschiedlichen Interessen der kollektiven Führung bei der Planung von Aktionen noch viel stärker vereinheitlicht werden als bei der Festlegung von Aufklärungszielen. Dies mag erklären, warum die WEU zwar in der Lage ist, einen »gemeinsamen« Spionagesatelliten zu planen, von einer gemeinsamen Geheimdienstorganisation aber noch nicht im entferntesten die Rede sein kann. Ein Satellit dient der Aufklärung, ist zu Aktionen aber nicht in der Lage.

Die Tatsache, daß die Hinweise auf eine Renationalisierung überwiegen, sollte aber nicht überbewertet werden. Alle Tendenzen, die oben beschrieben sind, werden vermutlich auf die eine oder andere Weise die bundesdeutsche Außenpolitik prägen. Das Übergewicht nationalstaatlicher Interessen ist charakteristisch für die *Geheimdienstebene*. Hier werden die nationalen Interessen auch künftig der wichtigste Faktor sein. Ein offensives Vorgehen der Bundesrepublik, ein schärferer Zugriff auf die Instrumentarien der »operativen Außenpolitik« auch außerhalb von Bündnissen wird hier am stärksten durchschlagen. Das bedeutet aber nicht, daß alle Ebenen der bundesdeutschen Außenpolitik dieser Linie folgen werden.

So gehen einige Analytiker davon aus, daß es die spezielle Funktion der Geheimdienste ist, die inneren Konkurrenzen in den westlichen Bündnisstrukturen auszutragen. Diese inneren Konkurrenzen und Spannungen nehmen zu. Das erhöht das politische Gewicht der westlichen Auslands-Geheimdienste und wird ihnen ihre Existenz sichern. Das muß nicht aber heißen, daß die jeweiligen Bündnisse auseinanderbrechen, solange die öffentliche Politik sie noch zusammenhält. Die Geheimdienste werden sich aber stets einer supranationalen Kontrolle entziehen. Schmidt-Eenboom nennt das die »nationalstaatliche Resistenz«[598] von Geheimdiensten.

Dieser Logik folgt auch die Aussage von Peter Struck (SPD), der die Notwendigkeit eines bundesdeutschen Auslandsnachrichtendienstes damit begründete, daß die BRD sonst von den Informationen der Partnerdienste abhängig sei. Der BND sei mithin auch ein Instrument zur Wahrung nationaler Interessen Deutschlands. Einen EU-Geheimdienst schloß er daher aus.»Da findet schon ein reger Informationsaustausch statt. (...) Es wird aber immer eine eigene Kompetenz und Hoheit des eigenen Dienstes im jeweiligen Land bleiben. Es gibt also keine Hinweggabe von Kompetenzen, von Befugnissen an überstaatliche Einrichtungen. Ein Auslandsdienst, ein Spionagedienst wird immer ureigenst in der Verantwortung des jeweiligen Staates bleiben.«[599]

Schlußbemerkung

Als die Recherchen für diese Untersuchung vor zwei Jahren aufgenommen wurden, gab es noch gewisse Befürchtungen, ihr Gegenstand, der BND, könnte während der Ausarbeitung aufgelöst werden. Diese Bedenken haben sich mittlerweile als grundlos herausgestellt. Das grundlegendste Ergebnis dieser Arbeit ist daher, daß es mit Sicherheit auch in Zukunft einen deutschen Auslandsgeheimdienst geben wird, selbst wenn dieser weitgehenden organisatorischen Reformen unterworfen werden sollte. Das nun vorherrschende »Sicherheit-vor-Risiko«-Paradigma liefert die Legitimation für sein Weiterbestehen, seine Arbeit ist der Regierung weiterhin unverzichtbar. Die politischen Auseinandersetzungen machen deutlich, daß es auch keine nennenswerte parlamentarische oder außerparlamentarische Kraft gibt, die sein Bestehen gefährden könnte. Sowohl die Regierungs, als auch die größte Oppositionspartei befürworten kategorisch die Existenz von Geheimdiensten in der Bundesrepublik.

Außerdem wurden neue Aufgaben für den BND gefunden, die ihm fast unüberschaubare Tätigkeitsbereiche eröffnen. Neben einem allgemeinen »sicherheitspolitischen« Auftrag, der je nach Bedarf immer ausladender interpretiert wird, ist ihm ausdrücklich die Überwachung der sogenannten Organisierten Kriminalität zugewiesen worden. Er hat sich damit ein für einen Auslandsgeheimdienst völlig untypisches Aufgabenfeld gesichert, das an sich schon kaum einzugrenzen ist. Dazu weist noch einiges darauf hin, daß ihm mit diesem Auftrag auch Spielräume in Richtung Wirtschaftsspionage eröffnet werden sollen. Schon in den dem BND offiziell zugewiesenen Aufgaben, wie der Kontrolle des Waffenhandels, liegen enorme Risiken, zumal der BND von außen nicht kontrollierbar ist und für Geheimdienste stets das Opportunitätsprinzip, das heißt die Orientierung an den Vorgaben aus der politischen Führung, Vorrang vor rechtsstaatlichen Bedenken hat. Auffällig ist, daß die offiziell deklarierten Aufgaben, wie die Bekämpfung der sogenannten Organisierten Kriminalität, eher für einen Geheimdienst untypisch erscheinen, die Vermutung über die *tatsächliche* Neuorientierung, dann allerdings wieder sehr ursprüngliche Geheimdienstfelder, wie Wirtschaftsspionage und Waffenhandel zu Tage fördert. Die Notwendigkeit, diese eigentlich originären Geheimdienstfelder zu verschleiern, ist neu. Bis 1990 hatte sich die Aktivität der bundesdeutschen Geheimdienste immer gegen Staaten gerichtet, die auch in der *öffentlichen* Politik als Gegner ausgemacht waren. Doch durch die Auflösung der WVO, und die verstärkten Spannungen innerhalb der westlichen Allianz, richtet sie sich nun auch stärker gegen die Bündnispartner. Das ließe sich natürlich öffentlich nicht bekanntgeben.

Von einer vollständigen Trennung von Polizei und Geheimdiensten in der BRD kann schon lange nicht mehr die Rede sein. Bis 1990 galt das Trennungsgebot jedoch als eine der zentralen institutionellen Konsequenzen aus dem deutschen Faschismus. Mit dem Verschwinden der Nachkriegsordnung wurde auch dieses Thema diskutabel. Es ist damit zu rechnen, daß unter Bezugnahme auf Nützlichkeitserwägungen der Gehalt und der Geist des Trennungsgebotes weiter ausgehöhlt werden wird. Dann wird bald von seiner restlosen Aufhebung gesprochen werden müssen. Ob diese auch formal vollzogen werden wird, bleibt fraglich, ist allerdings auch nicht mehr auszuschließen. Die Diskussionsanstöße und gezielten Tabubrüche in dieser Hinsicht haben bereits begonnen.

Der BND hat seine Anpassung an die neue Weltordnung begonnen. Er hat eine Reihe neuer Entwicklungen eingeleitet, nicht zuletzt den Aufbau einer technischen Überwachungsmaschinerie von völlig neuen Dimensionen. Er ist dabei, seine innere Organisationsstruktur an die Entwicklungen der neunziger Jahre anzupassen. Aber festzuhalten ist, daß Kontinuitätslinien aus der Zeit des Nationalsozialismus, aber auch die Traditionen der »alten« Bundesrepublik vor 1990, einen starken Einfluß auf den BND hatten und haben. So änderten sich durch die nationalsozialistische Kapitulation 1945 grundsätzliche Rahmenbedingungen, unter denen Gehlens Geheimdienst arbeitete, das Zielgebiet seiner Aufklärung blieb jedoch erhalten. Die antikommunistische Frontarbeit des Wehrmachtsgeheimdienstes sicherte ihm sein Weiterbestehen und die Übernahme in den Dienst des Frontstaates BRD. Der Krieg gegen die Sowjetunion wurde im Untergrund fortgesetzt.

Nach dem Bruch von 1990 änderte sich nicht das Regierungssystem, dem der BND unterstellt war. Aber die Nationalstaatswerdung der BRD veränderte auch für die bundesdeutschen Geheimdienste einiges grundlegend. Während des Kalten Krieges wurden die Geheimdienste der BRD über zwei wesentliche Faktoren legitimiert: Erstens die »freiheitlich-demokratische Grundordnung« und zweitens deren angenommene Bedrohung von außen oder innen. Der Einsatz von Geheimdiensten legitimierte sich also offiziell aus der Erhaltung eines demokratischen Systems, der Grundrechtseingriff wurde mit der Grundrechtsgarantie begründet. Auch wenn sich schon zu Zeiten der »alten« Bundesrepublik sich im Zweifelsfall immer für einen Eingriff in die Grundrechte entschieden wurde - insbesondere durch die Notstandsgesetze und das G 10 -, blieb das Verhältnis von »Streitbarer Demokratie« und Grundrechten paradox und widersprüchlich. Von seiner inneren Logik setzte es der Einschränkung von Grundrechten eine Grenze. Die »Streitbarkeit der Demokratie« durfte die Demokratie nicht zerstören, weil die Verteidigung der »freien Welt« die offizielle Existenzberechtigung der Geheimdienste und die Grundlage des Selbstverständisses der BRD war.

Nun ist die BRD vom westdeutschen Teilstaat, der sich über seine innere Ordnung und die Konkurrenz zur DDR definierte, zum Nationalstaat gewachsen. Dessen Interessen und auch seine Aufträge an die Geheimdienste definieren sich national. Im »sicherheitspolitischen« Auftrag des BND der neunziger Jahre geht es eher um die Kontrolle von Waffen- oder Drogenhandel, als um den Schutz der »freiheitlich-demokratischen Grundordnung«. In den Äußerungen von Politikern bezüglich des BND ist sehr viel öfter von nationalen Interessen als von »Streitbarer Demokratie« die Rede. Ein nationaler Auftrag, ein Selbstverständis als Nationalstaat, setzt aber dem Abbau von Grundrechten keine Schranken mehr. Dies ist die tiefere Grundlage der weitreichenden Grundrechtsbeschneidungen zugunsten der Abhörbefugnisse des BND in den neunziger Jahren. Der Wandel vom Frontstaat der »freien Welt« zum Nationalstaat veränderte auch die Auslandsaktivitäten des BND: Die Parteinahme zugunsten Kroatiens erklärt sich im wesentlichen aus nationalen Interessen und nicht mehr aus der weltweiten Bekämpfung des Kommunismus, eingebunden in westliche Bündnisstrukturen. Die Bestrebungen in Richtung Wirtschaftsspionage machen es überdeutlich. Der BND ist dahin zurückgekehrt wo er herkam: in den Dienst eines deutschen Nationalstaats.

Anhang

Anmerkungen zur Literaturliste
Während der Literaturrecherche fiel auf, daß es unter GeheimdienstexpertInnen recht viele gibt, die irgendwann beruflich mit Geheimdiensten in Verbindung standen, zu einem früheren oder späteren Zeitpunkt äußerst bedenkliche Positionen vertreten haben, über Verbindungen nach Rechtsaußen verfügten oder in Skandale verwickelt waren. So wurde Thomas Walde schon während seiner Bundeswehrzeit zum Nachrichten- und Sicherheitsoffizier ausgebildet.[600] Später war er als »Stern«-Redakteur in die Veröffentlichung der gefälschten »Hitler-Tagebücher« verwickelt. Schon seine Dissertation und seine »tragfähigen Kontakte nach Ost-Berlin«[601] hatten ihn in das Blickfeld des BND gerückt. Offenbar hatte er auch im Zusammenhang mit den »Hitler-Tagebüchern« Kontakte zu bundesdeutschen Geheimdiensten gehabt - und sich auf ihre Angaben verlassen?[602]

Einer der Klassiker, die Walde immer wieder zitiert, ist Gert Buchheit (vor allem »Die anonyme Macht«), ein Veteran des Amt Ausland/Abwehr des Oberkommandos der Wehrmacht, der auffällig viele Biographien über Personen aus dem rechtskonservativen und faschistischen Lager geschrieben hat.[603] Daß diese Biographien nicht alle aus kritischer Distanz geschrieben wurden, zeigt sein glorifizierendes Schlußwort der Mussolini-Biographie von 1941: »Höchste Toleranz verbindet sich mit straffer militärisch-organisatorischer Disziplin, die von Mussolini verkörpert, vorgelebt und überwacht werden. (...) Dem Gestaltwandel zweier Jahrtausende entsprechend entwickelte er die Idee eines Großmächte-Direktoriums, das eine friedliche Regelung aller schwebenden Streitfragen und eine Raumplanung der Erde ermöglichen soll. Dieser neue, bessere und realpolitisch gedachte Ersatz des verunglückten Völkerbundes könnte zu einem wirklichen Friedensforum der Menschheit werden, aber vielleicht ist auch die Weltlage für eine derartige Lösung noch nicht reif, auch wenn sie als Hoffnung in den Herzen von 120 Millionen Deutschen und Italienern lebt, die dem Duce und dem Führer Adolf Hitler vertrauensvoll folgen.«[604] Gert Buchheit ist dadurch als Geheimdienstfachmann nicht vollkommen entwertet, aber Distanz zu seinen politischen Analysen ist unverzichtbar.[605]

Mary Ellen Reese wird immer wieder für die umfangreiche Archiv-Recherche, die aufwendigen Interwievs und vor allem für die hervorragenden Quellen gelobt, auf die sich ihre Arbeit über die Organisation Gehlen gestützt habe. Soweit damit die größtenteils erstmalige Verwendung von Originalakten aus den Militär-Archiven der US-Armee gemeint ist, erscheint das berechtigt. Allerdings findet sich in ihren Quellen auch unkommentiert David Irving wieder. Irving ist ein notorischer Auschwitz-Leugner und wurde in Deutschland spätestens durch den Münchner (Geschichts-)»Revisionistenkongreß« mit dem beziehungsreichen Titel »Wahrheit macht frei« der breiten Öffentlichkeit bekannt. Auf diesem Kongreß waren viele Köpfe der deutschen Neo-Nazi-Szene, in der Irving nicht erst seitdem als kompetente Fachkraft gilt.

Mary Ellen Reese führte selbst ausführliche Gespräche mit Irving und zieht Sachverhalte aus seiner Übersetzung von Gehlens »Der Dienst« heran, die im Original nicht zu finden sind. Die Übersetzerin Walle Bengs weist darauf hin, daß Irvings Fassung in einigen Fällen »ausführlicher« ist, »Angaben der deutschen Fassung korrigiert« oder wegläßt und daß einige von Irvings Ausführungen im Original »nicht enthalten« sind.[606] Den politischen Hintergrund Irvings erwähnt Reese mit keinem Wort. Ihr eigener politischer Hintergrund, gerade ihre antisowjetische Einstellung scheint hingegen immer wieder durch und führt letztendlich soweit, daß sie eine diskriminierende Analyse Gehlens über den »russischen Nationalcharakter«, die er 1945 im Auftrag der Amerikaner anfertigte, ausdrücklich lobt. In Gehlens Analyse heißt es unter anderem: »Ein weiterer bedeutender Charakterzug des Russen ist sein *grenzloses Mißtrauen,* der Welt und sich selbst gegenüber. (...) Dieses Mißtrauen der Russen gegenüber ihrer unmittelbaren Umgebung hat zu dem wohlorganisierten Überwachungssystem geführt (...) auf dem der heutige sowjetische Staat beruht. (...) dieses Mißtrauen [ist] häufig mit einem *ausgeprägten Minderwertigkeitskomplex* und dem *Argwohn* gepaart (...), nicht als vollwertige Partner betrachtet zu werden. Dieses Mißtrauen und die angeborene Intelligenz des Russen bilden darüber hinaus die Wurzeln der sprichwörtlichen *slawischen Gerissenheit.* Von ihr legen seine *Neigung zur Konspiration,* zur *Verschlagenheit* und (...) zur Vermeidung des direkten Weges Zeugnis ab.«[607] Reese bezeichnet dieses Dokument als »eindrucksvoll«, »luzide« und »kenntnisreich«.[608]

Edward Spiro schrieb sein unglaublich detailreiches Buch »Gehlen - Spy of the Century« unter dem Pseudonym E.H. Cookridge - für wissenschaftliche Literatur eher unüblich. In seiner enormen Literaturliste tauchen allerdings auch mehrere Werke des MfS-Hausautors Julius Mader auf und eine ganze Reihe Bücher vom äußerst rechten Ende des Spektrums, wie zum Beispiel die Memoiren des Hitler-Vertrauten und »Spezialkommando-Führers« Otto Skorzeny[609] und die vom Chef des OKW Wilhelm Keitel, sowie Titel wie »Getarnt, Getäuscht und doch Getreu« von Kriegsheim und dergleichen.

Nun ist es mit der notwendigen Sorgfalt durchaus möglich, auch extreme Tendenzliteratur auszuwerten. Schmidt-Eenboom stellt beispielsweise bezüglich Maders die These auf, daß dessen Informationen zwar aus der Normannenstraße, das heißt vom MfS kamen, das MfS ihren Hausautor aber nicht mit falschen Informationen füttern würde. Die gezielte Weitergabe von Vorgängen, an deren Veröffentlichung das MfS ein Interesse hatte, sei eine viel wirksamere Propagandamethode als Desinformation.[610]

Ein Grundlagenwerk, das auch der breiten Öffentlichkeit bekannt wurde, ist »Pullach intern« von Hermann Zolling und Heinz Höhne, das 1971 in Auszügen als »Spiegel«-Serie erschien. Die angeblich spektakulären Enthüllungen über Innenansichten und Arbeitsweise des BND zogen jedoch keine politische Konsequenzen nach sich. Dies ist im nachhinein nicht weiter verwunderlich, da, wie sich bald herausstellte, ein Großteil der Informationen wahrscheinlich direkt vom BND zugespielt wurde[611] und so der »Skandal« von Anfang an in kontrollierten Bahnen verlief. »Pullach intern« ist insofern eher als eine BND-lancierte Selbstdarstellung als als ein Vorbild für investigativen Journalismus anzusehen. Begriffe wie »Konzentrationslager in der Ostzone«, »Rumpfvaterland zwischen Elbe und Rhein« und »Sowjetisierung der Ostzone«[612], lassen außerdem die nicht gerade auf Unvoreingenommenheit der Autoren gegenüber den damaligen sozialistischen Staaten schließen.

Alle der genannten AutorInnen wurden trotz der oben angeführten Vorwürfe und Bedenken verwendet. In Relation gesetzt überwiegen die Vorzüge des jeweiligen Buches und mit der nötigen kritischen Distanz verwendet, sind sie ergiebige und aufschlußreiche Quellen.

Fußnoten

[1] Winfried Steffani im Vorwort zu Walde 1971, S. 11.
[2] Vgl. Nohlen (Hg.) 1989.
[3] Vgl. Woyke (Hg.) 1990.
[4] Vgl. Sontheimer/Röhrig (Hg.) 1978.
[5] Schmidt Eenboom 1993.
[6] Vgl. Philip Agee 1993.
[7] Vgl. Heinz Höhne im Vorwort von Reese 1992, S. 8. Dazu ist anzumerken, daß es zwar auch vorher schon einige wenige historische Werke gab, die die Geheimdienste miteinbezogen, z.B. Cookridge 1972, diese aber keine große Breitenwirkung erzielt haben.
[8] Zolling/Höhne 1971.
[9] Vgl. Walde 1971, S. 193, 260.
[10] Vgl. Brenner 1990, Gröpl 1993.
[11] Schmidt-Eenboom bezeichnet dies als »Dichotomie der Quellen«. Schmidt-Eenboom 1993, S. 34.
[12] Vgl. Walde 1971, S. 30.
[13] Vgl. Rieger 1986, S. 35.
[14] Vgl. auch Walde 1971, S. 22.
[15] Vgl. auch Walde 1971, S.23.
[16] Eine Ausnahme hierzu wären Einrichtungen, die ausschließlich mit technischen Maßnahmen arbeiten, wie das Amt für Nachrichtenwesen der Bundeswehr oder das Bundesamt für Sicherheit in der Informationstechnik. Ohne V-Leute können kaum verdeckte Aktionen durchgeführt werden. Bei diesen würde es sich um Nachrichtendienste im strengen Sinn handeln.
[17] Vgl. Walde 1971, S. 21f.
[18] Walde 1971, S. 22 , Hervorh. d. d. Verf..
[19] Der Begriff »Informationsdienst« wird für Geheimdienste tlw. verwendet, wenn ihre Rechtmäßigkeit und ihre Legitimität betont werden soll. Dieser vom Wortsinn sehr einschränkende Begriff, wird vorwiegend von Leuten gebraucht, die eine Ausweitung und Stärkung geheimdienstlicher Kompetenzen befürworten. Z. B. von Wolfgang Zeitlmann (MdB, CSU) in einem Gespräch am 28. 9. 1995.
[20] »Der BND muß besser werden« 1996.
[21] Buchheit 1969, S. 103.
[22] zit. nach Schwarz 1991. Vgl. auch Sten. Ber. d. BT, 12. Wahlperiode, 52. Szg. 30. 10. 1991, S. 4345 C.
[23] Walde 1971, S. 264.
[24] Brenner 1990, S.27.
[25] Brenner 1990, S. 77.
[26] Der Bundesminister der Verteidigung, Verteidigungspolitische Richtlinien für den Geschäftsbereich des Bundesministers der Verteidigung, Bonn 26. 11. 1992, S. 5, zitiert nach Bastian 1993, S. 424.
[27] Vgl. Walde 1971, S. 24.
[28] Vgl. Borgs-Maciejewski 1977 (A), S. 12ff.
[29] Vgl. Hömig 1977, S. 15ff.
[30] Vgl. Borgs-Maciejewski 1977 (B), S. 33ff.
[31] Werkentin 1993.
[32] Buchheit 1969, S. 19.
[33] Bundesnachrichtendienst 1974, S. 10.
[34] »Ich lüge Sie nicht an« 1996.
[35] Die im folgenden genannten Fakten finden sich - soweit nicht anders vermerkt - bei Buchheit 1969, S. 87ff. Von Buchheits wehrmachtsfreundlicher Interpretation derselben wird sich aber ausdrücklich distanziert.
[36] Vgl. Cookridge 1972, S. 79.
[37] U. a. durch übriggebliebene »Jagdkommandos« und »Zeppelin«-Sonderkommandos des SD, oder die fortgesetzte Unterstützung der rechtgerichteten Untergrundarmee »Organisation Ukrainischer Nationalisten/Ukrainische Patriotische Armee«, die weiter Massenmorde in der Sowjetunion verübten. Vgl. Cookridge 1972, S. 72 (»Zeppelin«-Sonderkommandos) und 102 (»Jagdkommandos«), sowie Simpson 1988, S. 149, 162f und 171(OUN/UPA).
[38] Vgl. Walde 1971, S. 60.
[39] Vgl. Cookridge 1972, S. 54. Bei Walde: 1. Mai 1942. Vgl. Walde 1971, S. 60.
[40] Walde 1971, S. 63.
[41] Rieger 1986, S. 3.
[42] Vgl. Rieger 1986, S. 17, sowie Cookridge 1972, S. 53. Die FHO unter Gehlens Vorgänger Kinzel hatte vereinzelte AgentInnen, war aber in erster Linie auf Fremdberichte angewiesen. Vgl. Cookridge 1972, S. 72.
[43] Dies waren v. a. Überläufer, einige davon Kriegsgefangene, die wieder freigelassen wurden, darunter auch ein Neffe Molotows und ein Sekretär des ZK der KPdSU. Vgl. Cookridge 1972, S. 72-75, 85-89.
[44] Vgl. German Military Intelligence 1984, S. 44f, sowie Cookridge 1972, S. 55, 82.
[45] Vgl. Simpson 1988, S. 44, sowie German Military Intelligence 1984, S. 9, und Cookridge 1972, S. 62.
[46] Vgl. Cookridge 1972, S. 59.
[47] Vgl. German Military Intelligence 1984, S. 12 (Grafik), sowie Cookridge 1972, S. 66.
[48] Vgl. German Military Intelligenve 1984, S. 27, sowie Simpson 1988, S. 14.
[49] Daß Gehlens Analysen auf militärstrategischem Gebiet tatsächlich so nüchtern, vorurteilsfrei und brillant waren wird in einer sehr ausführlichen Quellenstudie bestritten. Vgl. Wilhelm 1974, S. 7-75. Vgl. auch Kahn 1978, S. 437-442.
[50] Vgl. Rieger 1986, S. 32.
[51] Vgl. Cookridge 1972, S. 66, 63.
[52] Vgl. Cookridge 1972, S. 61, S. 64f.
[53] Vgl. Gehlen 1971, S. 20, sowie German Military Intelligence 1984, S. 13.
[54] Vgl. German Military Intelligence 1984, S. 44f. Vgl. Streit 1978, S. 110, 115.
[55] Die Studie heißt »The German G-2 Service in the Russan Campaign (Ic-Dienst Ost)« und wurde 1984 veröffentlicht. Sie wurde abgefaßt, als Gehlen und sein Stab in Deutschland von den US-amerikanischen Militärgeheimdien-

sten verhört wurden, im Juli 1945. Die Military Intelligence Division führte die späteren Vernehmungen in Fort Hunt durch. (Vgl. Reese 1992, S. 103, Fn. 6, S. 276.) Das Thema sind die FHO und die ihr unterstellten Ic-Dienste Ost. Allerdings ist der Teil 9: »Short Personal Histories (German Officers from Whom This Report Was Obtained)« immer noch unter Verschluß. (Vgl. German Military Intelligence 1984, S. 101)

[56] Vgl. German Military Intelligence 1984, S. 9. Eigene Übersetzung.

[57] German Military Intelligence 1984, S. 9f. Hervorh. d. d. Verf. Eigene Übersetzung. G-2 wurde mit Ic-Dienst übersetzt, was dem Titel der Studie entspricht.

[58] Simpson 1988, S. 14. Eigene Übersetzung.

[59] Vgl. IMG 1947, S. 402, 403, 405, 434.

[60] Zit. nach IMG1947, S. 395.

[61] Richard Gillig, Gefreiter im 9. Transportzug der 34. Division. Zitiert von Oberst Pokrowsky am 13. 2. 1946 in Nürnberg, IMG 1947, S. 436. Wichtig sind in dieser Aussage die Begriffe »Fachleute« und »Divisionsstäbe«. In der oben erwähnten Studie heißt es nämlich, auf Divisionsebene seien die ersten systematischen Verhöre durch die Ic-Dienste durchgeführt worden: »Es hat sich gezeigt, daß während des Verhörs auf Divisionsebene, wenn der Gefangene noch unter dem Schock von Schlacht und Gefangennahme stand, durch anständige/gehörige Befragung [*proper questioning*] exzellente Ergebnisse erzielt wurden. Aus diesem Grunde sollten nur die besten Übersetzer (Vernehmer) zum Divisions-Ic entsandt weren.«(German Military Intelligence 1984, S. 73. Eigene Übersetzung. G-2 ist in der Studie die Bezeichnung für die Ic-Dienste Ost, weil dies die Bezeichnung der entsprechenden US-amerikanischen Formation ist. Vgl. Walde 1971, S. 140f.)

[62] Simpson 1988, S. 44. Eigene Übersetzung.

[63] Vgl. Cookridge 1972, S. 95ff.

[64] Cookridge 1972, S. 97f. Eigene Übersetzung.

[65] Vereinzelt wurden fanatisierte Hitlerjungen nach dem Zweiten Weltkrieg als Werwölfe aktiv. Vgl. Cookridge 1972, S. 99f.

[66] Vgl. Cookridge 1972, S. 101.

[67] Vgl. BT Drs. 12/890, S. 1.

[68] »Osttruppen« bezeichnet nur die der Wehrmacht angegliederten KollaborateurInnen, nicht die Fremdlegionäre der Waffen-SS-Divisionen oder einheimische Mitglieder der Erschießungskommandos der SS. Vgl. Simpson 1988, S. 17f.

[69] Um die Frage der Autonomieversprechen gab es scharfe Konflikte mit der SS und Hitler, die v. a. gegen die russische Bevölkerung eine schonungslose Vernichtungspolitik bevorzugten. Vgl. Cookridge 1972, S. 51f, 55, sowie Simpson 1988, S. 15-18, und German Military Intelligence 1984, S. 44f.

[70] Vgl. German Military Intelligence 1984, S. 83, sowie Cookridge 1972, S. 50, 56, 61f, und Simpson 1988, S. 18ff.

[71] Vgl. Simpson 1988, S. 46, 149, 163-175, sowie Cookridge 1972, S. 48f.

[72] Vgl. German Military Intelligence 1984, S. 71f.

[73] Vgl. Simpson 1988, S. 25; Streit 1978, S. 85; sowie Militärgeschichtliches Forschungsamt 1983, S. 439f.

[74] Vgl. Simpson 1988, S. 24f.

[75] Vgl. Cookridge 1972, S. 82f.

[76] Vgl. Simpson 1988, S. 19f, S. 46.

[77] Vgl. Simpson 1988, S. 44f.

[78] Vgl. Cookridge 1972, S. 57.

[79] Militärgeschichtliches Forschungsamt 1983, S. 422f.

[80] Streit 1978, S. 115.

[81] Streit 1978, S. 119.

[82] Vgl. Streit 1978, S. 85, sowie Militärgeschichtliches Forschungsamt 1983, S. 439f.

[83] Militärgeschichtliches Forschungsamt 1983, S. 436.

[84] Gehlen behauptet, die Wehrmacht habe sich dem »Kommissarbefehl« widersetzt. »Der gesunde Sinn der Truppe wehrte sich gegen diese Anordnung, die gegen menschliche Gefühle wie auch gegen die Haager Landkriegsordnung verstieß.« Darüber hinaus hätten viele »Kommissare« bereitwillig kollaboriert: »(...) viele von ihnen wurden überzeugte und wertvolle Mitglieder der Wlassow-Bewegung«. (Gehlen 1971, S. 21) Der letztere Aspekt spiegelt den Konflikt über die »politische Kriegführung« wider. Ob »menschliche Gefühle« das Handeln der FHO leiteten, darf jedoch bezweifelt werden.

[85] Vgl. Cookridge 1972, S. 93-95.

[86] Vgl. Simpson 1988, S. 248-250.

[87] Die Ausstellung »Die Verbrechen der Wehrmacht« des Hamburger Instituts für Sozialforschung belegte im Frühjahr 1995 erstmals akribisch die systematische Beteiligung der Wehrmacht an Deportationen, Massenmorden und Gewaltverbrechen an der Zivilbevölkerung in den besetzten Gebieten und widerlegte damit den oben angeführten Spaltungsmythos.

[88] Vgl. Zolling/Höhne 1971, S. 99.

[89] Reese 1992, S. 37f.

[90] Vgl. Reese 1992, S. 81.

[91] Vgl. Simpson 1988, S. 41f.

[92] Das genaue Datum ist unklar. Bei Walde heißt es, schon im Juni 1945 sei es zu einer ersten Unterredung mit dem Chef des US-amerikanischen »Office of Strategic Services« gekommen. Vgl. Walde 1971, S. 62. Simpson schreibt, Gehlen sei erst im August nach Washington geflogen worden. Vgl. Simpson 1988, S. 42.

[93] Gehlen zit. nach Reese 1992, S. 78.

[94] Vgl. Simpson 1988, S. 41, 43.

[95] Gehlen 1971, S. 149f. Diese Bedingungen stellte er im Juni 1945. Vgl. Walde 1971, S. 165. Der genaue Wortlaut dieses Abkommens wird in

anderen Büchern abweichend wiedergegeben. Die Wiedergabe von Buchheit enthält jedoch für 1945 unzeitgemäße Begriffe wie »Ostblock«. In der von Cookridge fehlen einige der aufschlußreichsten Passagen. Vgl. Buchheit 1969, S. 100f, sowie Cookridge 1972, S. 135.

[96] Gehlen 1971, S. 150.
[97] Cookridge 1972, S. 135. Eigene Übersetzung.
[98] Vgl. Gehlen 1971, S. 147-150, sowie Baring 1969, S. 35.
[99] Vgl. Reese 1992, S. 105.
[100] Bedingung Nr. 1 des Abkommens, Gehlen 1971, S. 149.
[101] Bedingung Nr. 1 des Abkommens, Gehlen 1971, S. 149.
[102] Vgl. Reese 1992, S. 92.
[103] Vgl Reese 1992, S. 135.
[104] Vgl. Simpson 1988, S. 44f.
[105] Vgl. Simpson 1988, S. 47-51.
[106] Vgl. Simpson 1988,S. 248-251. Brunner floh 1995 (!) aus Damaskus nach Argentinien, um seine Auslieferung zu verhindern.
[107] Vgl. Cookridge 1972, S. 144.
[108] Walde 1971, S. 64.
[109] Vgl. Zolling/Höhne 1971, S. 149.
[110] Die Abteilung I (Aufklärung) sammelte das Nachrichtenmaterial, die Abteilung II (Auswertung) ordnete es ein und analysierte es. Vgl. Zolling/Höhne 1971, S. 113.
[111] Vgl. Simpson 1988, S. 46, 149, sowie Cookridge 1972, S. 146f.
[112] Bedingung Nr. 1 des Abkommens, Gehlen 1971, S. 149.
[113] Gehlen 1971, S. 150.
[114] Vgl. Cookridge 1972, S. 127, 132, 139.
[115] Vgl. Simpson 1988, S. 52. Eigene Übersetzung.
[116] Vgl. Simpson 1988, S. 53f.
[117] Wilhelm 1974, S. 66.
[118] Zit. nach Simpson 1988, S. 55. Eigene Übersetzung.
[119] Simpson 1988, S. 56. Eigene Übersetzung.
[120] Zit. nach Simpson 1988, S. 60f.
[121] Vgl. Simpson 1988, S. 41.
[122] Darunter General Sibert, der ranghöchste US-Militärgeheimdienstler in Europa. Vgl. Simpson 1988, S. 42. Auch die Studie der »Military Intelligence Division«, die auf der Grundlage von Vernehmungen im Juli 1945 über die FHO und die Ic-Dienste Ost angefertigt woren war, war deutlich von Verständnis für die FHO und ihre speziellen Probleme gekennzeichnet. Vgl. German Military Intelligence 1984.
[123] Patton zitiert nach Cookridge 1972, S. 127.
[124] Vgl. Simpson 1988, S. xi-xiii, 176ff.
[125] Vgl. Simpson 1988, S. 48f, S. 68f.
[126] Vgl. Hagen 1969, S. 43.
[127] Vgl. Reese 1992, S. 254.
[128] Vgl. Simpson 1988, S. 99-102.
[129] Nr. 5 des Abkommens, Vgl. Gehlen 1971, S. 149f. Hervorh. d. d. Verf.
[130] Vgl. Walde 1971, S. 64f.
[131] Vertrag über die Beziehungen der Bundesrepublik Deutschland und den Drei Mächten, BGBl., Jg. 1955, Teil II, S. 305ff.
[132] Vgl. Art. 5 Abs. 2 des Vertrag[es] über die Beziehungen der Bundesrepublik Deutschland und den Drei Mächten, BGBl, Jg. 1955, Teil II, S. 308.
[133] Vgl. Brandstetter 1989, S. 58.
[134] Vgl. Bekanntmachung der Erklärung der Drei Mächte vom 27. Mai 1968 zur Ablösung der alliierten Vorbehaltsrechte gemäß Artikel 5 Abs. 2 des Deutschlandvertrages, BGBl., Jg. 1968, Teil I, S. 715f.
[135] Vgl. Brandstetter 1989, S. 46.
[136] Vgl. Reese 1992, S. 181.
[137] Adenauer 1965, S. 345.
[138] Vgl. Brandstetter 1989, S. 51.
[139] Schwarz 1980, S. 97.
[140] Vgl. Brandstetter 1989, S. 73f.
[141] Diese Sicherheitsgarantien wurden schon vor den Pariser Konferenzen erlassen. Vgl. Brandstetter 1989, S. 51.
[142] Brandstetter 1989, Buchtitel.
[143] Vgl. Gehlen 1971, S. 149f.
[144] Vgl. Baring 1969, S. 35.
[145] Vgl. Gröpl 1993, S. 217.
[146] Im Zuge der EVG-Verhandlungen wurde auch kurzfristig die Unterstellung der Org unter EVG-Institutionen erwogen. Diese Idee wurde aber schnell wieder fallengelassen.
[147] Vgl. Reese 1992, S. 210.
[148] Der Kabinettsbeschluß widerspricht dem Art. 87 GG, der besagt, daß jede obere Bundesbehörde durch ein Gesetz verankert sein muß. Vgl. Zolling/Höhne S. 245, sowie Brenner 1990, S. 41.
[149] Vgl. Walde S. 149, 175f.
[150] Vgl. Zolling/Höhne 1971, S. 273.
[151] Zolling/Höhne 1971, S. 231.
[152] Dies war eines der »von den Drei Mächten bisher innegehabten oder ausgeübten Rechte in bezug auf den Schutz und die Sicherheit der in der Bundesrepublik stationierten Truppen« nach Art. 5 Abs. 2 des Vertrages. BGBl. 1955 II, S. 305, 308.
[153] Borgs-Maciejewski/Ebert 1986, S. 139f.
[154] Art. 5, Abs. 2 des Deutschlandvertrages, BGBl. 1955 II, S. 305, 308.
[155] Sie erklärten am 27. Mai 1968, daß die Vorbehaltsrechte »erlöschen, sobald der Gesetzestext in Kraft tritt.«BGBl. 1968 I, S. 715.
[156] Vgl. Arndt 1985, S. 107.
[157] Borgs-Maciejewski/Ebert 1986, S. 147.
[158] Jürgens 1986, S. 18.
[159] Sterzel 1968, S. 12.
[160] Schwarz/Weber 1967, S. 16.
[161] Römer 1968, S. 206f.
[162] Simpson 1988, S. 53. Eigene Übersetzung.
[163] Polizeitypische Befugnisse sind u. a.: Identitätsfeststellung, Erkennungsdienstliche Behandlung, Verhaftung, Durchsuchung und Beschlagnahmung. Vgl. Rieger 1986, S. 10 und Gröpl 1993, S. 311.

[164] Zitiert nach Brenner 1990, S. 45.
[165] Vgl. Brenner 1990, S. 49.
[166] Brenner 1990, S. 49.
[167] Gusy 1984, S. 237ff.
[168] Kutscha 1986, S. 195.
[169] Kutscha 1986, S. 197.
[170] Gusy 1987, S. 48.
[171] Vgl. Gröpl 1993, S.311f.
[172] Karl Loewenstern, Militant Democracy and Fundamental Rights, in: American Political Science Review 1937. Nach: Gröpl 1993, S.58.
[173] Vgl. Gröpl 1993, S. 58.
[174] Reichsinnenminister David und Reichstagspräsident Fehrenbach, nach Gröpl 1993, S. 58.
[175] Vgl. BVerf.GE 5, 85(135); 10, 118 (123); 37, 57 (65), nach Gröpl 1993, S. 59.
[176] Vgl. auch Lameyer 1978, S.18.
[177] »wertgebunden« z. B. durch Art. 1 »Würde des Menschen« und »unveräußerliche Menschenrechte« und die »Staatszielbestimmung« des Art. 20. Vgl. Gröpl 1993, S. 59. Dazu auch: Lameyer 1978, S. 22
[178] Gröpl 1993, S. 59.
[179] Vgl. Eckhard Jesse, Streitbare Demokratie, 2. Auflage, Berlin, 1981, S.21, nach Gröpl 1993, S. 61.
[180] Vgl. Gröpl 1993, S.61.
[181] Gröpl 1993, 61f.
[182] Vgl. Brenner 1990, S. 116f.
[183] Vgl. Gröpl 1995, S.14f.
[184] »Gebietshoheit« bezeichnet das Recht, die eigene Staatstätigkeit in diesem Gebiet zu entfalten oder *andere Staaten davon auszuschließen.* (Hervorh. d. d. Verf.) Vgl. Gröpl 1993, S. 236.
[185] Im Krieg ist der Einsatz von Spionage durch die Haager Landkriegsordnung geregelt. Vgl. Haager Landkriegsordnung 1947, S. 87.
[186] Art. 73 Nr. 10 b) GG, BGBl. 1972 I, S.1305.
[187] Brenner 1990, S. 14.
[188] Vgl. Brenner 1990, S. 18-34.
[189] Brenner 1990, S. 41. Hervorhebung d. d. Verf.
[190] Vgl. Brenner 1990, S. 40f.
[191] Vgl. Brenner 1990, S. 42.
[192] Vgl. Brenner 1990 116f.
[193] BT Drs. 11/4306, S. 70 f.
[194] §1 BNDG, BGBl. 1990 I, S. 2954, 2979.
[195] §1 BNDG, BGBl. 1990 I, S. 2954, 2979.
[196] §2 Abs. 3 BNDG, BGBl. 1990 I, S. 2954, 2979.
[197] §1 Abs. 2 BNDG, BGBl 1990 I, S. 2954, 2979.
[198] In 1 Abs. 2 Satz 1 ist die Rede von der Erhebung von »Informationen einschließlich personenbezogener Daten« im »Geltungsbereich dieses Gesetzes«. Diese werde durch die §§ 2 bis 6 geregelt. Vgl. BGBl. 1990 I, S. 2954, 2979.
[199] Diese werden in § 2 aufgezählt. Vgl. BGBl. 1990 I, S. 2954, 2979.
[200] §2 Abs. 1 Satz 1 Nr. 3 BNDG. Vgl. BGBl. 1990 I, S. 2954, 2979. Damit kann die (inländische) Überprüfung von V-Leuten ebenso gemeint sein wie die Gegenrecherche von Informationen aus Medien oder vertraulichen Mitteilungen.
[201] §2 Abs. 1 Satz 1 Nr. 4 BNDG. Vgl. BGBl. 1990 I, S. 2954, 2979.
[202] §2 Abs. 1 Satz 1 Nr. 4 BNDG. Vgl. BGBl. 1990 I, S. 2954, 2979.
[203] Vor allem die §§ 4 und 5 BNDG. Dort wird auf die §§ 10-13 des BVerfSchG verwiesen. Vgl. BGBl. 1990 I, S. 2954, 2973, 2980.
[204] § 3 BNDG enthält einen Verweis auf § 8 BVerfSchG. Vgl. BGBl 1990 I, S. 2954, 2972, 2979.
[205] Diese finden sich in den §§ 8 und 9 BNDG. Dort wird auf § 17 Abs. 1, §18 Abs. 4-6, § 19 Abs 2-4, sowie § 20 des BVerfSchG verwiesen. Vgl. BGBl. 1990 I, S. 2954, 2974-2976, 2980.
[206] § 8 Abs. 2 BNDG. Vgl. BGBl. 1990 I, S. 2954, 2980.
[207] § 8 Abs. 1 BNDG. Vgl. BGBl. 1990 I, S. 2954, 2980.
[208] §8 Abs. 4 BNDG enthält den Verweis auf § 18 Abs. 6 des BVerfSchG, BGBl. 1990 I, S. 2954, 2975, 2980, und auf § 2 Absatz 1 G 10, BGBl. 1978 I, S. 1546, sowie BGBl. 1990 I, S. 1354,1377,1386, und BGBl. 1994 I, S. 3186, 3194.
[209] § 8 Abs. 3 BNDG enthält entsprechende Verweise auf die §§ 17 Abs. 1 und 18 Abs. 1 und 4 BVerfSchG. Vgl. BGBl. 1990 I, S. 2954, 2974f, 2980.
[210] § 9 Abs. 1 BNDG. Vgl. BGBl. 1990 I, S. 2954, 2980.
[211] § 9 Abs. 2 BNDG enthält einen entsprechenden Verweis auf § 20 BVerfSchG. Vgl. BGBl. 1990 I, S. 2954, 2975f, 2980.
[212] § 9 Abs. 2 BNDG. Vgl. BGBl. 1990 I, S. 2954, 2980.
[213] Zolling/Höhne 1971, S. 166.
[214] Schmidt-Enboom 1995, S. 273.
[215] Vgl. Schmidt-Enboom 1993, S. 57f und Schmidt-Enboom 1995, S. 273.
[216] Schmidt-Enboom 1995, S. 273. Für eine genaue Auflistung der Abteilungen und aller Unterabteilungen des BND, S. Schmidt-Enboom 1995, S. 274-278.
[217] Vgl. Schmidt-Enboom 1995, S. 278.
[218] Die Prioritätsstufen gehen von 1 (Höchstes Interesse. Absolut vorrangiger Ansatz von Kapazität und Mitteln.) bis 6 (Ohne Interesse. Keine Aktivitäten des BND. Weiterleitung anfallender Informationen.) So gab es allein für die DDR und die UdSSR gab es sieben Referate, soviel wie für den Afrikanischen Kontinent insgesamt. Vgl. Schmidt-Enboom 1993, S. 55.
[219] Bohl 1996.
[220] Vgl. Thewalt 1996, Gast 1996 (B), Loose 1996.
[221] Vgl. Bannas 1996.
[222] Vgl. Thewalt 1996.
[223] Schmidt-Enboom 1993, S. 314.
[224] Vgl Schmidt-Enboom 1993, S. 318.
[225] Still in der Ackerfurche1994.
[226] Vgl. Schmidt-Enboom 1993, S. 319.

[227] Gert Buchheit 1969, S. 288f.
[228] Vgl. BT Drs. 7/3246, sowie Walde 1971, S. 67f.
[229] Vgl. Gröpl 1993, S. 217, sowie BGBl. 1984 I, S. 1689.
[230] Vgl. Gröpl 1993, S. 217.
[231] Vgl. Gröpl 1993, S. 218.
[232] BND sorgte für Schalck 1991. (Hervorhebung d. d. Verf.).
[233] Siebenmorgen 1991.
[234] Im Dunklen 1991.
[235] Staatsminister in Bedrängnis 1991.
[236] Thewalt 1996.
[237] Thewalt 1996.
[238] Das Zollkriminalamt wurde durch eine Änderung des Finanzverwaltungsgesetzes (FVG) vom 7. 7. 1992 errichtet. Aufgrund seiner weitreichenden Eingriffsrechte, wie die Befugnis zur Post- und Fernmeldeüberwachung nach §§ 39ff AWG befürchtete die Länderkammer die Einführung eines »vierten Nachrichtendienstes« und erhob rechtstaatliche Bedenken.
[239] Vgl. Schmidt-Eenboom 1993, S. 237ff.
[240] Vgl. Gröpl 1993, S. 299.
[241] Vgl. Schmidt-Eenboom 1993, S. 249.
[242] Vgl. Schmidt-Eenboom 1993, S. 449.
[243] Gusy 1986, S. 298.
[244] Gröpl 1993, S. 310.
[245] Vgl. Brenner 1990, S. 79-82.
[246] BT Drs. 7/3246.
[247] Vgl. BT Drs. 11/4306, S. 85.
[248] § 8 Abs. 2 BVerfSchG, BGBl. 1990 I, S. 2954, 2972, in Verbindung mit § 3 BNDG, BGBl. 1990 I, 2954, 2979
[249] Vgl. Gröpl 1993, S. 310 und Schmidt-Eenboom 1993, S. 259.
[250] Auf diese Einschränkung weist Seifert hin, der 1994 kritisierte, daß die Bundesrepublik die massenhafte Erfassung des nicht leitungsgebundenen Fernmeldeverkehrs über das BND-Gesetz zu legitimieren versuchte. Eine solche Einschränkung des Grundrecht des »Brief-, Post- und Fernmeldegeheimnisses« nach Art. 10 GG hätte aber im BNDG aufgeführt werden müssen. Da dies nicht der Fall ist, sind Eingriffe in dieses Grundrecht mit dem BNDG nicht zu begründen. Vgl. Seifert 1994, S. 10-12.
[251] Walde 1971, S. 31.
[252] BGBl. 1968 I, S. 949.
[253] BGBl. 1968 I, S. 949, 951
[254] So ein Ansinnen des BMI Schröder an MdB Fritz Erler (SPD), vgl. Arndt 1985, S.107
[255] Vgl. §2 Abs. 1 G 10, sowie § 100 a StPO, BGBl. 1968 I, S. 949, 951.
[256] Vgl. Schmidt-Eenboom 1993, S. 61.
[257] §3 Abs. 2 G 10, BGBl. 1968 I, S. 949, 950.
[258] Vgl. Arndt 1985, S. 109.
[259] Die erste Änderung war das Änderungsgesetz vom 13. 9. 1978. In dieser Änderung wurden die Tatbestände, die eine individuelle Überwachung rechtfertigten, erweitert, aber gleichzeitig der Rechtsschutz der Betroffenen durch eine (beschränkte) Mitteilungspflicht verbessert. Vgl. BGBl. 1978 I, S. 1546.
[260] BGBl. 1989 I, S.1026.
[261] Es wurde darauf verzichtet, diese Ermächtigung im Gesetz zu fixieren, weil die Bundesregierung der Ansicht war, daß diese Eingriffe schon durch das G 10 alter Fassung gedeckt seien. Vgl. Riegel 1991, S. 392.
[262] Entschließung der Konferenz der Datenschutzbeauftragten1989, S. 86
[263] Vgl. Riegel 1991, S. 392.
[264] § 1 Abs. 1 des G 10 von 1968. BGBl. 1968 I, S. 949.
[265] Lutz Stavenhagen in Geheimniskrämerei übertrieben 1991.
[266] Auf die Kleine Anfrage der Abgeordneten Ingrid Köppe und der Gruppe Bündnis 90/DIE GRÜNEN vom Sept. 1992, inwieweit es zutreffend sei, daß »seit 1958 die Hauptstellen für Befragungswesen getarnte Außenstellen des Referats ›Befragungswesen‹ des Bundesnachrichtendienstes waren«, antwortete die Bundesregierung nur stereotyp, daß »sowohl die Hauptstelle für Befragungswesen als auch der BND zu einem Bereich von Behörden des Bundes (gehöre), die aus Sicherheitsgründen besonders geschützt sind und über deren organisatorische (...) Struktur[en] (...) deshalb die Bundesregierung im einzelnen keine öffentliche Auskunft erteilen kann.« BTDrs. 12/3326.
[267] Vgl. Schmidt-Eenboom 1993, S. 64.
[268] BTDr. 12/3326, S. 2. (Hervorh. d. Verf. Diese Stellen verdeutlichen den exakte Überschneidung mit den Aufgabenfeldern des BND)
[269] Vgl. Neues Deutschland von 14. 8. 1976, Eine »Befragungsstelle« und was dahintersteckt. Zit.nach Schmidt-Eenboom 1993, S.65.
[270] Vgl. Schmidt-Eenboom 1993, S. 65. (Hervorh. d. d. Verf.)
[271] BTDr. 12/3326, S. 2.
[272] Schmidt-Eenboom 1993, S. 65.
[273] BGBl. 1990 I, S. 2954, 2979.
[274] Vgl. Schmidt-Eenboom 1993, S. 65f.
[275] Klingelschmitt 1989.
[276] BTDr. 12/3326, S. 3.
[277] Jakobs 1992.
[278] Jakobs 1992.
[279] Jakobs 1992.
[280] BTDr. 12/3326.
[281] Fragen ist billiger 1991.
[282] Falko Ritter, 1989 Mitarbeiter des Beauftragten für die Nachrichtendienste, zitiert nach Schmidt-Eenboom 1993, S. 301.
[283] Vgl. Schmidt-Eenboom 1993, S. 302.
[284] Vgl. Still in der Ackerfurche 1994.
[285] »Der BND muß besser werden« 1996.
[286] Vgl. Rieger 1986, S. 17f, sowie Cookridge 1971, S. 59ff, insbes. 61, 66.
[287] Gehlen formulierte das Übereinkommen so, daß die Org »ausschließlich unter deutscher Führung« arbeiten solle und dafür alle »Aufklärungs*ergebnisse* an die Amerikaner« (Hervorhebung d. d. Verf.) liefern würde. So ließ er

die Lieferung von Rohinformationen zumindest offen und sicherte der Org eine eigene Auswertung. Vgl. Gehlen 1971, S. 149f.
[288] Vgl. Schmidt-Eenboom 1993, S. 278f.
[289] Schmidt-Eenboom/Angerer 1994, S. 82.
[290] Vgl. Walde 1971, S. 149.
[291] Vgl. Schmidt-Eenboom 1993, S. 278f.
[292] Vgl. Walde 1971, S. 103f.
[293] Bohl 1996.
[294] Schmidt-Eenboom 1993, S. 288
[295] Bissinger 1986, S. 43.
[296] Zeuge Weiß, BTDr. 7/3246.
[297] Zolling/Höhne 1971, S.279.
[298] Zolling/Höhne 1971, S. 281.
[299] Zolling/Höhne 1971, S. 283.
[300] Zolling/Höhne 1971, S. 279.
[301] Bissinger 1986, S. 45.
[302] Zeuge Weiß, BTDr. 7/3246.
[303] Zeuge Gehlen, BTDr. 7/3246.
[304] Zeuge Wessel, BTDr. 7/3246.
[305] Zeuge Prof. Ehmke, BTDr. 7/3246.
[306] Bissinger 1986, S. 43.
[307] Bissinger 1986, S. 43.
[308] Bissinger 1986, S. 49.
[309] Vgl. Hachmeister 1996.
[310] Der etwas aggressiver klingende Begriff »verdeckte Aktionen« wird -internationalem Sprachgebrauch folgend- auch beim BND jetzt mehr und mehr durch den neutraleren Begriff »verdeckte Operationen« ersetzt. (Erich Schmidt-Eenboom in einem Gespräch am 24. 7. 1995 in Weilheim).
[311] Rüttgers nennt BND Amateurclub 1991.
[312] Vgl. § 1 Abs. 2 des BNDG, BGBl. 1990 I, S. 2954, 2979.
[313] Vgl. BT Drs. 11/4306, S.70f.
[314] BT Drs. 11/7235, S.110.
[315] Abgedruckt in BT Drs. 7/3246 (Guillaume-Untersuchungsausschuß).
[316] Brenner 1990, S. 105.
[317] Brenner 1990, S. 105.
[318] Rieger 1986, S. 39.
[319] Bundesnachrichtendienst 1974, S. 11.
[320] Vgl. »Schnüffler ohne Nase« 1995.
[321] Vgl. Roth 1990, S. 69ff, Schmidt-Eenboom 1993, S. 190-203, sowie »Schnüffler ohne Nase« 1995.
[322] Vgl. Nuristani 1987, sowie »Schnüffler ohne Nase« 1995.
[323] Vgl. Klein/Frey 1995, Gervasi 1995, sowie »Schnüffler ohne Nase« 1995.
[324] Parisi 1990.
[325] Schmidt-Eenboom schätzt den Anteil verdeckter Aktionen beim BND ebenfalls auf 3%. (Erich Schmidt-Eenboom in einem Gespräch am 24. 7. 1995 in Weilheim.)
[326] Brenner 1990, S.102.
[327] Bundesnachrichtendienst 1974, S.11. Hervorhebung d. d. Verf.
[328] Schmidt-Eenboom 1993, S. 31, 457.
[329] Schmidt 1994, S. 411.
[330] Vgl. Schmidt-Eenboom 1993, S. 385.

[331] Vgl. Raith 1991, S. 32.
[332] Vgl. Müller 1991, S. 51-60, sowie Fitchett 1990.
[333] Vgl. BT Drs. 12/890, S. 1.
[334] In einem Film der BBC (April 1992) wurden die Vorsitzenden der Untersuchungsausschüsse interviewt. Vgl. Gladio-Transkript 1992 Teil I, S. 4-6. Auch das EG-Parlament verurteilte »GLADIO« in scharfer Form, forderte seine Auflösung und vollständige Aufklärung. Vgl. BT Drs. 12/560, S. 4f.
[335] Vgl. BT Drs. 12/890, S. 1f, sowie BT Drs. 12/560.
[336] Vgl. Die NATO-Terroristen 1991, S. 15.
[337] BT Drs. 12/560, S. 2.
[338] Bundesnachrichtendienst 1974, S. 38.
[339] Die Bundesregierung behauptet jedoch: »Diese ›Widerstandskomponente‹ im Stay-Behind-Programm ist jedoch schon seit Anfang der siebziger Jahre schrittweise reduziert worden. Ende 1983 hat der BND diese Vorbereitungen (...) ganz eingestellt (...).« BT Drs. 12/890, S. 2.
[340] Die Bundesregierung bestätigt, das Programm sei »kurz nach dem Ende des Zweiten Weltkrieges« von »alliierten Geheimdiensten« aufgebaut worden. BT Drs. 12/890, S. 1.
[341] Schwert der CIA 1990.
[342] Zitiert nach Die NATO-Terroristen 1991, S. 19.
[343] Unter Berufung auf CIA-Quellen sagt Graeme Atkinson, Gehlen und ein »US-Office of Policy Co-Ordination« hätten GLADIO in Deutschland gemeinsam aufgebaut. Vgl. Schmidt 1994, S. 416.
[344] Für eine solche Sonderstellung der deutschen GLADIO-Organisation spricht auch ein Bericht, »der deutsche GLADIO-Ableger ›Stay-Behind-Organisation‹ sei anders als seine Schwesterorganisationen bereits in Friedenszeiten hinter feindlichen Linien eingesetzt gewesen, nämlich in der DDR.« BT Drs. 12/ 560.
[345] Vgl. Gladio-Transkript 1992, Teil 1, S. 17. Eigene Übersetzung.
[346] Gladio-Transkript 1992, Teil 1, S. 17f. Übersetzung und Hervorhebung d. d. Verf.
[347] Vgl. Die NATO-Terroristen 1991, S. 17. Müller 1991, S. 71ff, 118.
[348] Vgl. Müller 1991, S. 127ff , sowie Die NATO-Terroristen 1991, S. 17.
[349] Zitiert nach Müller 1991, S. 151.
[350] Vgl. Müller 1991, S. 111f, Die NATO-Terroristen 1991, S. 18.
[351] Vgl. Walde 1971, S. 60, 65.
[352] Einheiten für verdeckte Einsätze, Österreichische Militärzeitschrift 2/199, S. 123, zitiert nach Schmidt-Eenboom 1993, S. .
[353] Zitert nach Schmidt-Eenboom 1993, S. 372.
[354] Vgl. Schmidt-Eenboom 1993, S. 372.
[355] Vgl. Cossardt 1980, sowie Blanche 1980 (A) und Blanche 1980 (B), Rowse 1994, S. 22-25, sowie Schmidt 1994, S. 413f, Müller 1991, S.

36f, und Gladio-Transkript 1992 (passim). Darüber hinaus gibt es Indizien, daß die rechtsterroristische »Wehrsportgruppe« Hoffmann sowohl am Attentat von München, als auch am Attentat von Bologna beteiligt war. Vgl. Die NATO-Terroristen, S. 18f, sowie Rostek 1982, KB 1982.

[356] Vgl. BT Drs. 12/2703.
[357] Vgl. Schmidt 1994, S. 417. Schmidt-Eenboom bestätigte aber die Auflösung von GLADIO. (Schmidt-Eenboom in einem Gespräch am 24. 7. 1995 in Weilheim.)
[358] Vgl. Montalcino 1996, S. 108, sowie Goebel 1995.
[359] Vgl. Nazis rufen zur Terroroffensive 1995 und Der Aufbau des Werwolfes in Berlin 1995.
[360] Nach dem Kalten Krieg 1993.
[361] Vgl. Walde 1971, S. 67, 251f, sowie Brenner 1990, S. 57.
[362] Das PVMG bekam Selbstversammlungsrecht. Es sollten außerdem anstelle der Fraktionsvorsitzenden »fachlich interessierte« Abgeordnete entsandt werden. Vgl. Walde 1971, S. 253.
[363] BGBl. 1978 I, S. 453.
[364] Brenner 1990, S. 64.
[365] Vgl. Brenner 1990, S. 59-64, 67f.
[366] Vgl. § 4 Abs. 2 u. 3 PKKG, BGBl. 1992 I, S. 997.
[367] Am 26. 1. 1995 wurde die PKK neu gewählt. Stenographische Berichte des Bundestages, Donnerstag 26. 1. 1995, S. 856D-859B (Debatte), 870A (Wahlergebnis).
[368] Vgl. Walde 1971, S. 91f. und 253f. Dieser Ausschuß wurde auch »Bundesnachrichtendienstausschuß« genannt und mit einem Mitglied jeder Fraktion beschickt.
[369] Vgl. Brenner 1990, S. 62f.
[370] Vgl. Brenner 1990, S. 63.
[371] Vgl. Walde 1971, S. 91.
[372] BGBl. 1968 I, S. 949.
[373] § 9 Abs. 1 G 10, BGBl. 1968 I, S. 949, 951, sowie BGBl. 1995 I, S. 582.
[374] § 9 Abs. 4 G 10, BGBl. 1978 I, S. 1546.
[375] Vgl. Brenner 1990, S. 73, sowie § 5 Abs. 5 und § 9 Abs. 6 G 10, BGBl. 1968 I, S. 949, 951, BGBl. 1978 I, S. 1546.
[376] § 9 Abs. 1 G 10, BGBl. 1968 I, S. 949, 951, sowie § 3, Abs. 1, Satz 1, G 10, BGBl. 1994 I, S. 3186, 3194.
[377] § 7 BNDG, sowie § 15 BVerfSchG, BGBl. 1990 I, S. 2954, 2974, 2980.
[378] Zum Führungsstil der einzelnen Kanzleramtschefs vgl. Walde 1971, S.149,175f.
[379] Erich Schmidt-Eenboom in einem Gespräch am 24. 7. 1995 in Weilheim.
[380] Gehlen 1980, S. 187.
[381] So setzte z. B. Frankreich im ruandischen Bürgerkrieg jeweils einen Geheimdienst auf eine der beiden Kriegsparteien an. Schmidt-Eenboom bei seinem Vortrag »Machtpolitik in der multipolaren Welt« im Rahmen der UN-Friedenswoche am 13. 11. 1995 an der Universität Hamburg.
[382] Vgl. Walde 1971, S. 187f. Der BND hatte zwar auch mit der SPD zusammengearbeitet, vor allem mit dem antikommunistischen »Ostbüro« der SPD (Vgl. Walde 1971, S. 219-221). Gehlen hatte auch den SPD-Oppositionsführern BND-Berichte zukommen lassen (Vgl. Walde 1971, S. 149)
[383] Zitiert nach Walde 1971, S. 149.
[384] Vgl. Thewalt 1996.
[385] Der Apparat macht, was er will 1991.
[386] Vgl. Schmidt-Eenboom 1993, S. 382.
[387] Vgl. Der Apparat macht, was er will 1991.
[388] Schwarz 1991.
[389] Der Apparat macht, was er will 1991.
[390] Vgl. die Äußerungen des Abgeordneten Burkhard Wilz (CDU/CSU) im Bundestag. Stenographische Berichte des Bundestages, 12. Wahlperiode, 52. Sitzung, 30. 10. 1991, S. 4342 B. Auch Wolfgang Zeitlmann (CSU), Mitglied der PKK, äußerte sich im Gespräch am 28. 9. 1995 in ähnlicher Weise.
[391] Schwarz 1991.
[392] Schwarz 1991.
[393] Stenogr. Berichte d. BT, 12. Wahlperiode, 52. Sitzung, 30. 10. 1991, S. 4345 C.
[394] Zitert nach Loose 1992.
[395] BT Drs. 12/5626.
[396] Daase 1991, S. 13f.
[397] Daase 1991, S. 14 f.
[398] Nach dem Kalten Krieg 1993. (Herv. d. d. Verf.)
[399] Nach dem Kalten Krieg 1993.
[400] Günther 1994, vgl. auch Diederichs 1991.
[401] Daase 1991, S. 16f.
[402] Aus der Stellungnahme der Fraktion der CDU/CSU im Innenausschuß. BT Drs. 12/5626, S. 4.
[403] Rolf Olderog (CDU/CSU), Stenogr. Berichte d. BT, 12. Wahlp., 146. Sitzung, 11. 3. 1993, S. 12606 D. Hervorh. d. d. Verf.
[404] Wolfgang Zeitlmann (MdB, CSU) in einem Gespräch am 28. 9. 1995. (Herv. d. d. Verf.)
[405] Art.1: BDSG; Art.2: BVerfSchG; Art.3: MADG; Art.4: BNDG. Das gesamte Gesetz hieß: Gesetz zur Fortentwicklung der Datenverarbeitung und des Datenschutzes. Vgl. BT Drs. 11/4306.
[406] Diese Bezugnahmen sind allerdings auch für den BND von Bedeutung, da das BND-Gesetz bis auf wenige Paragraphen nur aus Verweisen auf das Bundesverfassungsschutzgesetz besteht.
[407] Sitzung des Innenausschusses am 28. Mai 1990, BT Drs. 11/7235, S. 110.
[408] MdB Emmerlich (SPD) am 31. 5. 1990. Stenographische Berichte des Bundestages, 11. Wahlperiode, 214. Sitzung, 20. Mai 1990, S. 16788 D.
[409] So hat der BND stets, und (spätestens) seit 1979 massenhaft nicht-leitungsgebundene Telefongespräche und andere funkelektronische

Fernmeldeverkehre im Ausland abgehört. Dafür benötigte er nach eigener Auffassung keine gesetzliche Grundlage, weil er seine Bindung an das Grundrecht auf »Brief-, Post- und Fernmeldegeheimnis« auf das Territorium der BRD oder BundesbürgerInnen beschränkt sah. Vgl. Seifert 1994, S. 7-9.
[410] Vgl. BT Drs. 11/4306, S. 70f.
[411] BT Drs. 11/7262.
[412] Dr. Blens (CDU/CSU) Stenogr.Berichte d. BT, 11. Wahlp., 214. Sitzung, 31. Mai 1990, S. 16778 B.
[413] Stenogr. Berichte d. BT, 11. Wahlp., 214. Sitzung, 31. Mai 1990, S. 16779 B-16779 C.
[414] Stenogr. Berichte d. BT, 11. Wahlp., 214. Sitzung, 31. Mai 1990, S. 16791 B.
[415] MdB Emmerlich (SPD). Stenogr. Berichte d. BT, 11. Wahlp., 214. Sitzung, 31. Mai 1990, S. 16788 D.
[416] Vgl. Geheimdienstüberwacher 1991.
[417] Vgl. BT Drs. 12/1643.
[418] Vgl. BT Drs. 12/1643, S. 5.
[419] Vgl. BT Drs. 12/1643, S. 5.
[420] Stenogr. Berichte d. BT, 12. Wahlp., 82. Sitzung, 12. März 1992, S. 6807 B.
[421] Peter Struck (MdB, SPD) in einem Gespräch am 15. 8. 1995 in Bonn. Eigentlich waren »dienstrechtliche Vorschläge im eigenen Interesse oder zugunsten Dritter« (Stenogr. Berichte d. BT, 12. Wahlp., 82. Sitzung, 12. März 1992, S. 6807 B) ebenfalls ausgeschlossen. In der Praxis scheint die Bundesregierung diese Art von Hinweisen an die PKK jedoch nicht für problematisch erachtet zu haben.
[422] Vgl. § 2 Abs. 1 Satz 1 des Gesetzes über die parlamentarische Kontrolle nachrichtendienstlicher Tätigkeit des Bundes (PKKG). BGBl. 1992 I, S. 997.
[423] Vgl. Stenogr. Berichte d. BT, 12. Wahlp., 82. Sitzg., 12. März 1992, S. 6805 B-6806 C.
[424] Stenogr. Berichte d. BT, 12. Wahlp., 82. Sitzung, 12. März 1992, S. 6802 D.
[425] Stenogr. Berichte d. BT, 12. Wahlp., 82. Sitzung, 12. März 1992, S 6803 C.
[426] Vgl. Stenogr. Berichte d. BT, 12. Wahlp., 82. Sitzung, 12. März 1992, 6803 D.
[427] Stenogr. Berichte d. BT, 12. Wahlp., 82. Sitzung, 12. März 1992, 6804 A.
[428] Stenogr. Berichte d. BT, 12. Wahlp., 82. Sitzung, 12. März 1992, 6804 D.
[429] Stenogr. Berichte d. BT, 12. Wahlp., 82. Sitzung, 12. März 1992, 6806 C.
[430] BT Drs. 12/4402, S. 1.
[431] Rolf Olderog (CDU/CSU), Stenogr. Berichte d. BT, 12. Wahlp., 146. Sitzung, 11. März 1993, S. 12606 B, (Herf. d. d. Verf.)
[432] Stenogr. Berichte d. BT, 12. Wahlp., 146. Sitzg., 11. März 1993, S. 12610 C -12611 A.
[433] BT Drs. 12/4402, S. 1.
[434] Stellungnahen von GRÜNEN und FDP im Innenausschuß. BT Drs. 12/4402, S. 4.
[435] BT Drs. 12/4402, S. 1.

[436] Stenogr. Berichte d. BT, 12. Wahlp., 146. Sitzung, 11. März 1993, 12607 B.
[437] BT Drs. 12/5626, S. 4.
[438] BT Drs. 12/5626, S. 4.
[439] Vgl. Schmidt-Eenboom 1993, S. 63.
[440] Vgl. § 3 Abs. 2 G 10 i. V. m. § 2 G 10. BGBl. 1968 I, S. 949, 950. Dazu kommen noch besonders schwere Straftaten, bei denen sich eine Person, die von der Planung Kenntnis hat, diese nicht anzeigt. (§ 138 StGB - Nichtanzeige geplanter Straftaten) Vgl. Riegel 1991, S. 395.
[441] Vgl. Schmidt-Eenboom 1993, S. 411ff.
[442] In vielen Kommentaren wurde auch von der Errichtung eines vierten bundesdeutschen Geheimdienstes gesprochen, denn ein weiterer Hauptpunkt des Gesetzes war die »Ermächtigung des Zollkriminalinstituts (ZKI) zu weitreichenden Eingriffen in das Brief-, Post- und Fernmeldegeheimnis (...) weit im Vorfeld strafbarer Handlungen (...).« Riegel 1991, S. 395.
[443] Vgl. § 3 Abs. 2 des G 10 i. d. F. v. 28. Feb. 1992. BGBl. 1992 I, S. 372, 374. Gleiches galt für individuelle Überwachungsmaßnahmen aller bundesdeutschen Geheimdienste. Vgl. § 7 Abs. 3 des G 10 i. d. F. v. 28. Feb. 1992. BGBl. 1992 Teil I, S. 372, 374.
[444] Stenogr. Berichte d. BT, 12. Wahlp., 73. Sitzung, 23. Jan. 1992, S. 6087 A. Herv. d. d. Verf.
[445] Stenogr. Berichte d. BT, 12. Wahlp., 52. Sitzung, 30. 10. 1991, S. 4341 D.
[446] Vgl. Gast 1995 (B).
[447] Vgl. Seifert 1994, S. 9, 11, sowie Riegel 1993, S. 470ff.
[448] Vgl. Seifert 1994, S. 3; sowie Gröpl 1995, Nach dem Kalten Krieg 1993, und Staubsauger im Äther 1993.
[449] Staubsauger im Äther .1993.
[450] Gröpl 1995, S. 14.
[451] Gröpl 1995, S. 18.
[452] Die gesetzliche Ermächtigung ist nicht global. Die entsprechenden Maßnahmen müssen vom Chef des Bundeskanzleramtes angeordnet und von G 10-Gremium und G 10-Kommission genehmigt werden. Vgl. § 3 Abs. 1 Satz 1 des G 10, BGBl. 1994 I, S. 3186, 3194.
[453] Riegel 1995, S. 176.
[454] Die alte Kompetenz zur »strategischen Kontrolle« der Brief-, Post- und der leitungsgebundenen Fernmeldeverkehrsbeziehungen blieb dem BND aber erhalten. Die geradezu uferlosen Kompetenzen gegen den nicht-leitungsgebundenen Fernmeldeverkehr erhielt er zusätzlich. Vgl. § 3 Abs. 1 Satz 2 und 3 G 10, BGBl. 1994, S. 3186, 3194. Angeblich wurde die »strategische Kontrolle« gegenüber Osteuropa 1990 eingestellt. Dafür gerieten Länder wie der Irak in den Verdacht, einen »bewaffneten Angriff auf das Bundesgebiet« zu planen. Vgl. Geheimniskrämerei übertrieben 1991.
[455] Vgl. § 3 Abs. 1 Satz 2 Nr. 2-6 des G 10, BGBl. 1994 I, S. 3186, 3194.

[456] Vgl. Staubsauger im Äther 1993, sowie § 3 Abs. 2 des G 10, BGBl. 1994 I, S. 3186, 3195.
[457] Vgl. § 3 Abs. 3-4 des G 10, BGBl. 1994 I, S. 3186, 3195.
[458] Vgl. Riegel 1995, S. 176.
[459] § 3 Abs. 2 Satz 3, BGBl. 1994 I, S. 3186, 3195.
[460] Vgl. Pfeiffer/Diesler/Kauß 1995.
[461] Riegel 1995, S. 176, 177.
[462] Vgl. §7 Abs. 3 G 10, BGBl. 1994 I, S. 3186, 3195.
[463] Vgl. Arndt 1995, S. 172.
[464] Die Weitergabe personenbezogener Daten durch den BND an die Strafverfolgungsbehörden bedarf nun eines »hinreichenden Tatverdachts«. Gast 1995 (A).
[465] Vgl. Rheindorf 1996 (A) und (B).
[466] IBM 1996.
[467] Prof. Dr. jur. Michael Köhler in einem Gespräch am 22. November 1995 in Hamburg.
[468] Prof. Dr. jur. Michael Köhler in einem Gespräch am 22. November 1995 in Hamburg. Hervorhebung d. d. Verf.
[469] Seifert 1994, S. 3.
[470] Staubsauger im Äther 1993.
[471] Nach dem Kalten Krieg 1993.
[472] Stenogr. Berichte d. BT, 12. Wahlp., 146. Sitzg., S. 12604 D - 12605 A. Hervorh. d. d. Verf.
[473] Staubsauger im Äther 1993.
[474] Thewalt 1994.
[475] Vgl. Alles nach Gusto 1993; Koalition 1994; Fietz 1994; Forudastan 1994; Klingst 1994; Wie man das Grundgesetz unterläuft 1994.
[476] Walde 1971, S. 260.
[477] Für das BND-Gesetz: Vgl. Forudastan 1989. Für 1992: Vgl. Stenogr. Berichte d. BT, 12. Wahlp., 73. Sitzung, 23. Jan. 1992, S. 6089 D - 6090 A. Für 1994: Vgl. Arndt 1995, S. 169.
[478] Prof. Dr. jur. Michael Köhler in einem Gespräch am 22. November 1995 in Hamburg.
[479] Schmidt-Eenboom 1993, S. 15.
[480] Das Komitee für Grundrechte und Demokratie stellte beispielsweise schon im September 1989 - über ein Jahr vor der Verabschiedung der Geheimdienstgesetze -fest, daß »wenig Hoffnung besteht diese neuen (Un-)›Sicherheitsgesetze‹ zu verhindern.« (Komitee für Grundrechte und Demokratie 1989.) Zur Geschichte der BürgerInnenrechtsgruppen vgl. auch Narr 1995.
[481] nach Werthebach 1994, S. 57.
[482] Vgl: Schmidt-Eenboom 1993, S. 430; Werthebach 1994, S. 58; Neue Aufgaben für den BND 1990; Nach dem Kalten Krieg 1993.
[483] Vgl. Werthebach 1994, und Albert 1995. Die Überwachung des Frauen- und Mädchenhandels wird für den BND jedoch explizit ausgeschlossen. Vgl. Keßelring 1994, S. 62.
[484] Vgl. Schuster 1994, S. 65ff. Vgl. auch Jachmann 1994.
[485] Vgl. dazu die 62. Sitzung des Rechtsausschusses des Bundestages am 13. 1. 1993, zit. nach Seifert 1994, S. 14. Die GRÜNEN-Abgeordnete Ingrid Köppe wies 1993 darauf hin, die PKK vertrete eine gegenteilige Ansicht. Die Aneignung der Aufgabengebiete im Bereich der OK durch den BND sei ihrer Auffassung nach daher rechtswidrig. Vgl. Sten. Ber. d. Bundestages, 12. Wahlp., 146. Sitzg., 11. 3. 1993, S. 12604 D - 12605 A.
[486] Vgl. Gesetz zur Änderung des Strafgesetzbuches, der Strafprozeßordnung und anderer Gesetze (Verbrechensbekämpfungsgesetz), BGBl. 1994 I, S. 3186, 3194.
[487] Mark Holzberger, Mitarbeiter des Büros Ulla Jelpke (MdB, PDS), in einem Gespräch am 14. 8. 1995 in Bonn.
[488] Albert 1995, S. 105.
[489] Vgl. Werthebach 1994, S.57-65.
[490] Albert 1995, S. 106, 108.
[491] Wolfgang Zeitlmann (MdB, CSU) in einem Gespräch am 28. 9. 1995.
[492] Vgl. Gusy 1994, S.91 ff.
[493] Wolfgang Zeitlmann (MdB, CSU) in einem Gespräch am 28. 9. 1995.
[494] Zitiert nach Berschens/Deyson/Fischer/Thelen/Ziesemer 1996. Vgl. auch Wissenschaftliche Dienste des Deutschen Bundestages 1995, sowie Kanther warnt... 1995.
[495] Vgl. Schmidt-Eenboom/ Angerer 1994, S. 82.
[496] Erich Schmidt-Eenboom in einem Gespräch am 24. 7. 1995 in Weilheim.
[497] Vgl. Berschens/Deyson/Fischer/Thelen/Ziesemer 1996.
[498] »Härtere Gangart« 1996.
[499] Peter Struck (MdB, SPD) in einem Gespräch am 15. 8. 1995 in Bonn.
[500] Wolfgang Zeitlmann (MdB, CSU) in einem Gespräch am 28. 9. 1995.
[501] Mark Holzberger, Mitarbeiter des Büros Ulla Jelpke (MdB, PDS), in einem Gespräch am 14. 8. 1995 in Bonn.
[502] Vgl. § 3 Abs. 2 Satz 3 G 10, BGBl. 1994 I, S. 3186, 3195.
[503] Vgl. Bordien 1991, sowie Lauscher im Datenreich 1996.
[504] Zitiert nach Berschens/Deyson/Fischer/Thelen/Ziesemer 1996.
[505] Berschens/Deyson/Fischer/Thelen/Ziesemer 1996.
[506] Peter Struck in einem Gespräch am 15. 8. 1995 in Bonn.
[507] Erich Schmidt-Eenboom in einem Gespräch am 24. 7. 1995 in Weilheim.
[508] Vgl. BT Drs. 12/4402, S. 6. Vgl. auch »Schnüffler ohne Nase« 1995.
[509] Erich Schmidt-Eenboom in einem Gespräch am 24. 7. 1995 in Weilheim.
[510] Vgl. Bürokollektiv Ulla Jelpke 1995: BND-Plutonium-Skandal, Analyse und Kritik (ak), 1. 6. 1995. Lithium 6 eignet sich zur Herstellung von Wasserstoffbomben. Vgl. Stock 1995.
[511] Vgl. Gast 1996 (A).
[512] Bordien 1996. Vgl. Kanzler schmuggelte1995, sowie Routinemäßig wußte Kohl Bescheid

[513] Plutonuim-Schmuggel nicht inszeniert 1995.
[514] Mark Holzberger, Mitarbeiter von Ulla Jelpke (MdB, PDS) in einem Gespräch am 14. 8. 1995 in Bonn, sowie Bordien 1996.
[515] Vgl. Peter Struck (MdB, SPD) in einem Gespräch am 15. 8. 1995 in Bonn.
[516] Vgl. Brandstetter 1989, S. 51, 73.
[517] Vgl. Erich Schmidt-Eenboom 1993, S. 391.
[518] Vgl. Brandstetter 1989, S. 113ff, sowie Gottschlich 1995.
[519] Vgl. Schmidt-Eenboom 1993, S. 391-395.
[520] Schmidt-Eenboom 1993, S. 407.
[521] Opperskalski 1995.
[522] Schmidt-Eenboom 1993, S. 407.
[523] Geheimniskrämerei übertrieben 1991.
[524] Erich Schmidt-Eenboom in einem Gespräch am 24. 7. 1995 in Weilheim.
[525] Crack-Contra-Gate 1996.
[526] Erich Schmidt-Eenboom in einem Gespräch am 24. 7. 1995 in Weilheim.
[527] Neumann 1985, S. 173f.
[528] Gaus1996.
[529] Gröpl 1993, S. 369.
[530] Bohl 1996.
[531] Peter Struck in einem Gespräch am 15. 8. 1995 in Bonn.
[532] Erich Schmidt-Eenboom in einem Gespräch am 24. 7. 1995 in Weilheim.
[533] Gröpl 1993, S. 372f.
[534] Gröpl 1993, S. 373.
[535] Gröpl 1993, S. 375.
[536] Wolfgang Zeitlmann (MdB, CSU) in einem Gespräch am 28. 9. 1995.
[537] Wolfgang Zeitlmann (MdB, CSU) in einem Gespräch am 28. 9. 1995.
[538] Mark Holzberger, Mitarbeiter des Büros Ulla Jelpke (MdB, PDS), in einem Gespräch am 14. 8. 1995 in Bonn.
[539] Erich Schmidt-Eenboom in einem Gespräch am 24. 7. 1995 in Weilheim.
[540] Die Erkenntnisse des BND sollen unter anderem aus der Überwachung des Telefon- und Funkverkehrs auf dem gesamten Territorium Ex-Jugoslawiens stammen. Die entsprechenden Anlagen stehen in Österreich, nahe der slowenischen Grenze. Vgl. Zumach 1995 (B).
[541] Vgl. Deutscher Kampfflieger 1995.
[542] »Der BND muß besser werden« 1996.
[543] Solms für die Reform des BND 1995.
[544] Peter Struck (MdB, SPD) in einem Gespräch am 15. 8. 1995 in Bonn.
[545] Peter Struck (MdB, SPD) in einem Gespräch am 15. 8. 1995 in Bonn.
[546] Wolfgang Zeitlmann (MdB, CSU) in einem Gespräch am 28. 9. 1995.
[547] Erich Schmidt-Eenboom in einem Gespräch am 24. 7. 1995 in Weilheim.
[548] Vgl. Bannas 1996.
[549] Peter Struck (MdB, SPD) in einem Gespräch am 15. 8. 1995 in Bonn.
[550] Vgl. Bohl 1996.
[551] Peter Struck (MdB, SPD) in einem Gespräch am 15. 8. 1995 in Bonn.
[552] Erich Schmidt-Eenboom in einem Gespräch am 24. 7. 1995 in Weilheim.
[553] BND-Quelle zitiert nach Thewalt 1996.
[554] DU 1996.
[555] »Härtere Gangart« 1996.
[556] Mark Holzberger, Mitarbeiter des Büros Ulla Jelpke (MdB, PDS), in einem Gespräch am 14. 8. 1995 in Bonn.
[557] Schmidt-Eenboom 1995, S. 10.
[558] Vgl. Der Minister und sein Agent 1996.
[559] Vgl. »Der BND muß besser werden« 1996.
[560] Hirsch 1995.
[561] Vgl. Diederichs 1991, S. 69.
[562] Reorganisation 1991.
[563] Vgl. MfS Hochschule 1983, S. 62; BND beobachtet Bosnien 1996, sowie Thewalt 1996.
[564] Schmidt-Eenboom 1993, S. 457.
[565] Vgl. BT Drs. 11/621, S. 72f.
[566] MfS Hochschule 1983, S. 139.
[567] Berschens/Deyson/Fischer/Thelen/Ziesemer 1996.
[568] Schmidt-Eenboom 1995, 293.
[569] »Schnüffler ohne Nase« 1995. Vgl. auch Gervasi 1995, S. 36.
[570] Erich Schmidt-Eenboom, zitiert nach Klein/Frey 1995. Vgl. auch Illegal German Weapons 1995, S. 10; sowie Schmidt-Eenboom 1993, S. 420-425.
[571] Vgl. Heinrich 1993, S. 406.
[572] Zitiert nach Wilde Hortensie 1995.
[573] Zitiert nach Wilde Hortensie 1995.
[574] Schmidt-Eenboom ist sogar der Ansicht, daß GLADIO ein Teil der NATO-Organisation gewesen seien, »obwohl auch neutrale Staaten über solche Untergrundarmeen verfügten, die aber im NATO-/CIA-Verbund standen.« (Schmidt-Eenboom 1995, S. 46) Es gab tatsächlich ab 1964 enge Verbindungen zum NATO-Hauptquartier in Brüssel. (Vgl. Müller 1990, S. 17) GLADIO war aber schon vor der NATO, aufgebaut worden - und zwar nicht anhand formaler Mitgliedschaften in einer noch nicht gegründeten Organisation, sondern »entlang jener Linien, die in Westeuropa in den letzten Jahren des Zweiten Weltkrieges bestanden.« (So Thomas Polgar (CIA) in: Gladio-Transkript Teil I 1992, S. 15.)
[575] l. Müller 1991, S. 16, sowie Schwert der CIA 1990.
[576] Vgl. BT Drs. 12/2703, Frage 1.
[577] Vgl. Gervasi 1995, S. 36.
[578] In der »Tageszeitung« vom 7. August 1995 steht über den kroatischen Sieg in der Krajina: »Am gleichen Tag um 17.00 Uhr schalteten zwei NATO-Flugzeuge die für das Raketenleitsystem ebenfalls wichtige Radaranlage bei dem Militärflugplatz Ubdina in der Krajina aus.« (Rathfelder 1995) Sean Gervasi spricht von US-Flugzeugen. Vgl. Gervasi 1995, S. 37.
[579] Zumach 1995 (A).

[580] Schmidt-Eenboom 1995, S. 38.
[581] MfS Hochschule 1983, S. 142.
[582] Vgl. MfS Hochschule 1983, S. 143ff.
[583] Rolf Olderog (CDU/CSU), Stenogr. Berichte d. BT, 12. Wahlp., 146. Sitzung, 11. 3. 1993, S. 12606 D.
[584] Peter Struck in einem Gespräch am 15. 8. 1995 in Bonn.
[585] Schmidt-Eenboom 1993, S. 196.
[586] BT-Drs. 11/4925, Frage 1.
[587] Schmidt-Eenboom 1993, S. 196.
[588] Zitiert nach Roth 1990, S.104.
[589] Vgl. BT Drs. 11/4925, Frage 4.
[590] Roth 1990, S. 98.
[591] »General-Plan Nr1 vom 24. 2. 1984 der RENAMO: 1. Zerstörung der mosambikanischen Wirtschaft in den ländlichen Regionen. 2. Zerstörung der Verkehrsverbindungen, um Exporte und Importe von und nach außen sowie den Transport heimischer Produkte im Lande selbst zu unterbinden. 3. Verhinderung der Aktivitäten von Ausländern (Kooperanten). Sie stellen die größte Gefahr dar, weil sie die Wirtschaft wieder aufbauen helfen.« Zitiert nach Roth 1990, S. 79.
[592] Roth 1990, S. 73.
[593] Selbst die EUROPOL-Unternehmungen sind bislang nicht sehr weit gediehen. Im Prinzip ist EUROPOL noch nichts weiter als ein Ort institutionalisierten Austausches zwischen vollkommen nationalstaatlich ausgerichteten Polizeien. Vgl. Schmidt-Eenboom 1995, S. 49f.
[594] Vgl. Riegel 1995, S. 178.
[595] Geheimniskrämerei übertrieben 1991.
[596] Geheimniskrämerei übertrieben 1991.
[597] Schmidt-Eenboom 1995, S. 45.
[598] Erich Schmidt-Eenboom in einem Gespräch am 24. 7. 1995 in Weilheim.
[599] Peter Struck (MdB, SPD) in einem Gespräch am 15. 8. 1995 in Bonn.
[600] Vgl. Walde 1971, S. 287, Anm. 22
[601] Aus einem Brief von Dr. Hans Langemann, ehemaliger BND-Mitarbeiter in geheimer Leitungsfunktion in der Bayerischen Staatsregierung (Abt. I F), an den »Herrn Staatsminister - nur persönlich«, München, 1. Feb. 1980, faksimiliert in Bissinger 1986, S. 41.
[602] Vgl. Bissinger 1986, S. 41, 48.
[603] Z.B. »Bismarck. Führer und Mensch«, Leipzig 1935; »Franz v. Papen. Eine politische Biographie.«, Breslau 1953, »Ludwig Beck. Ein preußischer General«, München 1964; »Richter in roter Robe. Freisler, Präsident des Volksgerichtshofes«, München 1968.
[604] Buchheit 1941, S. 495.
[605] So schreibt Buchheit z. B. in »Die anonyme Macht« 1969, unter »den besetzten Ländern« sei »auch ein Kulturstaat von hohem Rang« gewesen. Damit dürfte er Frankreich gemeint haben, wo er Offizier im Generalstab des Militärbefehlshabers war. Dies impliziert, daß die besetzten Staaten Süd- und Osteuropas keine »Kulturstaaten von hohem Rang« gewesen waren. Später spricht er davon, der SD sei bei Heydrich in »die falschen Hände« geraten, Hitler hätte mehr auf die FHO hören sollen. Vgl. Buchheit 1969, Klappentext.
[606] Zitiert nach Reese 1992, S. 288, Fn. 8.
[607] Notes on the Red Army - Leadership and Tactics. Source: Gehlen, Reinhard. RG 238, Records of the National Archives collection of World War II War Crimes, SAIC/R/1&2 Gehlen. Zitiert nach: Reese 1992, S. 94f.
[608] Reese 1992, S. 94.
[609] Für Mary Ellen Reese ist bezeichnenderweise Spiros Verwendung von Julius Mader (und nicht etwa von Otto Skorzeny) ausschlaggebend dafür, dessen Buch als »wertlos« zu bezeichnen. Vgl. Reese 1992, S. 262.
[610] Schmidt-Eenboom 1993, S. 194f.
[611] Vgl. Reese 1992, S. 261 und Walde 1971, S. 193, 260.
[612] Zolling/Höhne 1971, S. 254, 213 und 251.

Literaturliste

A

Adenauer, Konrad 1965: Erinnerungen 1945-1953, Fragmente, Stuttgart 1965.

Agee, Philip 1993: CIA Intern. Tagebuch 1956-1974, Neuauflage, Hamburg 1993.

Albert, Helmut 1995: Das »Trennungsgebot« - ein für Polizei und Verfassungsschutz überholtes Entwicklungskonzept?, Zeitschrift für Rechtspolitik 1995, Heft 3, S. 105.

Alles nach Gusto 1993: Alles nach Gusto, Der Spiegel, 1. 2. 1993.

Arndt, Claus 1985: Die ›strategische Kontrolle‹ von Post- und Fernmeldever-kehrsbeziehungen, Neue Juristische Wochenschrift 1985, S. 107.

Arndt, Claus 1995: Die Fernmeldekontrolle im Verbrechensbekämpfungsgesetz, NJW 1995/3, S. 169.

B

Bannas, Günter 1996: Wirken und Schweigen, Frankfurter Allgemeine Zeitung vom 12.3.1996.

Baring, Arnulf 1969: Außenpolitik in Adenauers Kanzlerdemokratie - Bonns Beitrag zur Europäischen Verteidigungsgemeinschaft, München/Wien 1969.

Bastian, Till 1993: Deutsche Truppen in alle Welt?, Blätter für deutsche und internationale Politik, 4/93, S. 416.

Berschens, Ruth/ Deyson, Christian/ Fischer, Manfred/ Thelen, Friedrich/ Ziesemer, Bernd 1996: Geheimer Nachteil, Wirtschaftswoche (Düsseldorf) vom 14. 3. 1996.

BGBl 1955 II: Vertrag über die Beziehungen der Bundesrepublik Deutschland und den Drei Mächten, S. 305.

BGBl 1968 I:
- Bekanntmachung der Erklärung der Drei Mächte vom 27. Mai 1968 zur Ablösung der alliierten Vorbehaltsrechte gemäß Artikel 5 Abs. 2 des Deutschlandvertrages, S. 714.
- Gesetz zur Beschränkung des Brief-, Post- und Fernmeldegeheimnisses (Gesetz zu Artikel 10 Grundgesetz) (G 10), vom 13.8.1968, S. 949.

BGBl 1972 I: Einunddreißigstes Gesetz zur Änderung des Grundgesetzes vom 28. Juli 1972, S. 1305.

BGBl 1978 I: Gesetz zur Änderung des Gesetzes zur Beschränkung des Brief-, Post- und Fernmeldegeheimnisses vom 13. 9. 1978, S. 1546.

BGBl 1984 I: Organisationserlaß des Bundeskanzlers vom 17.12.1984, S. 1689.

BGBl 1989 I: Gesetz zur Neustrukturierung des Post- und Fernmeldewesens und der Deutschen Bundespost (Poststrukturgesetz - PostStruktG) vom 8.6.1989, S. 1026.

BGBl 1990 I: Gesetz zur Fortentwicklung der Datenverarbeitung und des Datenschutzes vom 20.12.1990, insbesondere Art. 2 (BVerfSchG) und Art. 4 (BNDG), S. 2954.

BGBl 1992 I:
- Gesetz zur Änderung des Außenwirtschaftsgesetzes des Strafgesetzbuches und anderer Gesetze vom 28.2.1992, S. 372.
- Gesetz zur Änderung des Gesetzes über die parlamentarische Kontrolle nachrichtendienstlicher Tätigkeit des Bundes und zur Änderung des Gesetzes zur Beschränkung des Brief-, Post- und Fernmeldegeheimnisses vom 27.5.1992, S. 997.

BGBl 1994 I: Gesetz zur Änderung des Strafgesetzbuches, der Strafprozeßordnung und anderer Gesetze (Verbrechensbekämpfungsgesetz) vom 28. 10. 1994, S. 3186.

BGBl 1995 I: Gesetz zur Änderung von Vorschriften über parlamentarische Gremien vom 28.4.1995, S. 582.

Bissinger, Manfred 1986: Bundesnachrichtendienst: Warum so viele Journalisten für den Geheimdienst arbeiten, in: Jürgens, Ekkehardt/ Spoo, Eckhart (Hg.): Unheimlich zu Diensten, Medienmißbrauch durch Geheimdienste, Göttingen 1986, S. 37.

Blanche, Ed 1980 (A): In Europa wächst die Angst vor dem Terror der Neo-Nazis, Die Welt vom 11.10.1980.

Blanche, Ed 1980 (B): Das Netz des Neofaschismus, Frankfurter Rundschau vom 13.10.1980.

BND beobachtet Bosnien 1996: BND beobachtet Bosnien, Die Tageszeitung vom 21./22.9.1996.

BND sorgte für Schalck 1991: Bülow: Bundesnachrichtendienst sorgte rührend für Schalck, Frankfurter Allgemeine Zeitung vom 22.8.1991.

Bohl 1996: Amtseinführung des Präsidenten des Bundesnachrichtendienstes, Rede von Bundesminister Bohl in Pullach am 4. Juni 1996, Presse- und Informationsamt der Bundesregierung: Bulletin (Bonn), 1.7.1996.

Bordien, Hans Peter 1991: Bonn zieht nach: Ein Supergeheimdienst entsteht, in Geheim 1/91, S. 30.

Bordien, Hans Peter 1996: »Putonium-Affäre« - und was weiter?, GEHEIM Nr. 3/1996 vom 30. 9. 1996.

Borgs-Maciejewski, Hermann 1977 A: Parla-

135

ment und Nachrichtendienste, Aus Politik und Zeitgeschichte, Beilage zu »Das Parlament«, B6/12, 1977, S. 12.

Borgs-Maciejewski, Hermann 1977 B: Die Nachrichtendienste im Spannungsfeld zwischen Parlament und Regierung, (Erwiderung auf Hömigs »Zur parlamentarischen Kontrolle der Nachrichetendienste«) Aus Politik und Zeitgeschichte, Beilage zu »Das Parlament«, Heft 42, 1977, S. 33.

Borgs-Maciejewski, Hermann/ Ebert, Frank 1986: Das Recht der Geheimdienste. Kommentar zum Bundesverfassungsschutzgesetz sowie zum G 10, 1986.

Brandstetter, Karl J. 1989: Allianz des Mißtrauens, Sicherheitspolitik und deutschamerikanische Beziehungen in der Nachkriegszeit, Köln 1989.

Brenner, Michael 1990: Bundesnachrichtendienst im Rechtsstaat, Zwischen geheimdienstlicher Effizienz und rechtsstaatlicher Kontrolle, Baden-Baden 1990.

BT Drs. 7/3246: Bericht und Antrag des 2. Untersuchungsausschusses zu dem Antrag der Fraktion der CDU/CSU betreff Einsetzung eines Untersuchungsausschusses - Drucksache 7/2193 - , 19.2.75.

BT Drs. 11/621: Schriftliche Fragen mit den in der Woche vom 13. Juli 1987 eingegangenen Antworten der Bundesregierung, Frage 196 der Abgeordneten Frau Eid der GRÜNEN, 17.7.87.

BT Drs. 11/4306: Gesetzentwurf der Bundesregierung, Entwurf eines Gesetzes zur Fortentwicklung der Datenverarbeitung und des Datenschutzes, 6.4.89.

BT Drs. 11/4925: Kleine Anfrage der Abgeordneten Frau Eid und der Fraktion DIE GRÜNEN, Aktivitäten der »Resistencia Nacional Mocambicana« (RENAMO) in der Bundesrepublik Deutschland, 6.7.89.

BT Drs. 11/7235: Beschlußempfehlung und Bericht des Innenausschusses (4. Ausschuß) zu dem a) Gesetzentwurf der Bundesregierung - Drucksache 11/4306 - Entwurf eines Gesetzes zur Fortentwicklung der Datenverarbeitung und des Datenschutzes, 29.5.90.

BT Drs. 11/7262: Antrag der Fraktion der SPD zur zweiten Beratung des Gesetzentwurfs de Bundesregierung - Drucksache 11/4306, 11/7235 -, Entwurf eines Gesetzes zur Fortentwicklung der Datenverarbeitung und des Datenschutzes, - Artikel 5 - Gesetz über den Bundesnachrichtendienst (BND-Gesetz -BNDG -), 30. 05. 90.

BT Drs. 12/560: Antwort der Bundesregierung auf die Kleine Anfrage der Abgeordneten Ingrid Köppe und der Gruppe Bündnis 90/DIE GRÜNEN - Drucksache 12/393 - DDR-Einsatz und Auflösung der Geheimorganisation GLADIO, 17.5.1991.

BT Drs. 12/890: Antwort der Bundesregierung auf die Kleine Anfrage der Abgeordneten Ulla Jelpke und der Gruppe der PDS/Linke Liste - Drucksache 12/750 - Enthüllungen über »Gladio«, 1.7.91.

BT Drs. 12/1643: Gesetzentwurf der Fraktionen der CDU/CSU, SPD und FDP, Entwurf eines Gesetzes zur Änderung des Gesetzes über die parlamentarische Kontrolle nachrichtendienstlicher Tätigkeit des Bundes und zur Änderung des Gesetzes zur Beschränkung des Brief-, Post- und Fernmeldegeheimnisses, 26.11.91.

BT Drs. 12/2703: Antwort der Bundesregierung auf die Kleine Anfrage der Abgeordneten Ulla Jelpke und der Gruppe der PDS/Linke Liste - Drucksache 12/2591 - Auflösung der Geheimorganisation »Gladio«, 27.5.92.

BT Drs. 12/3326: Antwort der Bundesregierung auf die Kleine Anfrage der Abgeordneten Ingrid Köppe und der Gruppe Bündnis 90/DIE GRÜNEN, - Drucksache 12/3238 - Bundesnachrichtendienst und die Arbeit der Hauptstellen für Befragungswesen, 29. 09. 92

BT Drs. 12/4402: Gesetzentwurf der Abgeordneten Ingrid Köppe und der Gruppe Bündnis 90/DIE GRÜNEN, Entwurf eines Gesetzes zur Aufhebung der Geheimdienstgesetze, 17.2.93.

BT Drs. 12/5626: Beschlußempfehlung und Bericht des Innenausschusses (4. Ausschuß) 1. zu dem Gesetzentwurf der Abgeordneten Ingrid Köppe und der Gruppe Bündnis 90/DIE GRÜNEN - 12/4402 - Entwurf eines Gesetzes zur Aufhebung der Geheimdienstgesetze 2. zu dem Antrag der Abgeordneten Ingrid Köppe und der Gruppe Bündnis 90/DIE GRÜNEN - 12/4403 - Maßnahme zur Auflösung des Bundesamtes für Verfassungsschutz, des Militärischen Abschirmdienstes und des Bundesnachrichtendienstes, 7.9.93.

Buchheit, Gert 1941: Mussolini und das neue Italien, Berlin 1941.

Buchheit, Gert 1969: Die anonyme Macht, Frankfurt am Main 1969.

Bürokollektiv Ulla Jelpke 1995: BND-Plutonium-Skandal, »Operation Hades« - Im Stück oder in Scheiben?, Analyse und Kritik (ak), 1.6.1995.

Bundesnachrichtendienst (Hg.) 1974: ND-Begriffsbestimmungen für den Bundesnachrichtendienst, Neufassung 1974.

C

Cookridge, E. H. 1972: Gehlen. Spy of the Century, 1st American Ed., New York 1972. [Cookridge ist das Pseudonym von Edward Spiro]

Cossardt, Monica 1980: Faschisten auf dem Vormarsch, Stern vom 9.10.1980.

Crack-Contra-Gate 1996: Nach Iran-Contra-Gate jetzt Crack-Contra-Gate?, Die Tageszeitung vom 21./22.9.1996.

D

Daase, Christopher 1991: Bedrohung, Verwundbarkeit und Risiko in der »Neuen Weltordnung«, Zum Paradigmenwechsel in der Sicherheitspolitik, ami, 21. Jg., Heft 7, Juli 1991, S. 13.

Der Apparat macht, was er will 1991: Der Apparat macht, was er will, Der Spiegel vom 4.11.1991.

Der Aufbau des Werwolfes in Berlin 1995: Der Aufbau des Werwolfes in Berlin, Antifaschistisches Info Nr. 30, Juni/Juli 1995, S. 7.

»Der BND muß besser werden« 1996: »Der BND muß besser werden«, Spiegel-Gespräch mit Geheimdienstchef Hansjörg Geiger über die Reform der Pullacher Agentenzentrale, Der Spiegel 34/1996.

Der Minister und sein Agent 1996: Der Minister und sein Agent, Der Spiegel Nr. 50 vom 9.12.1996.

Deutscher Kampfflieger 1995: Deutscher Kampfflieger im Einsatz über Bosnien, Die Tageszeitung vom 2./3. 9. 1995.

Die NATO-Terroristen 1991: Die NATO-Terroristen, Antifaschistisches Info Nr. 14, Frühjahr 1991, S. 12.

Diederichs, Otto 1991: Verfassungsschutz und Organisierte Kriminalität, in: Bürgerrechte und Polizei (CILIP) Nr. 39, 2/1991, S. 68.

DU 1996: Nora Slatkin - Das Mädchen für alles, Wirtschaftswoche (Düsseldorf) vom 14.3.1996.

E

Entschließung der Konferenz der Datenschutzbeauftragten 1989: Entschließung der Konferenz der Datenschutzbeauftragten des Bundes und der Länder sowie der Datenschutzkommission Rheinland-Pfalz vom 5./6. April 1989 zu den Änderungen des Gesetzes zu Artikel 10 GG und der Strafprozeßordnung im Rahmen der Poststrukturreform, in: Bürgerrechte und Polizei, CILIP Nr. 32, S. 86.

F

Fietz, Martina 1994: Die Koalition einig über BND-Einsatz, Die Welt vom 4.2.1994.

Fitchett, Joseph 1990: Paris Says it Joined NATO-«Resistance«, International Herald Tibune vom 13. 11. 1990.

Forudastan, Ferdos 1989: Gesetzesfest und ganz under cover, Die Tageszeitung vom 11.11.1989.

Forudastan, Ferdos 1994: BND erhält mehr Rechte, Frankfurter Rundschau vom 4.2.1994.

Fragen ist billiger 1991: Fragen ist billiger, Der Spiegel vom 10.6.1991.

G

Gast, Wolfgang 1991: »Dritte Zähne für zahnlose Kommission«, Die Tageszeitung vom 29.11.1991.

Gast, Wolfgang 1995 (A): Grenzenloses Lauschen gestoppt, Die Tageszeitung, 14. 7.1995.

Gast, Wolfgang 1995 (B): Der BND hört alles, Die Tageszeitung vom 7./8.10.1995.

Gast, Wolfgang 1996 (A): Verwirrspiel um den Bombenstoff, Die Tageszeitung vom 14.2.1996.

Gast, Wolfgang 1996 (B): Bombenleger und Verfassungsschützer, Die Tageszeitung vom 17.5.1996.

Gaus, Bettina 1996: Schritt für Schritt zur Militärmacht, Die Tageszeitung vom 14./15.12.1996.

Geheimdienstüberwacher 1991: Geheimdienstüberwacher dringen auf mehr Kompetenz, Süddeutsche Zeitung vom 10.9.1991.

Geheimniskrämerei übertrieben 1991: »Geheimniskrämerei übertrieben«, Interview mit Staatminister Lutz Stavenhagen über eine Reform des Bundesnachrichtendienstes, Der Spiegel vom 21.5.1991.

Gehlen, Reinhard 1971: Der Dienst, Erinnerungen 1942-1971, Mainz 1971.

Gehlen, Reinhard 1980: Der Aufbau und die Integration des Bundesnachrichtendienstes, in: Klaus Gotto (Hrsg.), Der Staatssekretär Adenauers, Persönlichkeit und politisches Wirken Hans Globkes, Stuttgart 1980, S. 184.

German Military Intelligence 1984: German Military Intelligence 1938-1945, Verf. (1945): Military Intelligence Division, US War Department, Hg.: University Publications, Frederick (Maryland, USA) 1984.

Gervasi, Sean 1995: Vietnam II: Die USA auf dem Balkan, Konkret 9/95, S. 36.

Gladio-Transskript 1992: Englisches Transskript des dreiteiligen Fernsehfilms »GLADIO« (Timewatch) auf BBC vom

30.4.92.
Goebel, Olaf 1995: Wer ist Naziterrorist Peter Naumann: Aussteiger, VS-Agent, Bombenhirn, Einzeltäter, Verräter?, in: Der Rechte Rand Nr. 37, Nov./Dez. 1995, S. 11.
Gottschlich, Jürgen 1995: Deutsche Finger nah am Drücker, Die Tageszeitung vom 7.9.1995.
Gröpl, Christoph 1993: Die Nachrichtendienste im Regelwerk der deutschen Sicherheitsverwaltung, Legitimation, Organisation und Abgrenzungsfragen, Schriften zum Öffentlichen Recht, Band 646, Berlin 1993.
Gröpl, Christph 1995: Das Fernmeldegeheimnis des Art. 10 GG vor dem Hintergrund des internationalen Aufklärungsauftrag des Bundesnachrichtendienstes, Zeitschrift für Rechtspolitik, 1995/1, S. 13.
Günther, Inge 1994: Wer ist der beste Anti-Mafia-Kämpfer im Land?, Frankfurter Rundschau vom 16.4.1994.
Gusy, Christoph 1984: Der Bundesnachrichtendienst, Die Verwaltung 1984, S. 237.
Gusy, Christoph 1986: Die Rechtsstellung der Nachrichtendienste, JURA 1986, S. 296.
Gusy, Christoph 1987: Das verfassungsrechtliche Gebot zur Trennung von Polizei und Nachrichtendiensten, Zeitschrift für Rechtspolitik 1987, S. 45.
Gusy, Christoph 1994: Polizei und Nachrichtendienste im Kampf gegen die Organisierte Kriminaltität, in: Friedrich-Ebert-Stiftung (Hg.), Nachrichtendienste, Polizei und Verbrechensbekämpfung im demokratischen Rechtsstaat, Dokumentation, Berlin 1994, S. 91.

H

Haager Landkriegsordnung 1947: Die Haager Landkriegsordnung, Das Übereinkommen über die Gesetze und Gebräuche des Landkriegs, Hamburg 1947.
»Härtere Gangart« 1996: »Härtere Gangart« - Kanzleramtsminister und Geheimdienstkoordinator Bernd Schmidbauer über die neuen Aufgaben des Bundesnachrichtendienstes, Interview durch Martin Kessler und Friedrich Thelen, Wirtschaftswoche (Düsseldorf) vom 14. 3. 1996.
Hachmeister, Lutz 1996: Mein Führer, es ist ein Wunder!, Die Tageszeitung vom 27.12.1996.
Hagen, Louis 1969: Der heimliche Krieg auf deutschem Boden, Düsseldorf 1969.
Heinrich, Arthur 1993: Die Nachnachkriegsdeutschen und der Bosnien-Einmarsch, Blätter für deutsche und internationale Politik, 4/93, S. 406.
Hirsch, Burkhard 1995: Keine Zeit für Indianerspiele, Die Zeit vom 19.5.1995.
Hömig, Dieter 1977: Zur parlamentarischen Kontrolle der Nachrichten-dienste, Aus Politik und Zeitgeschichte, Beilage zu Das Parlament, 1977, Heft 42, S. 15.

I

IBM 1996: Passen Sie auf, was Sie sagen. Software schreibt mit, Anzeige für die Spracherkennungssoftware VoiceType Simply Speaking, Die Tageszeitung vom 14./15.12.1996.
»Ich lüge Sie nicht an« 1996: »Ich lüge Sie nicht an, auch nicht ein bißchen.« Frankfurter Allgemeine Zeitung vom 19.1.1996.
Im Dunklen1991: Im Dunklen, Der Spiegel vom15.9.1991.
IMG (Internationaler Militärgerichtshof) 1947: Der Prozeß gegen die Hauptkriegsverbrecher vor dem Internationalen Militärgerichtshof. Nürnberg 14. November 1945 - 1. Oktober 1946, Nürnberg 1947, Bd. 7.
Illegal German Weapons 1992: The Balkan Conflict: Illegal German Weapons to Croatia and Bosnia fuel the Balkan Conflict, Defense and Foreign Affairs - Strategic Policy, London, Vol. XX, No. 10-11, S. 10.

J

Jachmann, Lothar 1994, Das Konkurrenzverhältnis Polizei und Verfassungsschutz in der Bundesrepublik Deutschland, in: Friedrich-Ebert-Stiftung (Hg.), Nachrichtendienste, Polizei und Verbrechensbekämpfung im demokratischen Rechtsstaat, Dokumentation, Berlin 1994, S. 77.
Jakobs, Walter 1992: Wer beim BND singt darf bleiben, Die Tageszeitung vom 31.10.1992.
Jürgens, Ekkehard 1986: Einführung: Wo die Pressefreiheit anfängt und der Freiraum für Dienste aufhört, in: Jürgens/Spoo (Hg.): Unheimlich zu Diensten, Medienmißbrauch durch Geheimdienste, Göttingen 1986.

K

Kahn, David 1978: Hitler›s Spies, New York 1978.
Kanther warnt... 1995: Kanther warnt vor Spionen aus osteuropäischen Staaten, Handelsblatt vom 7. 7. 1995.
Kanzler schmuggelte 1995: Kanzler schmuggelte mit, Die Tageszeitung, 15. 5. 1995.
KB, Antifa-Kommission Gruppe Hamburg 1982: Attentäter von Bologna - ein Agent des

BKA?, Arbeiterkampf vom 18. 10. 1982.
Keßelring, Rainer 1994: Bundesnachrichtendienst und Kriminalitätsbekämpfung, in: Friedrich-Ebert-Stiftung (Hg.), Nachrichtendienste, Polizei und Verbrechensbekämpfung im demokratischen Rechtsstaat, Dokumentation, Berlin 1994, S. 61.
Klein, Thomas/ Frey, Ulla 1995: Kroatischer Sieg dank deutscher Waffen. Ein Dossier der Kampagne »Produzieren für das Leben - Rüstungsexporte stoppen«, Junge Welt vom 12. 8. 1995.
Klingelschmitt, Klaus-Peter 1989: Vom Stasi-Regen in die BND-Traufe, Die Tageszeitung vom 26. 10. 1989.
Klingst, Martin 1994: Wenn der große Horchangriff droht, Die Zeit vom 25. 2. 1994.
Koalition 1994: Koalition berät über Aufgaben des Nachrichtendienstes, Handelsblatt vom 03.02.1994
Komitee für Grundrechte und Demokratie 1989: Allerorten wird von Glasnost gesprochen - nur nicht in Bonn, Die Tageszeitung vom 5. 9. 1989.
Kutscha, Martin 1986: Die Aktualität des Trennungsgebotes für Polizei und Verfassungsschutz, Zeitschrift für Rechtspolitk 1986, S. 194.

L

Lameyer, Johannes 1978: Streitbare Demokratie, eine verfassungshermeneutische Untersuchung, Berlin 1978.
Lauscher im Datenreich 1996: Lauscher im Datenreich, Der Spiegel 36/1996.
Loose, Werner 1992: BND-Chef liebt leise Töne, Die Welt vom 19. 10. 1992.
Loose, Hans-Werner 1996: Kabale und Hiebe im Doktorhaus, Die Welt vom 5. 3. 1996.

M

Militärgeschichtliches Forschungsamt (Hg.) 1983: Das Deutsche Reich und der Zweite Weltkrieg, Autoren: Horst Boog, Jürgen Förster u.a., Stuttgart 1983, Bd. 4: Der Angriff auf die Sowjetunion.
Montalcino, Julia 1996: Die Gladio-Nazi-Connection, in: Zoom 4+5/1996, Hg.: Arbeitsgemeinschaft für Wehrdienstverweigerung und Gewaltfreiheit (Wien), S. 102.
Müller, Leo 1991: Gladio, das Erbe des Kalten Krieges, Hamburg 1991.

N

Nach dem Kalten Krieg 1993: Nach dem Kalten Krieg: Braucht Bonn überhaupt noch Pullach?«, Süddeutsche Zeitung vom 10. 7. 1993.
Narr, Wolf-Dieter 1995: Notizen zur Geschichte der Bürgerrechtsgruppen im Nachkriegsdeutschland, Bürgerrechte und Polizei Nr. 50, 1/1995, S. 6.
Nazis rufen zur Terroroffensive 1995: Nazis rufen zur Terroroffensive, Antifaschistisches Info Nr.30, Juni/Juli 1995, S. 5.
Neue Aufgaben für den BND 1990: Neue Aufgaben für den BND - Personal des Nachrichtendienstes um Arbeitsplätze besorgt, Süddeutsche Zeitung vom 4. 10. 1990.
Neumann, Heinzgeorg 1985, Vom Geheimen Nachrichtendienst zum Geheimdienst der »Verdeckten Kriege«, in: Kaltenbrunner, Gerd-Klaus (Hg.) 1985: Wozu Geheimdienste? Kundschafter - Agenten - Spione, München 1985.
Nohlen, Dieter (Hg.) 1989: Pipers Wörterbuch zur Politik, Neuausg. München 1989.
Nuristani, M. A. Hadsh Abdul 1987: Die BND-Niederlage am Hindukusch, in GEHEIM Nr.2/1987, S. 32.

O/P

Opperskalski, Michael 1995: Heimliche Hilfe für Diktaturen, Die Woche vom 28. 4. 1995.
Parisi, Albert J. 1990: The CIA and the Media, in: Editor & Publisher, Vol 123, Iss. 46, Nov. 17, 1990.
Pfeiffer, Nikola/ Diesler, Peter/ Kauß, Uwe 1995: Jeder ist verdächtig, Report: Geheimdienste, (Computermagazin) Chip Nr.8/1995, S. 48.
Plutonium-Schmuggel nicht inszeniert 1995: Plutonium-Schmuggel nicht inszeniert, Frankfurter Allgemeine Zeitung vom 26. 4. 1995.

Q/R

Raith, Werner 1991: Enttarnung - Gladio in Italien, in: Müller, Leo 1991: Gladio, Das Erbe des Kalten Krieges, Hamburg 1991, S. 22.
Rathfelder, Erich 1995: Zagreb feiert General Tudjmans Sieg, Die Tageszeitung vom 7. 8. 1995.
Reese, Mary Ellen 1992: Organisation Gehlen. Der Kalte Krieg und der Aufbau des deutschen Geheimdienstes, Berlin 1992.
Reorganisation 1991: Reorganisation und »Abspecken« gefordert, Neues Deutschland vom 2. 11. 1991.
Rheindorf, Hermann 1996 (A): Liebesdienst am BND, Die Tageszeitung vom 24. 5. 1996.
Rheindorf, Hermann 1996 (B): Verdachtslose Telefonüberwachung durch den BND gerät immer stärker in die Kritik, GE-

HEIM Nr. 3/1996 vom 30. 9. 1996, S. 10.
Riegel, Reinhard 1991: Rechtliche Neuerungen und politische Veränderungen des Gesetzes zu Art. 10 GG (G 10), ZRP 1991/10, S. 392.
Riegel, Reinhard 1993: Zur Suche nach Rechtsgrundlagen für die Fernmeldeaufklärung oder strategische Rasterfahndung durch den Bundesnachrichtendienst, ZRP 1993/12, S. 470.
Riegel, Reinhard 1995: Der Quantensprung des Gesetzes zu Art. 10 GG (G10), Zeitschrift für Rechtspolitk, 1995/5, S. 176.
Rieger, Thomas 1986: Der Bundesnachrichtendienst im demokratischen Rechtsstaat, Ellwangen/Jagst 1986.
Römer, Peter 1968: Die ›einfachen‹ Notstandsgesetze, in: Dieter Sterzel (Hg.), Kritik der Notstandsgesetze, Frankfurt am Main 1968, S. 187.
Rostek, Andreas 1982: Legten deutsche Neonazis die Bombe? Die Tageszeitung vom 3. 8. 1982.
Roth, Jürgen 1990: Die Mitternachtsregierung. Reportage über die Macht der Geheimdienste, Hamburg 1990.
Routinemäßig wußte Kohl Bescheid 1995: Routinemäßg wußte Kohl Bescheid, Die Tageszeitung vom 16. 5. 1995.
Rowse, Arthur E. 1994: GLADIO. Der geheime Krieg der USA, die Demokratie in Italien zu untergraben, Geheim Nr. 3/1994, S. 19.
Rüttgers nennt BND Amateurclub 1991: Rüttgers nennt BND Amateurclub, Frankfurter Rundschau vom 2. 11. 1991.

S

Schmidt, Michael 1994: »Heute gehört uns die Straße«. Der Inside-Report aus der Neonazi-Szene, Düsseldorf/Wien 1994.
Schmidt-Eenboom, Erich 1993: Schnüffler ohne Nase, Der BND, Die unheimliche Macht im Staate, Düsseldorf 1993.
Schmidt-Eenboom, Erich 1995: Nachrichtendienste in Nordamerika, Europa und Japan, Länderporträts und Analysen, CD-Rom, Weilheim 1995.
Schmidt-Eenboom, Erich/ Angerer, Jo 1994: Die schmutzigen Geschäfte der Wirtschaftsspione, Düsseldorf, 1994.
»Schnüffler ohne Nase« 1995: »Schnüffler ohne Nase«, Der Spiegel vom 24. 4. 1995.
Schuster, Leopold 1994: Die Zusammenarbeit zwischen Geheimdiensten und Polizei aus der Sicht des Bundeskriminalamtes, in: Friedrich-Ebert-Stiftung (Hg.), Nachrichtendienste, Polizei und Verbrechensbekämpfung im demokratischen Rechtsstaat, Dokumentation, Berlin 1994, S. 65.
Schwarz, Birgit 1991: Alles sehen, alles hören, nichts wissen, Die Zeit vom 22. 11. 1991.
Schwarz, Hans-Peter 1980: Vom Reich zur Bundesrepublik Deutschland im Widerstreit der außenpolitischen Konzeption in den Jahren der Besatzungsherrschaft 1945-1949., 2. Auflage, Stuttgart 1980.
Schwarz, Gert/ Weber, Hans (Hg.) 1967: Notstandsstrafrecht, Notstand des Friedens und der Demokratie, Berlin 1967.
Schwert der CIA 1990: »Das blutige Schwert der CIA«, Der Spiegel vom 19. 11. 1990.
Seifert, Jürgen 1994: Entscheidet der BND über das Fernmeldegeheimnis?, Was verbirgt sich hinter dem Begriff »nach Art. 10 GG geschützte Personen«?, Gutachten, erstellt im Auftrag der Humanistischen Union e.V., Universität Hannover 1994.
Siebenmorgen, Peter 1991: Das Kanzleramt als Kontaktbüro, Die Zeit vom 30. 8. 1991.
Simpson, Christopher 1988: Blowback. The first full account of America›s recruitment of Nazis and its disastrous effects on our domestic and foreign policy, New York 1988.
Solms für die Reform des BND 1995: Solms für die Reform des BND, Frankfurter Allgemeine Zeitung vom 8. 5. 1995.
Sontheimer/Röhrig (Hg.) 1978: Handbuch des politischen Systems der Bundesrepublik Deutschland, München 1978.
Staatsminister in Bedrängnis 1991: Staatsminister in Bedrängnis, Frankfurter Rundschau vom 19. 9. 1991.
Staubsauger im Äther 1993: »Staubsauger im Äther«, Der BND-Abteilungsleiter Gerhard Güllich über die Arbeit des Geheimdienstes, Der Spiegel vom 12. 4. 1993.
Stenographische Berichte des Bundestages der 11., 12. und 13. Wahlperiode.
Sterzel, Dieter 1968: Zur Entstehungsgeschichte der Notstandsgesetze, in: Dieter Sterzel (Hg.), Kritik der Notstandsgesetze, Frankfurt am Main 1968, S. 7.
Still in der Ackerfurche 1994: Still in der Ackerfurche, Der Spiegel vom 19. 12. 1994.
Stock, Wolfgang 1995: Der Weg des Plutoniums von Madrid nach München, Frankfurter Allgemeine Zeitung vom 26. 4. 1995.
Streit, Christian 1978: Keine Kameraden, Stuttgart 1978.

T

Thewalt, Andreas 1994: Die Spione wollen reden, Hamburger Abendblatt vom 24. 11. 1994.
Thewalt, Andreas 1996: Der Krake von Pullach, Hamburger Abendblatt vom 5. 3. 1996.

U/V/W

Walde, Thomas 1971: ND-Report: Die Rolle der geheimen Nachrichtendienste im Regierungssystem der Bundesrepublik Deutschland, Hamburg 1971.

Werkentin, Falko 1993: Einig Volk von Denunzianten, Die Tageszeitung vom 30. 3. 1993.

Werthebach, Eckart 1994: Organisierte Kriminalität, Zeitung für Rechtspolitik, 1994, Heft 2, S. 57.

Wie man das Grundgesetz unterläuft 1994: Wie man das Grundgesetz unterläuft, Die Tageszeitung vom 18. 2. 1994.

Wilde Hortensie 1995: Wilde Hortensie, Der Spiegel vom 17. 7. 1995.

Wilhelm, Hans-Heinrich 1974: Die Prognosen der FHO 1942-45, in: Zwei Legenden aus dem Dritten Reich, Schriftenreihe der Vierteljahreshefte für Zeitgeschichte Nr. 28, Stuttgart 1974, S. 7.

Wissenschaftliche Dienste des Deutschen Bundestages 1995: Ausarbeitung, Das Verhältnis von Polizei und Geheimdiensten im internationalen Vergleich, Reg.-Nr. WFIII - 83/95 vom 30. 5. 1995.

Woyke, Wichard (Hg.) 1990: Handwörterbuch Internationale Politik, Opladen 1990.

X/Y/Z

Zolling, Hermann/Höhne, Heinz 1971: Pullach intern, General Gehlen und die Geschichte des Bundesnachrichtendienstes, Hamburg 1971.

Zumach, Andreas 1995 (A): BND wußte von Srebrenica-Angriff, Die Tageszeitung vom 20. 10. 1995.

Zumach, Andreas 1995 (B): Kinkel stellt sich stumm, Die Tageszeitung vom 15. 11. 1995.

Personenregister

Adenauer	34, 39, 43, 45, 54, 64, 73, 100
Agee, Phillipp	14
Ahlers, Conrad	64
Albert, Helmut	94, 95
Andreotti	67
Appel, Roland	61
Arndt, Claus	58, 89
Augsburg, Emil	33
Bachmeier, Herrmann	87
Bangs, Walle	122
Barbie, Klaus	36
Bengoechea	100
Bernau, Günther	69
Bissinger, Manfred	65, 64
Blens, Dr	80
Bohl, Friedrich	54, 55, 63
Borgs-Maciejewski	20
Brandt	74
Brenner	19, 46, 48, 66
Brunner, Alois	33
Buchheit, Gert	18, 53, 121
Bush, George	111
Buttlar, von	53
Canaris	23, 24
Carlebach, Emil	69
Carstens	73
Clay, Lucius	35
Clinton, Bill	96
Cookridge	32, 122
Daase, Christopher	77
Dabringhaus, Erhardt	69
Deutch, John	106
Ehmke, Wolgang	73, 74
Eichmann	33
Foertsch	64
Foertsch, Friedrich	53
Foertsch, Volker	53
Frisch, Peter	52
Fugger-Babenhausen	53
Gast, Gabriele	53
Gehlen, Reinhard	10, 14, 24-42, 51, 62, 63, 64, 68, 71, 118, 122
Geiger, Hans-Jörg	18, 52, 62, 103, 107
Globke	73

Globke, von	63
Göhring, Franz	33
Gröpl	104
Gröppel	56
Güllich, Reinhard	53, 88, 91
Gusy	46
Henkel, Olaf	98
Heydrich	23, 24, 29
Himmler, Heinrich	23, 24
Hirsch, Burkhard	81, 83, 84, 107
Hitler	30, 122
Höcherl	74
Höhne, Heinz	14, 123
Holzberger, Mark	94, 97, 104, 107
Irving, David	122
Jelpke, Ulla	82, 83, 97, 107
Joao, Chaenginga Chivaca	114
Jung	55
Jürgens, Ekkehard	40
Kaisen, Wilhelm	69
Kaltenbrunner	23, 24, 102
Kanther	89
Keitel, Wilhelm	123
Kerner, Ulrich	53
Kinkel	87
Kinzel	24
Kohl, Helmut	55, 100
Köhler, Michael	89, 90, 91
Köppe, Ingrid	60, 84, 91
Koschnick, Hans	104
Krause, Rudolf	82
Krumsieck, Rolf	61
Kutscha	46
Lembke	69, 70
Lengsfeld	83
Loewenstern, Karl	47
Mader, Julius	123
Mahnke, Horst	65
Mauss, Werner	107
Möcklinghoff	70
Müller	23, 24
Mussolini	33, 121
Naumann. Peter	70
Neebe	24
Nehm, Kay	53
Oeden	107
Ohlendorf	24
Olderog, Rolf	85
Olviera, Paolo	113

Oroz	100
Paterna, Peter	87
Patton	36
Penner	82
Pfeffermann	80
Plottnitz, Rupert von	60
Porzner, Konrad	22, 52, 62, 63, 70, 77, 78, 91
Radke	69
RAFA (Rafael Ferreras Fernandez)	100
Reese, Mary-Ellen	14, 122
Richter, Wolfgang	113
Riegel	88, 89
Rieger, Thomas	25, 66
ROBERTO (Peter Moser)	100
Rühe	110
Schalck-Golodkowski	55
Schäuble	80
Schellenberg	23, 24
Schmidbauer, Bernd	14, 54, 55, 82, 96, 107
Schmidt, Michael	67
Schmidt-Eenboom, Erich	14, 60, 73, 92, 96, 99, 101, 103, 104, 106, 109, 116, 123
Schulhoff	108
Skorzeny, Otto	30, 33, 123
Seifert, Jürgen	65
Siebert	32, 34, 36
Simpson	27, 29, 33
Six, Franz	33, 36, 65
Solms, Otto	105
Sommer, Hans	33
Spiro, Edward	122
Stalin	26
Stavenhagen, Lutz	18, 54, 55, 75, 101, 115
Steinborn, Herbert	33
Strauß, Franz-Joseph	53, 64
Struck, Peter	82, 97, 99, 103, 105, 113, 116
Such, Manfred	80, 83
Torres	100
Walde, Thomas	13, 18, 20, 57, 63, 91, 121
Wehner, Herbert	69
Weitershausen, von	53
Werthebach, Eckart	94
Wessel, Gerhard	52, 64
Westrick	73
Wieck, Hans-Georg	104
Wlassow	28, 29
Wollenberger, Vera	82, 83
Worgitzky, Hans-Heinrich	64
Zeitlmann, Wolfgang	79, 95, 97, 104, 105
Zolling, Herrman	14, 123

Sachregister

Afghanistan	66
Allied Clandestine Committee	112
Amt für Nachrichtenwesen der Bundeswehr (ANBw)	55, 103, 104
Argentinien	101
Bosnien	102
Brasilien	101
BSI	98
Bund deutscher Jugend (BdJ)	69
Bundesamt für Verfassungsschutz (siehe VS)	
Bundesbehörde für die Sicherheit in der Informationstechnik (BSI)	55
Bundesgrenzschutz (BGS)	55, 79
Bundeskiminalamt (BKA)	53, 55, 93, 98, 100
Bundesminister für Verteidigung	19, 110
Bürgerrechte und Polizei (CILIP)	92
Central Intelligence Group (CIG)	35
China	99
CIA	28, 35-37, 40, 43, 67-69, 96, 99, 102, 106, 110, 112
Contras	102
Counter Intelligence Corps (CIC)	32, 35, 36, 43, 69, 112
Direction Generale de la Securite Exterieure (DGSE)	96
Drug Enforcement Agency (DEA)	102
Europol	114
FRELIMO	66, 113
Geheim	92
Geheime Feldpolizei	29
General Motors	96
Gestapo	23, 24, 29, 33
Gladio	28, 67-69, 70, 112

143

Hauptstelle für Befragungswesen (HfB)	59, 60
Humanistische Union	92
IBM	90, 106
Indien	101
Indonesien	66
Interpol	98
Irak	99, 101
Iran	101
Israel	66, 74, 81, 90, 99
Jugoslawien	67, 104, 110-112
KGB	111
Kolumbien	95, 106, 107
Komitee für Grundrechte und Demokratie	92
Korea	101
Kroatien	67, 104, 110-112, 119
Landesamt für Verfassungsschutz (siehe VS)	
Landeskiminalamt (LKA)	55, 100
Libanon	102
Libyen	86, 101
MI5	99
Militärischer Abschirmdienst (MAD)	45, 49, 55, 57, 71, 79, 84
Military Intelligence Division	26
Ministerium für Staatssicherheit (MfS)	9, 19, 53, 80, 110, 123
Mosambik	66, 109, 113, 114
National Security Agency (NSA)	19, 56
NATO	51, 67, 102, 110, 112
Nicaragua	102
Office of Strategic Services (OSS)	35
Operation Bloodstone	37
Orbital Transport und Raketen AG (ORTAG)	101
Pakistan	101
Parlamentarische Kontrollkommission (PKK)	71, 72, 81-83
Rattenlinie	36
Reichssicherheitshauptamt (RSHA)	23, 24, 29, 33, 45
RENAMO	66, 109, 113, 114
Russkaja Osswoboditelnaja Armija (Russische Befreiungsarmee)	28
Searchlight	68

Sicherheitpolizei (Sipo)	23, 24, 29
Sicherheitsdienst (SD)	19, 23, 24, 29, 30, 33, 65
Simon-Wiesenthal-Zentrum	33
SS	23, 24, 27-30, 33, 36, 42
Südafrika	101, 114
SWR	96
Syrien	102
Technischer Dienst	69
Ukrainische Nationalisten/ Ukrainische Patriotische Armee (OUN/UPA)	29, 34
UN	111
UNA	102
UNO	104
Uruguay	99
Ustascha	67, 111
Verfassungsschutz (VS)	19, 21, 45, 46, 48, 52, 55, 57, 60, 62, 65, 69, 71, 79, 84, 93, 94, 96, 97, 107
Warschauer Vertragsorganisation (WVO)	10, 58, 67, 73, 76-79, 110
Werwolf	27, 68, 70
Wlassow-Einheit (Armee)	24, 34, 37
Zaire	101
Zeppelin-Sonderkommando	29
Zollkriminalamt (ZKA)	55

Für die Gespräche bedanken sich die VerfasserInnen herzlich bei:

Erich Schmidt-Eenboom, Autor und Leiter des Friedensforschungsinstituts in Weilheim,

Peter Struck, Parlamentarischer Geschäftsführer der SPD-Bundestagsfraktion,

Mark Holzberger, Mitarbeiter des Büro Ulla Jelpke/ PDS,

Wolfgang Zeitlmann, Mitglied der PKK, MdB CSU,

Michael Köhler, Professor für Strafrecht und Kriminologie an der Universität Hamburg

sowie bei Philip Agee, den MitarbeiterInnen des Archivs für Soziale Bewegungen (Hamburg) und allen anderen, die mit Hintergrundinformationen oder Literaturhinweisen hilfreich zur Seite standen.

Die AutorInnen

Saskia Henze, geb. 1971 in Oldenburg, Studium der Politikwissenschaft und Sinologie in Hamburg. Ihre politischen Aktivitäten liegen schwerpunktmäßig im feministischen Bereich. 1992/93 arbeitete sie in einem feministischen Projekt in Lyon (Frankreich), 1994 Auslandsaufenthalt in der VR China, 1996/97 in Taiwan.

Johann Knigge, geb. 1968 in Kiel, Studium der Politikwissenschaft und Geschichte in Hamburg. Er arbeitet seit Mitte der 80er Jahre in verschiedenen politischen Gruppen, kurzzeitig auch bei den Kieler GRÜNEN. Seit 1988 liegt der Schwerpunkt seiner politischen Aktivitäten im Antifa-Bereich.

1996 erlangten sie mit einer gemeinsamen Arbeit über den Bundesnachrichtendienst (BND), die Grundlage diese Buches ist, den Grad einer Diplom-Politilogin bzw. eines Diplom-Politilogen.

Nicht länger GEHEIM...

"Der Spiegel" nennt uns ein "Fachblatt", für den sogenannten Verfassungs"schutz" sind wir ein "linksextremistisches Enthüllungsblatt". Tatsache ist, wir sind unabhängig und unbequem. Wir bekommen keine Finanzspritzen aus Geheimdienstzirkeln, Parteizentralen oder Konzernetagen. Unser einziges Kapital ist die Unterstützung unserer LeserInnen. Und wir setzen das fort, was wir uns bereits in unserer 0-Nummer 1985 zum Ziel gesetzt hatten: Berichte über Verfassungs"schutz"-schnüffeleien und Anwerbungsversuche, Demokratieabbau oder Polizeiwillkür haben in GEHEIM genauso ihren Platz wie Enthüllungen über die "dirty tricks" der CIA oder seiner Partnerdienste, so z.B. CIA-Destabilisierungen gegen Cuba oder Terrormaßnahmen des spanischen Staates im Baskenland. Zudem setzt GEHEIM das fort, was in den USA verboten wurde: die Enttarnung von unter diplomatischem Deckmantel arbeitenden CIA-Agenten - das "Naming Names".
Wer ein Probeexemplar möchte, der schicke bitte DM 8 in Briefmarken oder als Scheck an: Redaktion GEHEIM, z.Hd. M.Opperskalski, Postfach 270324, 50509 KÖLN; Tel: 0221-175755; Fax (Mailbox, Briefkosten Nr.0):0221-1703980